Adel Theodor Khoury

Der Islam

Sein Glaube, seine Lebensordnung, sein Anspruch

Herder
Freiburg · Basel · Wien

Gedruckt auf umweltfreundlichem,
chlorfrei gebleichtem Papier

4. Auflage

Herstellung: Freiburger Graphische Betriebe 1996
Umschlaggestaltung: Joseph Pölzelbauer
Umschlagfoto: © Wendy Snowdon
ISBN 3-451-04167-7

Inhalt

Vorwort 13

1. Kapitel
Der Islam ist eine Weltreligion 15
Etappen der Verbreitung des Islams 17
Die Muslime in der Welt heute 20
Die Muslime in der Bundesrepublik Deutschland . . 22

2. Kapitel
Die heutige Renaissance des Islams
Religiöse und politische Aspekte 25
Befreiung von der Entfremdung 26
Ein neues Bewußtsein 27
Der Anspruch des Islams 29
Für eine Bewertung der heutigen Situation 32

3. Kapitel
Die Quellen des Islams 35
Der Koran 35
Sunna und Ḥadīth 42

4. Kapitel
Das islamische Rechtssystem
Grundlagen und Schulen 45
Das Gesetz und die Rechtleitung Gottes 45
Grundlagen des islamischen Rechtssystems 49
Sekundäre Quellen des Rechts und Techniken zur
Feststellung der Rechtsnormen 53
Islamische Rechtsschulen 56

5. Kapitel
Islamische Theologie
Gruppen und Sekten des Islams 65
Islamische Theologie 65
Gruppen und Sekten 68

6. Kapitel
Die Propheten, Freudenboten und Warner 77
Muḥammad, der Verkünder des Islams 77
Die Prophetengeschichte 84
Abraham 86
Mose und die Tora 87
Jesus Christus und das Evangelium 88

7. Kapitel
Gott 95
Gott ist der Schöpfer 96
Gott ist die Vorsehung 97
Gott ist der Richter 106
Gott ist der Einzige 107
Gott ist der Eine 110
Gott ist der Transzendente 113
Auswirkungen des Monotheismus auf den Muslim . 114

8. Kapitel
Die letzten Dinge 117
Tod und Zwischengericht 117
Endzeit und Auferstehung der Toten 118
Gericht und Vergeltung 121
Anhang: Engel und Dämonen 123

9. Kapitel
Die religiösen Grundpflichten 125
Das Glaubensbekenntnis 126
Das Gebet 130
Das Fasten 137
Die gesetzliche Abgabe 139
Die Wallfahrt nach Mekka 140

10. Kapitel
Islamische Feiertage 143
Muḥammad-Zyklus 144
Höhepunkte des Jahres 147

11. Kapitel
Moral und sittliche Normen
Mystik 149
Moral und sittliche Normen 149
Mystik im Islam 154

12. Kapitel
Ehe und Familie 159
Zweck der Ehe 159
Pflicht zur Ehe 161
Eheschließung 163
Auflösung der Ehe 164
Gestalt des Ehelebens und Stellung der Frau 165

13. Kapitel
Die islamische Gemeinschaft 167
Grundanliegen der Gemeinschaft 167
Merkmale der Gemeinschaft 170

14. Kapitel
Der islamische Staat 175
Struktur des Staates 175
Rechtsprechung und Strafrecht 176

15. Kapitel
Grundlagen einer islamischen Wirtschaftsordnung . . 183
Grundaussagen des Korans 183
Die Universelle Islamische Deklaration 185
Islamisches Bankwesen 188

16. Kapitel
Universalanspruch des Islams 193
Frieden oder „heiliger Krieg“? 193
Islam und Toleranz 203

17. Kapitel
Muslime als Minderheit 211
Lage der Minderheiten 211
Richtungen und Gruppen 213
Chancen der islamischen Diaspora 215

18. Kapitel
Christen und Muslime 219
Haltung des Korans zu den Christen 219
Haltung der Muslime zu den Christen heute 224
Die Christen und der Islam 226
Für den Dialog zwischen Christen und Muslimen . . 229

Literaturhinweise 237

Umschrift arabischer Buchstaben

'	Explosionslaut
th	englisches th (thing)
dj	französisches j
ḥ	scharfes h
kh	ch (wie in ach)
dh	englisches th (the)
z	französisches z
sh	sch
ṣ	dumpfes s
ḍ	dumpfes d
ṭ	dumpfes t
ẓ	dumpfes englisches th (the)
'	stimmhafter Reibelaut
gh	Gaumen-r
w	englisches w
y	deutsches j
ā, ī, ū	lange Vokale

ISLAM

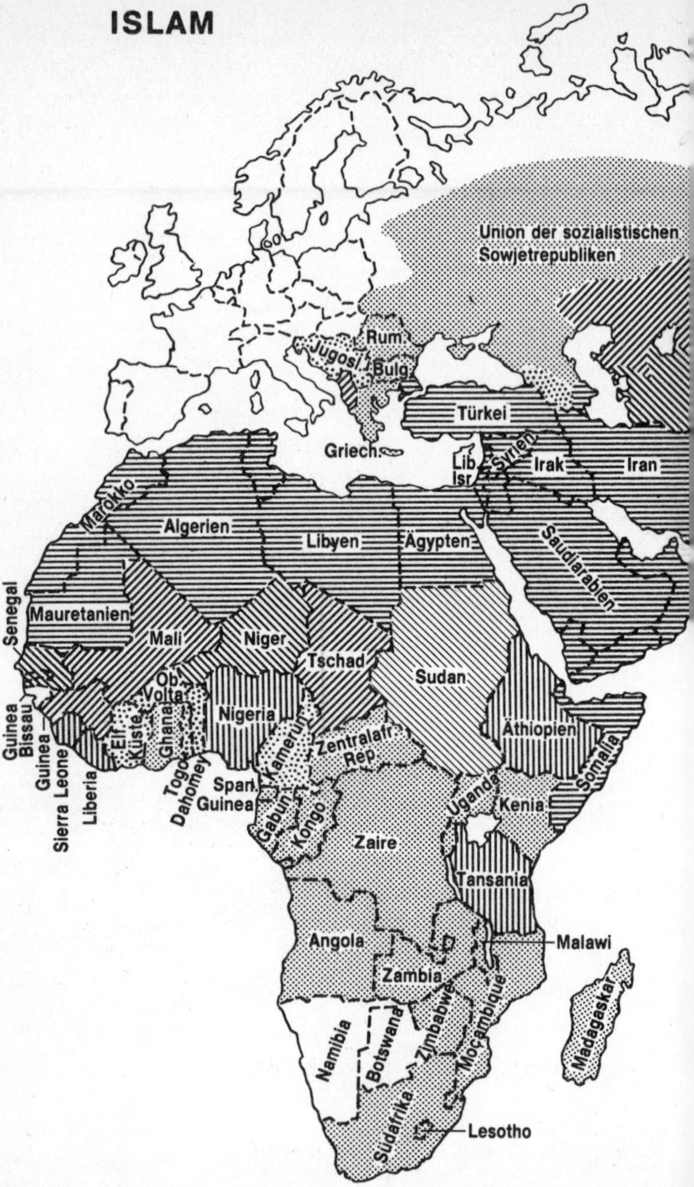

Union der sozialistischen Sowjetrepubliken
Rum.
Jugosl.
Bulg.
Türkei
Griech.
Lib.
Isr.
Syrien
Irak
Iran
Marokko
Algerien
Libyen
Ägypten
Saudiarabien
Senegal
Mauretanien
Mali
Niger
Tschad
Sudan
Ob. Volta
Nigeria
Guinea Bissau
Guinea
Sierra Leone
Liberia
Elf. Küste
Ghana
Togo
Dahomey
Span. Guinea
Kamerun
Zentralafr. Rep.
Äthiopien
Somalia
Uganda
Kenia
Gabun
Kongo
Zaire
Tansania
Malawi
Angola
Zambia
Madagaskar
Namibia
Botswana
Zimbabwe
Moçambique
Südafrika
Lesotho

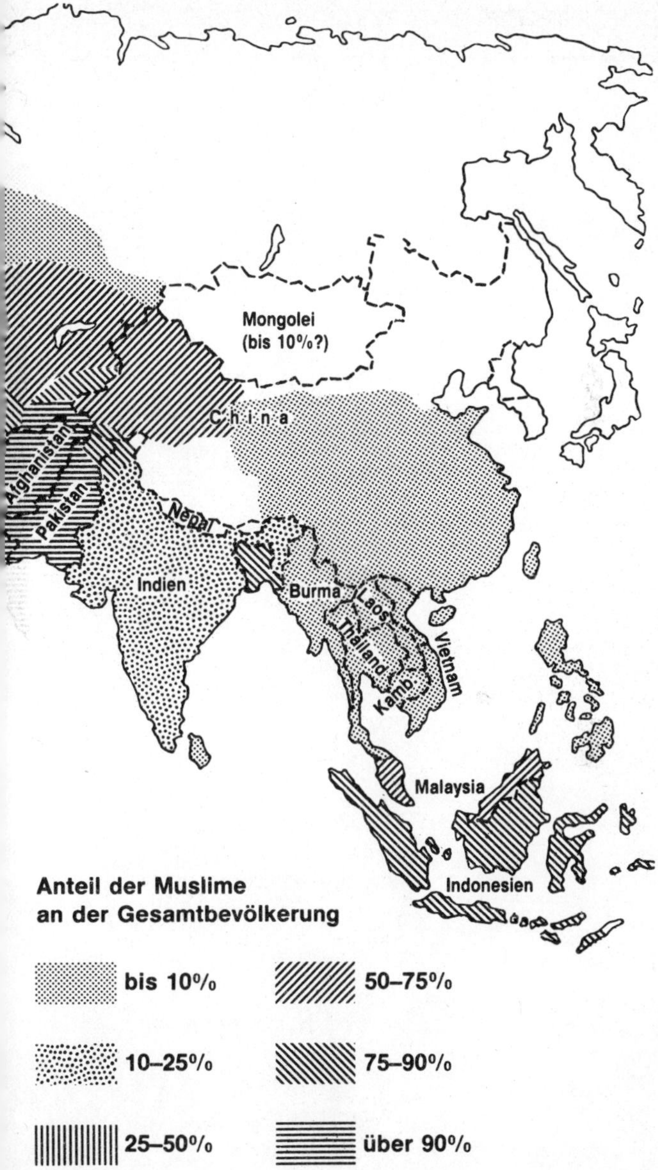
Mongolei
(bis 10%?)
China
Afghanistan
Pakistan
Nepal
Indien
Burma
Laos
Thailand
Kamb.
Vietnam
Malaysia
Indonesien
Anteil der Muslime
an der Gesamtbevölkerung
bis 10%
50–75%
10–25%
75–90%
25–50%
über 90%

Vorwort

Es vergeht kein Tag, an dem wir nicht in irgendeiner Form mit der Welt des Islams konfrontiert werden. Nicht nur die Urlauber wissen von der Kultur, von gesellschaftlichen Zuständen und Vorgängen und von den religiösen Vorstellungen und Praktiken muslimischer Völker zu berichten. Auch die Massenmedien bringen jeden Tag verschiedene Nachrichten aus den islamischen Ländern. In letzter Zeit schrekken die Nachrichten von der erstarkten Erweckungsbewegung des Islams im Vorderen Orient, im Iran, in der Türkei, in Pakistan und in den Ländern Südostasiens viele Menschen in Europa auf. Es werden historisch bedingte Vorurteile und psychisch noch nicht verarbeitete Gefühle des Mißtrauens und der Furcht vor einer Umklammerung Europas und der westlichen Welt durch den Islam wieder wach.

Aber auch die Tatsache, daß etwa 2 Millionen Muslime, in der überwiegenden Mehrheit Türken, unter uns leben, arbeiten, um die Wahrung ihrer andersgearteten Identität kämpfen und sich mit der Frage nach ihrer Integration in der deutschen Gesellschaft auseinandersetzen, bringt mit sich, daß die Begegnung mit dem Islam und mit Muslimen nunmehr ein Bestandteil der täglichen Wirklichkeit geworden ist.

Damit die Begegnung mit dem Islam nicht zu einer unüberlegten Konfrontation führt, sondern den Weg zu einer besseren Verständigung und zu einer friedvollen und fruchtbaren Zusammenarbeit ebnet, müssen die Christen sich besser über den Islam und die Muslime besser über das Christentum informieren. Andere Schritte müssen gleichzeitig unternommen werden bzw. folgen. Dem dringenden Anliegen der besseren Information der Christen über den Islam dient dieses Buch.

Es will und kann nicht alles Wissenswerte über den Islam

ausführen, sondern in die Welt des Islams, in die wichtigsten religiösen und moralischen Wertvorstellungen einführen, von denen die gläubigen Muslime leben und die ihre traditionelle Kultur so tief beeinflussen und prägen.

Nach dem Glauben der Muslime ist der Koran das Wort Gottes, er besitzt eine unbestrittene Autorität und bildet die absolute Mitte des Islams. Er ist und bleibt Grundlage, Hauptquelle und letzte Instanz für den islamischen Glauben und die islamische Lebensweise. So wird er hier immer wieder in den Mittelpunkt der Ausführungen gerückt. Neben ihm wird auch die mit besonderer Autorität versehene Tradition (Sunna und Ḥadīth) herangezogen.

Koran und Tradition wollen die islamische Gemeinschaft als die „beste Gemeinschaft" unter den Menschen errichten. Daher wird das Leben des gläubigen Muslims in Zusammenhang mit dem Leben und der Struktur der Gemeinschaft beschrieben.

Besondere Aufmerksamkeit wird der sozio-politischen Dimension des Islams, insbesondere den Beziehungen der Muslime zu den Anhängern anderer Religionen – vor allem den Christen – geschenkt.

1. Kapitel

Der Islam ist eine Weltreligion

Die Begegnung der Christen mit Muslimen ist nicht eine Sache neueren Datums. Sie geht auf die Entstehungszeit des Islams selbst zurück. Muḥammad, der Verkünder des Islams, trat in allen Etappen seiner Verkündigung in Kontakt mit Christen und setzte sich mit ihnen auseinander. Auch nach seinem Tode im Jahr 632 und vor allem durch die Eroberungszüge des Islams im Vorderen Orient, in Nordafrika und in Europa traf der Islam auf die Christenheit, die sich gegen die neue Macht politisch, militärisch, kulturell und religiös zur Wehr setzte. So herrschte in den Beziehungen der Christen zu den Muslimen lange Zeit Feindschaft und Kampf. Bei den Christen, die in den vom Islam eroberten Gebieten geblieben sind, konnte aufgrund der sehr unterschiedlichen Behandlung, die ihnen die muslimischen Machthaber angedeihen ließen, das Mißtrauen, das Ressentiment, ja der Haß nicht überwunden werden.

Die Muslime ihrerseits empfanden nur Gefühle der Demütigung und der Bitterkeit, als die meisten ihrer Länder im 19. Jahrhundert von den Mächten Europas zu Kolonien gemacht wurden. Der Haß, den die Kreuzzüge im Mittelalter bei ihnen hervorgebracht hatten, wurde erneut wach. Sie fühlten sich von der Macht, der Kultur, der Zivilisation und dem Reichtum der Kolonialmächte erdrückt. Nicht nur ihre politische Unabhängigkeit ging verloren, sie liefen sogar Gefahr, ihre eigene Identität, die durch den Islam geprägt war, allmählich zu verlieren, und glaubten, einer schwerwiegenden Zukunftsbedrohung ausgesetzt zu sein, der sie aus eigener Kraft nicht widerstehen könnten.

Mir scheint, daß wir heute in eine dritte Phase der Beziehungen zwischen Christen und Muslimen eingetreten sind. Zwar gehören die meisten islamischen Länder zu den armen und unterentwickelten Gebieten der Erde. Aber einige ihrer Zentralländer im Vorderen Orient und in Nordafrika kennen zur Zeit einen reichen Ölsegen und bemühen sich, den Muslimen in der Welt eine wirksame finanzielle, kulturelle und religiöse Unterstützung zukommen zu lassen, damit sie sich in ihrer zerbrechlichen, neu erlangten Freiheit stärken, ihren Mittelpunkt nicht mehr im Westen oder im Osten suchen und endlich den Findungsprozeß ihrer eigenen Identität vorantreiben.

Die großen Anstrengungen in dieser Hinsicht und die nicht immer konstruktiv verlaufende Erweckungsbewegung in der islamischen Welt heute sind Anzeichen und Ausdruck dieses Willens, die islamisch geprägte Gestalt der Gesellschaft zur Grundlage und zum Rahmen des Lebens in den islamischen Ländern zu machen. Ausgenommen die Erscheinungen eines übertriebenen Eifers und die unkontrollierten Ausbrüche eines naiven oder fanatischen Machtwillens, scheint die heutige Erweckungsbewegung im Islam eine Phase einzuleiten, die zu einer neuen Selbstsicherheit und Gelassenheit der Muslime führen wird. Diese wiedergewonnene Gelassenheit könnte sie zunehmend für den Dialog und die Zusammenarbeit mit den anderen Religionsgemeinschaften in der Welt, vornehmlich mit den Christen, wieder öffnen.

In der jetzigen Übergangsphase zeigen sich die Muslime wieder stolz auf die Leistungen ihrer Religion als Weltmacht in der Vergangenheit und als ein nicht mehr zu übersehender Partner in der Gegenwart. Die zunehmende Bedeutung der islamischen Ölländer in der politischen Szenerie heute wird durch die Erfolge der islamischen Missionierung in Afrika und sogar durch die Befestigung ihrer Präsenz in Europa und Amerika nur noch mehr unterstrichen und deutlicher zum Ausdruck gebracht. Solche Erfolge erinnern die Muslime an ihre ruhmreiche Vergangenheit, als der Islam zum erstaunlich schnellen Eroberer der antiken Welt und, neben Byzanz und Persien, zum Träger der Kultur im Vorderen Orient und im Mittelmeerraum wurde.

Etappen der Verbreitung des Islams

Vor dreizehn Jahrhunderten, als Muḥammad 632 starb, stand die junge islamische Gemeinschaft vor großen Problemen. Die Kerngemeinde in Medina konnte nicht verhindern, daß die arabischen Stämme der Wüste, die zu Lebzeiten Muḥammads ihre Treue zum Islam bekundet hatten, nun die Solidarität mit dem Islam aufkündigten und mit diesem ersten Abfall den Bestand des Islams gefährdeten. Es begann die mühsame Periode der Wahrung der Einheit und der Festigung der solidarischen Struktur der Gemeinschaft. Den ersten Nachfolgern Muḥammads (Khalifen genannt) kam die Aufgabe zu, in Arabien die unbestrittene Vorherrschaft des Islams zu etablieren und zu festigen und die Ausdehnung dieser Vorherrschaft auch außerhalb Arabiens voranzutreiben. Damit sollten die arabischen Stämme in Syrien und im Irak für den Islam gewonnen werden; die Muslime suchten außerdem in den eroberten Gebieten weitaus fruchtbareres und reicheres Land als das dürre Arabien in Besitz zu nehmen.

Die Periode der ersten vier Rechtgeleiteten Khalifen erstreckt sich von 632 bis 661. Abū Bakr (632–634) setzte seine Truppen ein, um die abgefallenen arabischen Stämme zu bestrafen und zum Islam zurückzuführen. Die ersten Feldzüge außerhalb Arabiens, die er gestartet hatte, wurden unter seinem Nachfolger, dem großen Khalifen ʿUmar (634–644), verstärkt fortgesetzt. ʿUmar besitzt eine besondere Bedeutung für die Gesetzgebung des Islams. Denn er war es vor allem, der in Anlehnung an die Bestimmungen des Korans und an die Anweisungen und Verhaltensweisen Muḥammads die Regeln festsetzte, nach denen die besiegten oder die sich unterwerfenden Stämme und Völker behandelt werden sollten. Spätere Rechtsgelehrte berufen sich gern auf ihn, um bestimmte Meinungen und Richtungen in Rechtsfragen durchzusetzen. Unter ʿUmar gelang es den muslimischen Truppen, Damaskus (635) und Syrien, Jerusalem (638) und Palästina, den Irak und einen Teil Persiens (ab 638) sowie Ägypten (638–642) zu erobern. ʿUmars Nachfolger ʿUthmān (644–656) bemühte sich hauptsächlich um die Ausarbeitung und Feststellung des offiziellen Textes der koranischen Offenbarung. Unter ihm wurde ganz Persien erobert.

Der vierte Khalif ʿAlī (656–661) ist Vetter Muḥammads

und der Ehemann seiner Tochter Fāṭima. Aus dieser Ehe stammen die einzigen direkten Enkelkinder und die weiteren Nachkommen des Propheten Muḥammad. Bei jeder früheren Khalifenwahl war ʿAlī zurückgedrängt worden. Als er schließlich zum Khalifen gewählt wurde, fand er Gegner, die ihn beschuldigten, den Mord an ʿUthmān gebilligt oder gar dazu ermuntert zu haben. ʿAlī besiegte seine Feinde, die sich um Muḥammads Witwe ʿĀʾisha geschart hatten (656). In Ṣiffīn/Nordsyrien war er gegen die Truppen des Statthalters in Syrien, Muʿāwiya, eines Verwandten ʿUthmāns, gerückt (657). Trotz seiner guten Siegeschancen stimmte er einem Vergleichsangebot seines Gegners zu. Das ganze Verfahren wurde vom schlauen Muʿāwiya und von seinem Unterhändler so zu ihren eigenen Gunsten geführt, daß ʿAlī einen schweren Stand hatte. Gegen die Zustimmung zum Vergleich überhaupt rebellierte eine Gruppe: Sie bildeten die Sekte der Khāridjiten (= diejenigen, die sich von ʿAlī zurückgezogen haben). Die Partei ʿAlīs ergriffen seine treuen Anhänger, die Shīʿiten (= Parteigänger). Die Mehrheit der Muslime arrangierte sich mit der Ausrufung des Muʿāwiya zum Khalifen im Jahre 660: Das sind die Sunniten. ʿAlī wurde 661 von einem Khāridjiten ermordet.

Mit Muʿāwiya beginnt die Regierungszeit der Umayyaden (661–750); denn es gelang ihm, das Khalifat zu einer erblichen Monarchie zu machen, indem er seinen Sohn Yazīd zum Thronfolger bestimmte. Die Umayyaden hatten im Inneren des islamischen Reiches gegen die Anfechter ihrer Legitimität, vor allem die Shīʿiten, und gegen die Aufstände mancher arabischer Stämme zu kämpfen. Gegenüber den jüdischen und christlichen Minderheiten zeichnet sich diese Zeit, vor allem in den Anfängen, durch eine ziemliche Toleranz und Großzügigkeit aus, und zwar solange der Verwaltungsapparat, das wirtschaftliche Leben und die medizinische Versorgung der Aristokratie auf die Dienste der Juden und der Christen nicht verzichten konnten. Ab 700 wurde dann eine stärkere Arabisierung und damit eine stärkere Islamisierung des Verwaltungsapparates durchgesetzt.

Nach außen hin setzte sich die Verbreitung der islamischen Herrschaft im Westen über ganz Nordafrika (700) bis ins Innere Spaniens hinein (711–717) fort. In Frankreich drangen die muslimischen Truppen bis Tours und Poitiers

(717–732) vor, wo sie durch Karl Martell geschlagen und endgültig am Vorankommen in Westeuropa gehindert wurden. Im Osten überschritten die Muslime ohne Aufbietung großer militärischer Macht die Grenzen Persiens, sie erreichten Nordindien und drangen in Zentralasien bis nach China vor.

Im Jahre 750 fiel die Umayyaden-Dynastie der aufständischen Bewegung der ʿAbbāsiden und deren Verbündeter zum Opfer. Die ʿAbbāsiden verlegten die Hauptstadt des islamischen Reiches zunächst nach Kūfa und dann nach Bagdad im Irak. Die Regierungszeit der ʿAbbāsiden erstreckt sich von 750 bis 1258. Die etwa ersten hundert Jahre ihrer Herrschaft haben sie zur Konsolidierung des Reiches im sunnitischen Lager verwendet. In diese Periode fallen die Regierungszeiten des großen Hārūn al-Rashīd (786–809) und seines Sohnes al-Maʾmūn (813–833), die einen kulturellen Höhepunkt der ʿAbbāsidenzeit ausmachen. Unter den ʿAbbāsiden wurde auch den nicht-arabischen Familien und Traditionen in der Verwaltung des Reiches und in der Ausformung seiner Zivilisation bedeutend mehr Einfluß eingeräumt. So beherrschten die Perser (z. B. die Barmakiden) den Verwaltungsapparat und die griechische Philosophie das intellektuelle Leben (vor allem dank des Beitrags der syrischen Christen).

Bald mußten aber die ʿAbbāsiden die Zersplitterung des Reiches hinnehmen. In Andalusien (Spanien) bildete sich schon im Jahre 756 ein Umayyaden-Reich (bis 1031), in den entlegenen Provinzen machten sich verschiedene Herrscher nach und nach selbständig, so u. a. in Nordafrika und Ägypten die shīʿitischen Fāṭimiden (968–1171), in Ägypten, Syrien und Nordmesopotamien die sunnitischen kurdischen Ayyūbiden (1174–1250), in Ägypten die Mamluken (1250–1517). 1250 wurde der letzte Khalif der ʿAbbāsiden-Dynastie durch die angreifenden Truppen der Mongolen getötet.

Das islamische Reich wurde unter den ʿAbbāsiden mit den Kreuzzügen der westlichen Christen konfrontiert (1095–1270). Vor allem ist anzumerken, daß in dieser Zeit die Bedeutung des türkischen Elements hervortrat, und zwar zunächst einmal ab 1055 durch die Seldjuken und ab Ende des 13. Jahrhunderts durch die Osmanen.

Die Osmanen besetzten das, was vom byzantinischen Reich in Kleinasien übriggeblieben war, stückweise und eroberten schließlich im Jahr 1453 sogar Konstantinopel. Sie schlugen die Mamluken und nahmen 1517 Kairo/Ägypten ein. Sie drangen vom 13. bis zum 17. Jahrhundert in Ost- und Mitteleuropa ein und bemühten sich um die völlige Beherrschung des Mittelmeerraumes. Ihr Vormarsch wurde durch die Niederlage ihrer Flotte (Lepanto 1571) und etwa hundert Jahre später durch die verlorene Schlacht bei St. Gotthard an der Raab (1664) gestoppt. Als sie vor den Mauern Wiens (1683) immer wieder zurückgeschlagen wurden, zogen sie sich allmählich von Mitteleuropa zurück.

Zum Osten hin dehnte sich das islamische Gebiet weiter aus: in Indonesien (14.–15. Jh.), in Indien durch die Dynastie der Groß-Moguln (1524–1757).

Das islamische Reich hat aber nicht nur Ausdehnung, sondern auch Schrumpfung erfahren, vor allem durch die christliche Reconquista, die Wiedereroberung Spaniens, die mit dem Fall Granadas 1492 abgeschlossen und mit der Eroberung von Teilen Nordafrikas 1497 fortgesetzt wurde. Im 19. Jahrhundert wurden die meisten islamischen Länder vom Westen zu Kolonien gemacht. Auch das Osmanenreich wurde nach dem Ersten Weltkrieg auseinandergerissen: Nur die Türkei in ihren heutigen Grenzen blieb vom großen Reich übrig.

Heute haben die islamischen Länder ihre Unabhängigkeit wiedererlangt. Einige von ihnen haben dank des Ölsegens einen ungeahnten Aufschwung erfahren und sind dabei, die heute erstarkte Erweckungsbewegung noch weiter zu festigen und überallhin zu bringen, wo muslimische Mehrheiten über die Geschicke ihres Landes bestimmen können. Wo die Muslime nur eine Minderheit bilden, erfahren sie eine sehr starke Unterstützung von diesen reichen Öllländern.

Die Muslime in der Welt heute

Nach Schätzungen von 1991[1] zählen die Muslime in der Welt etwa 1034 Millionen: in Asien 715,200, in Afrika 281,200, in

[1] Das Fehlen offizieller Statistiken in den Ländern der islamischen Welt und gesicherter Angaben über die muslimischen Minderheiten zwingt dazu, auf Schätzun-

Europa 33,310, in Amerika 4 Millionen und in Ozeanien 161000.

Der *arabische* Islam, der die engsten Bindungen an die Ursprünge dieser Weltreligion hat, ist heute in jeweils leicht unterschiedlicher Gestalt in folgenden Ländern anzutreffen:

Im Vorderen Orient sind es der Irak (19,704 Millionen = 96% der Gesamtbevölkerung des Landes), Syrien (11 = 86%), der Libanon (2 = 60%), Jordanien (4 = 96%), Israel mit besetzten Gebieten (2,700 = 44%), Saudi-Arabien (15,311 = 99%), der Jemen (12 = 99%), Oman (1,500 = 99%), Vereinigte Arabische Emirate (2,100 = 95%), Qatar (0,500 = 95%), Bahrein (0,500 = 99%), Kuwait (1,200 = 94%).

In Afrika gehören folgende Länder zu den arabischen Staaten: Ägypten (50 = 92%), der Sudan (18,300 = 71%), Somalia (7,8 = 100%), Libyen (4,300 = 99%), Tunesien (8,300 = 99%), Algerien (26 = 99%), Marokko (25,700 = 99%) und Mauretanien (2,079 = 100%)

Im Vorderen und Mittleren Orient gehören weiter zu den islamischen Ländern die Türkei (57,500 = 99%) und der Iran mit seiner überwiegenden Mehrheit von Shīʿiten (Muslime insgesamt: 57 = 98%)

Weiter zum Osten hin sind noch zu erwähnen: Afghanistan (18,400 = 99%), Pakistan (113 = 97%), Indien (95 = 11%), Bangladesh (99 = 85%), Malaysia (9 = 51%), Indonesien (162 = 88%), die Philippinen (3,400 = 6%), Thailand (2,300 = 4%)

In den ehemaligen kommunistischen Ländern findet man bedeutende Gruppen von Muslimen. In den zentralasiatischen Ländern leben 30,300 Millionen (= 17,8%), in China 19 (= 2%), in Jugoslawien 4 (= 17%), in Albanien 2,300 (= 70%) und in den übrigen Balkanländern etwa eine Million.

---

gen zurückzugreifen, die ihrerseits nach Ablauf einiger Jahre wiederum hochgerechnet werden. Vgl. zu den hier angegebenen Zahlen **Islam verstehen,** Redaktion: Friedemann Büttner und Jürgen Rogalski, Sympathie Magazin Nr. 26, Starnberg 1992, S. 26. Die dort zitierten Quellen sind: „Eigene Berechnungen nach Fischer Weltalmanach 1992; Munzinger Archiv; Political Handbook of the World 1991; The Statesman's Yearbook 1991–1992; Zentralinstitut Islam-Archiv Deutschland; u.a."; – Thomas Michel, **„1991 Estimated Muslim Population of Various Countries"**, Pontifical Council for Interreligious Dialogue, Commission for Religious Relations with Muslims, Rom, November 1992. – An einigen Stellen versuchen wir, zwischen den beiden hier angegebenen Schriften zu vermitteln.

In Schwarzafrika leben die Muslime vorwiegend in folgenden Ländern: Senegal 6,800 Millionen (= 91%), Guinea 5 (= 69%), Mali 6,400 (= 80%), Ghana 2,300 (= 15%), Nigeria 50 (= 47%), Tschad 2,800 (= 50%).

In Westeuropa bestehen die islamischen Gemeinden vor allem aus Einwanderern und Arbeitnehmern sowie aus einem beachtlichen Kontingent an Studenten, Praktikanten und Kaufleuten. Im einzelnen werden folgende Zahlen angegeben: Österreich etwa 80 000, Bundesrepublik Deutschland etwa 1,700 Millionen, Holland 400 000, Belgien 350 000, Frankreich 2,700 Millionen, Großbritannien 2,600 Millionen, Schweiz etwa 100 000, Italien 300 000, Spanien 15 000.

Die Muslime in der Bundesrepublik Deutschland

Von den etwa 2 Millionen Muslimen in der Bundesrepublik Deutschland kommt die überwältigende Mehrheit, über 1,5 Millionen, aus der Türkei. Die nächst starke Gruppe bilden die Jugoslawen, etwa 150 000.

Die Probleme der Muslime in der Bundesrepublik Deutschland sind die Probleme ihrer Glaubensbrüder in der Industriegesellschaft der Diaspora. Viele Studenten und Praktikanten entfernen sich schnell von den Traditionen ihrer jeweiligen Länder und werden religiös gleichgültig. Ihr Interesse richtet sich vorwiegend auf die Politik, sie beschäftigen sich mit links- bzw. rechtsgerichteten Ideologien, die ihnen als Mittel erscheinen, die sozialen Umstände und die politischen Verhältnisse in ihrem Ursprungsland zu verändern bzw. umzustürzen.

Die Arbeitnehmer, die die große Mehrheit bilden, haben vor allem mit folgenden Problemen zu ringen: soziales Sprachhindernis (Leben, Arbeit, Verwaltung, Einschulung der Kinder), komplexer Mechanismus der Verwaltung, Kulturschock in Kontakt mit der anonymen industriellen Zivilisation, Zurückhaltung der Gesellschaft in bezug auf die Fremden, Gettogefahr, Skandal der permissiven Gesellschaft in den Augen bislang traditionsgebundener Menschen, Anerkennung ihrer Rechte als einzelne und als Gemeinde, vor allem als Körperschaft des öffentlichen Rechts, damit verbunden Problem der Integration in der deutschen Gesellschaft jedoch ohne eine totale Assimilation, die ihre eigene Identität gefährden könnte. Gerade die Sorge um die eigene Identität, die mit der islamischen Religion aufs engste verbunden ist, treibt die Muslime in der Bundesrepublik zu politischen Aktivitäten, die extremistischen Richtungen ähneln oder sie gerade fördern, oder zu religiös inspirierten Initiativen, die sie manchmal dem Unverständnis der Deutschen aussetzt[2].

---

[2] Die Problematik der Integration ausländischer Muslime in Deutschland wird im 17. Kapitel behandelt.

2. Kapitel

Die heutige Renaissance des Islams
Religiöse und politische Aspekte

Die in vieler Hinsicht überraschende Revolution im Iran hat sich nicht nur deswegen als folgenschwer erwiesen, weil sie die politische Landschaft gründlich veränderte, sondern auch – und noch viel tiefer – weil sie zur Ausrufung einer Islamischen Republik führte. Diese Tatsache hat die Muslime in vielen Ländern in Bewegung gebracht. Zwar hatte die Reformbewegung im Islam schon in der zweiten Hälfte des 19. Jhs. eingesetzt; sie blieb jedoch ohne weitreichende Konsequenzen im Leben der meisten islamischen Völker, und dies trotz wiederholter Versuche derer, die – wie die Muslimbrüder – sich als Erben dieser Reformbewegung verstehen. Eine Ausnahme bildeten vor allem Libyen, Saudi-Arabien und Pakistan. Erst nach den dramatischen Ereignissen im Iran erstarkte das islamische Bewußtsein und begannen die Muslime, in verstärktem Maße Ansprüche zu erheben. Auch wenn die Renaissance des Islams nicht überall in der islamischen Welt mit derselben Wucht auftritt und auch wenn ihre Erscheinungsformen von einem Land zum anderen sehr verschieden sind, so kann man dennoch, z. B. in der Bundesrepublik, feststellen, daß die Muslime ihre bisherige Zurückhaltung abgelegt haben und nun mit ihren, wenn auch noch im allgemeinen nicht überzogenen Forderungen an die Öffentlichkeit herantreten. Darin werden sie auch jetzt in noch größerem Maße von den finanzstarken arabischen Ölländern unterstützt.

Obzwar die Erscheinungsformen, die Gründe, die Wucht und die praktischen Folgen der heutigen Renaissance des Islams nicht immer deutlich ausgemacht werden können, so ist die Tatsache unleugbar, daß dabei die religiöse Seite nicht wegzudenken ist.

Wenn heute die Muslime gegen die politische Bevormundung kämpfen, so wollen sie die traditionelle Maxime bewahrheiten: „Der Islam herrscht und wird nicht beherrscht." Sie brechen die internationale Isolierung auf und treten aus ihrem Ghetto heraus, sie wollen in der Welt ihre Rolle spielen im Bewußtsein, daß der Islam ihnen einen universalen Auftrag erteilt hat. Sie stemmen sich gegen die religiöse und kulturelle Entfremdung, weil sie den Islam als eine Religion verstehen, die ihnen nicht nur die Regeln der Frömmigkeit darlegt, sondern auch eine Gesellschaftsstruktur und eine politische Ordnung bringt, die den Menschen ein gesundes Leben und eine heile Gesellschaft garantieren sollen.

Die folgenden Ausführungen stellen den Versuch dar, das wiedererlangte Selbstbewußtsein des Islams in seinen religiösen und politischen Dimensionen näher zu charakterisieren.

Befreiung von der Entfremdung

Es geht hier nicht mehr um die politische Entfremdung in der Gestalt, die sie während der Kolonialzeit angenommen hatte. Der Islam braucht sich nicht mehr zu schämen, weil er im 19. Jh. und bis nach dem Zweiten Weltkrieg unter die Herrschaft fremder Kolonialmächte geraten war, seine stolze, siegesbewußte Vergangenheit verloren hatte und auf der politischen Bühne zur Bedeutungslosigkeit verurteilt war. Nicht nur sind heute alle islamischen Länder politisch unabhängig, einige von ihnen haben dank ihrer reichen Ölvorräte und ihrer finanziellen Möglichkeiten in der Welt Einfluß gewonnen. So suchen die Muslime ihre politische Unabhängigkeit auszubauen und darüber hinaus die Befreiung von jeder Art von Entfremdung zu erreichen. Auch die kulturelle Überfremdung solle überwunden werden, der Strom der aus der modernen Welt in Ost und West importierten Vorstellungen und Ideologien solle gestoppt und die von der modernen Wissenschaft und Technik geprägte Mentalität zurückgewiesen oder einer scharfen Kritik unterzogen und erst in nach islamischen Maßstäben geläuterter Form zugelassen werden.

Diese Haltung läßt sich durch die Tatsache erklären, daß der Einfluß der früheren Kolonialmächte bzw. der Schutzmächte nicht schlagartig mit der Erlangung der politischen Unabhängigkeit erloschen war oder zurückgedrängt wurde.

Die gebildeten Schichten der Bevölkerung schienen vielerorts von solchen nicht-islamischen Auffassungen infiziert zu sein, die dem Islam kaum eine wirksame Rolle in Gesellschaft und Politik zubilligten. Der Kampf des wiedererwachten Islams gilt also der Befreiung von politischen Abhängigkeiten und von kultureller Bevormundung und religiöser Entfremdung.

Ein neues Selbstbewußtsein

Die Träger der heutigen Renaissance des Islams beanspruchen gerade im Gegensatz zu solchen Tendenzen und politischen Vorstellungen für den Islam eine bestimmte Rolle auch in Gesellschaft und Politik. Denn, so die religiöse Auffassung des Islams, der Mensch ist auf jeden Fall auf Gott und seine praktische Rechtleitung angewiesen, um leben zu können. Nicht nur in dem Sinne, daß es Gott ist, der das Leben schenkt, bewahrt, sichert, fördert und auch wieder nimmt, sondern auch in dem Sinne, daß der Mensch von sich aus unfähig ist, die lebenspendende Wahrheit zu finden und anzunehmen, und genauso unfähig, den rechten Weg zu finden und auch zu befolgen. Außerdem zeigt die Geschichte der Menschen deutlich, daß sie den wiederholten Aufrufen ihrer jeweiligen Propheten nicht gefolgt sind; sie haben darin die Norm des richtigen Handelns nicht anzuerkennen vermocht. Sie sind eher den Neigungen ihrer Seele nachgegangen; aber „die Seele gebietet mit Nachdruck das Böse" (Koran 12,53) [4]. So besteht der rechte Weg der Menschen darin, Gottes Willen zu suchen und sich in diesen Willen zu ergeben. Daher wiederholt der Koran die eindringliche Aufforderung: „Gehorchet Gott und seinem Gesandten" (8,1.46; 3,32; 33,33.66.71 usw.).

Wer sich also mahnen läßt und dem Weg Gottes folgt, wie er im Koran grundgelegt worden ist, erreicht das Ziel seines Lebens und darf die Hoffnung haben, Gottes Wohlwollen zu erlangen. Andernfalls geht der Mensch in die Irre und wird

---

[4] Die Koranstellen werden nach meiner Koranübersetzung zitiert: *Der Koran.* Übersetzung von Adel Theodor Khoury. Unter Mitwirkung von Muhammad Salim Abdullah (GTB 783), Gütersloh 1987.

dereinst der Verdammnis anheimfallen. Das bezeugen nach den Worten des Korans die Bewohner des Paradieses: „Wir hätten unmöglich die Rechtleitung gefunden, hätte uns Gott nicht rechtgeleitet“ (7,43).

Wer sich von Gott leiten läßt, ist nicht nur zum Paradies bestimmt, er ist auch ein vorbildliches Mitglied der islamischen Gemeinschaft, ein echter Muslim, der sich dem Willen des Herrn völlig hingibt. Sein Gehorsam ist das Merkmal seiner Identität als Muslim. Die islamische Renaissance heute betont deshalb die Rolle des Islams und des koranischen Gesetzes als Grundlage der Identität der Muslime in jedem Land. Die Hemmungen, die die mindere Stellung der islamischen Völker gegenüber den überlegenen Kolonialherren und den übrigen Industriestaaten in Ost und West verankert hatten, werden nach und nach mit mehr oder weniger Eile und Wucht überwunden. Vor allem die führenden islamischen Ölländer verleihen den Muslimen das Gefühl, daß sie nun als gleichwertige und bedeutungsvolle Partner auftreten können. Gegenüber den anderen Völkern und Staaten, Religionen und Kulturen suchen die Muslime ihr eigenes Erbe hervorzuheben, ihre eigene Geschichte wieder zur Geltung zu bringen, ihre eigene Identität auf der Grundlage der islamischen Tradition zu betonen. Angesichts der großen Leistungen der islamischen Völker in der Geschichte fangen sogar viele an, einen frohen Stolz an den Tag zu legen. Dazu kommt die Sicherheit, die der islamische Glaube ihnen verleiht, die Zusicherung, daß sie unter der Leitung Gottes und im Licht des Korans, „die beste Gemeinschaft (seien), die je unter den Menschen hervorgebracht worden ist“ (3,110). Es gibt viele Muslime und muslimische Gruppen, die aus Überreaktion gegen die Demütigungen der jüngsten Vergangenheit und gegen die dadurch bei ihnen entstandenen Minderwertigkeitsgefühle nun übermäßige Überlegenheitsgefühle mit ihren komplexen Folgen entwickeln. Das kann man nicht nur in den alten Ländern des Islams, sondern auch bei bislang bescheiden gebliebenen Minderheiten in nicht-islamischen Staaten beobachten. Folge dieser Tendenz ist die Verhärtung der Positionen, die Überbetonung der Distanz zu der übrigen Bevölkerung und die Neigung zu unversöhnlichem oder gar radikalem Auftreten.

Der Anspruch des Islams

1. Absolutheitsanspruch

Der Islam versteht sich als die letzte Etappe der Prophetengeschichte, vornehmlich der biblischen Tradition. Der Islam sei die letzte und nun endgültige, von Gott gewollte Gestalt der Religion. Zwar bildeten Judentum (Mose und die Tora) und Christentum (Jesus Christus und das Evangelium) Höhepunkte der religiösen Geschichte der Menschheit, sie hätten aber nach der Verkündigung des Korans und der Festlegung der Grundlagen des Islams gleich allen anderen Religionen ihren universalen Anspruch verloren. Muḥammad sei nunmehr der Gesandte Gottes an alle Menschen (vgl. Koran 7,158) und „das Siegel der Propheten" (33,40). „Die Religion bei Gott ist der Islam", proklamiert der Koran (3,19). In aller Deutlichkeit mahnt er: „Wer eine andere Religion als den Islam sucht, von dem wird es nicht angenommen werden" (3,85).

2. Universalanspruch

Die Muslime haben so die Pflicht, sich dafür einzusetzen, daß der Islam die Universalreligion schlechthin wird, und zwar nicht nur im Anspruch, sondern auch in der geschichtlichen, konkreten Wirklichkeit der Menschen und der Völker. Mit dem Fortschreiten der Ausbreitung des Islams und der Errichtung der islamischen Institutionen in aller Welt wird nach und nach die ursprüngliche Einheit wiederhergestellt, die nach dem Plan Gottes das besondere Merkmal der menschlichen Gemeinschaft war (vgl. Koran 2,213). Die Spaltung der Menschen wird dadurch überwunden, daß die Rechte Gottes voll zur Geltung kommen und uneingeschränkt respektiert werden und daß die Menschen nach den Verordnungen des göttlichen Willens und den Bestimmungen des islamischen Gesetzes ihr Leben in all seinen Bereichen gestalten[5].

---

[5] Der Koran läßt aber auch eine realistische Einschätzung der menschlichen Wirklichkeit erkennen. Er weist darauf hin, daß der Pluralismus der Religionen eine hartnäckige Erscheinung ist, die man kaum wird beseitigen können. So empfiehlt er, diesen vorläufig unvermeidbar erscheinenden Pluralismus als eine Probe von Gott anzusehen (vgl. 5,48).

3. Totalitätsanspruch des Islams

Der Universalanspruch des Islams bezieht sich nicht nur auf das Ganze der Welt und der menschlichen Geschichte. Er bezieht sich auch auf das Gesetz des konkreten Lebens des Menschen. Dieser Totalitätsanspruch bedeutet, daß der Islam den gesetzlichen Rahmen festsetzt, in den sich das Leben der einzelnen Gläubigen einfügt, und die Ordnung erläßt, an der sich das Familienleben, die Gesellschaft, die Struktur des Staates und die internationalen Beziehungen dieses Staates zu orientieren haben. In diesem Sinne wird der Islam bekanntlich als „Religion und Staat" zugleich bezeichnet. Und in diesem Sinn weigert sich der Islam, eine Trennung zwischen Religion, Gesellschaftsordnung und Staat zuzulassen, geschweige denn selbst vorzunehmen.

Aus diesem Selbstverständnis heraus weist der Islam auch jeden laizistischen Versuch zurück, der den Islam als Fundament des gesellschaftlichen und öffentlichen Lebens ablehnt und ihn aus der Gesetzgebung verdrängen will. Auch tut sich der Islam deshalb mit den demokratischen Vorstellungen der pluralistischen Gesellschaft des Westens schwer. Denn er geht grundsätzlich von einer einheitlichen Gesellschaft aus, die unter dem Regiment der Religion und des religiösen Gesetzes steht, und er besteht darauf, das islamische Gesetz und die islamischen moralischen und sozialen Werte als den höchsten Maßstab für alle Bereiche der Gemeinschaft und der Gesamtgesellschaft zur Anwendung zu bringen. Auch wenn Minderheiten als relativ selbständige Enklaven toleriert werden, so bleibt das islamische Gesetz das oberste Recht, und im Konfliktfall kommt es allein zur Anwendung.

4. Der Islam, das neue Gewissen der Menschheit

Der Anspruch des Islams, von nun an die einzig gültige Universalreligion zu sein, und sein Totalitätsanspruch in bezug auf alle Bereiche des menschlichen Lebens sind das Fundament seines im Zuge der heutigen Renaissance erhobenen Anspruchs, nunmehr eine Alternative zu den Modellen des Ostens und des Westens zu sein. Denn, so die Vorhaltungen des Islams, Ost und West haben mit ihren Systemen den islamischen Ländern nichts gebracht, was man als einen unbedingten Fortschritt bezeichnen und bejahen kann. Sie haben vielmehr und vor allem einen Identitätsverlust bei den Muslimen hervorgebracht, ohne deren Probleme gelöst zu haben. Nicht einmal in ihren Ursprungsländern haben diese Systeme die Probleme der Menschen gelöst. Zwar haben sie materiellen Fortschritt, wissenschaftliche und technische Errungenschaften gezeitigt. Diese sind jedoch nur relativ und beschränkt bewunderungswert. Vor allem sind sie nicht in jedem Punkt nachahmenswert. Denn sie haben genauso viele Probleme entstehen lassen, wie sie gelöst haben. Ja die Verschärfung der Lage der Industrieländer, ihr gebrochenes Verhältnis zu ihrer Umwelt und ihre ungerechten Beziehungen zu den Entwicklungsländern stellen kein Vorbild für die anderen Länder dar. Die islamischen Länder werden daher dazu aufgerufen, ihren eigenen Weg zu gehen, ihre Kultur in Einklang mit ihrer eigenen Identität zu bringen und zu entwickeln, ihre Zivilisation in Entsprechung ihrer eigenen wirklichen Bedürfnisse aufzubauen und zur Blüte zu bringen. So könnte man die importierten Probleme vermeiden, ein gesundes Leben führen, eine florierende Gemeinschaft bilden unter der Rechtleitung Gottes und seines Gesetzes.

Denn – und dies gibt der neuen Richtung der islamischen Länder mehr Zuversicht – der Islam wird im Koran als die Religion bezeichnet, die in ihrer Wahrheit und in ihrer Gesetzgebung der Natur des Menschen am besten entspricht (vgl. Koran 30,30). „Und wer hat eine schönere Religion als der, der sich völlig Gott hingibt und dabei rechtschaffen ist ..." (Koran 4,125).

Gestärkt durch diese Gewißheit und Zuversicht, erhebt der Islam heute den Anspruch, auf der Weltebene und als Alternative zum Christentum und zu allen anderen Weltanschauungen das neue Gewissen der Menschheit zu sein oder zu werden. Die Parole, die man nun häufiger und offener trifft, u.a. in den Veröffentlichungen der Gruppen, die die heutige Renaissance des Islams maßgeblich mittragen, ist bezeichnenderweise folgender Vers des Korans: „Dieser Koran leitet zu dem, was richtiger ist ..." (Koran 17,9).

Für eine Bewertung der heutigen Situation

Die Berichterstattung über die Renaissance des Islams in der Welt ruft bei vielen gemischte Gefühle hervor. Einige malen sich schon eine erneute Umklammerung des christlichen Europa durch den Islam aus. Andere denken an die Bedrohung mit dem Einsatz der Ölwaffe zur Lösung politischer Probleme oder an die reell gewordene Gefahr einer militärischen Auseinandersetzung um die Energieversorgung der Industrienationen.

Vielleicht bietet das Zusammenrücken der Menschen in einer immer überschaubarer gewordenen Welt eine einmalige Chance. Die Renaissance des Islams kann als eine Einladung an die verschiedenen Partner verstanden werden, einander wie erwachsene, verantwortungsvolle und gleichberechtigte Partner zu behandeln, um eine fruchtbare Zusammenarbeit zur Bewältigung der gemeinsamen Aufgaben zustandezubringen.

Bedenklich stimmt jedoch, daß die Renaissance des Islams von verschiedenen Gruppen mißbraucht wird, um radikale politische Ziele durchzusetzen. Bei einigen Schichten der Bevölkerung bringt diese Renaissance weniger eine Vertiefung des religiösen Gefühls als eine Verstärkung fanatischer Haltungen bzw. naiver Erwartungen. Die Massen lassen sich zu schnell hinreißen. Das birgt die Gefahr einer genauso schnellen Enttäuschung in sich. Denn es wird unumgänglich sein, daß sie nach einer bestimmten Frist doch feststellen müssen, daß das von ihnen erwartete Paradies doch nicht eintrifft, daß die islamische Ordnung doch nicht automatisch alle Probleme, zumal die der Armut, der Arbeitslosigkeit, des wissenschaftlichen und technischen Notstandes, der wirtschaftlichen Unterentwicklung, der politischen Instabilität löst bzw. lösen kann. Hochgeschraubte Versprechungen und entsprechend hohe Erwartungen, zumal bei einer Bevölkerung mit einem hohen Prozentsatz an Analphabeten, können – auch für eine Islamische Republik – verhängnisvoll werden.

Auch in der Frage nach der Stellung der Nicht-Muslime im Staat sind die Träger der heutigen Renaissance des Islams gefordert, eine Staatsordnung aufzustellen, die das Zusammenleben der verschiedenen Bürger des einen Staates möglich, leicht und fruchtbar macht, und dafür zu sorgen, daß alle

Bürger vor dem Gesetz grundsätzlich gleichgestellt werden und somit am Aufbau der gemeinsamen Gesellschaft gleichberechtigt mitwirken dürfen. Denn es kann heute für die Minderheiten nicht mehr um eine geschenkte Toleranz gehen, sondern um die unverzichtbaren Menschenrechte.

3. Kapitel

Die Quellen des Islams

Der Islam ist die Religion der Hingabe an Gott, der Unterwerfung des Menschen und seiner Freiheit unter den Willen Gottes. Das Denken, das Reden, das Handeln, auch das Leben in Familie und Gesellschaft, endlich die Gestaltung der Beziehungen zu anderen Gemeinschaften – alles unterliegt der Führung Gottes und gehört somit in den direkten Einflußbereich der Religion. Die konkreten Bestimmungen, die dieser umfassenden Lebensordnung zugrunde liegen, werden den gläubigen Muslimen durch das religiöse Gesetz (Sharīʿa) vermittelt, das seinerseits auf den Vorschriften des Korans und den Angaben der Tradition, des verbindlichen Weges (Sunna) des Propheten Muḥammad, gründet.

Die zwei Hauptquellen des Islams sind also der Koran und die Sunna.

Der Koran

„Viele Male und auf vielerlei Weise hat Gott einst zu den Vätern gesprochen und durch die Propheten", das sagt der Hebräerbrief (1,1). Auch der Muslim glaubt, daß Gott zu den Menschen gesprochen hat an vielen Orten der Erde, bei den verschiedenen Völkern und in den verschiedenen Epochen ihrer Geschichte. Gott hat nämlich die Menschen nicht ein für allemal erschaffen und sie wieder allein gelassen. Er, der Barmherzige, begleitet seine Geschöpfe auf ihrem Lebensweg, er führt sie zum Glauben durch seine unübersehbaren Zeichen in der Schöpfung und unterweist sie durch sein Offenbarungswort, durch das er seinen souveränen Willen kundtut und somit seine fordernde und zugleich zuvorkommende Gegenwart mitten unter den Menschen unterstreicht.

Die gewaltigsten Worte Gottes erkennt der Islam in der biblischen Tradition, vornehmlich in der Tora des Mose und im Evangelium Jesu Christi. In Kontinuität mit dieser biblischen Tradition stellt der Koran seine eigene Offenbarung. Seine Botschaft bestätige Tora und Evangelium, bringe sie zu ihrer Vollendung und hebe sie schließlich in ihrer universalen Geltung auf. Nach der Herabsendung des Korans gilt nur noch seine Botschaft als Norm und Gesetz für die Muslime und für alle Menschen, die keine Offenbarungsschrift besitzen.

Der Koran ist somit für den gläubigen Muslim das letzte Offenbarungswort, das Gott dem Propheten Muḥammad (570–632) durch den Engel Gabriel übermitteln ließ. Koran (arabisch: Qur'ān) heißen diese göttlichen Mitteilungen, weil sie dazu bestimmt sind, öffentlich vorgetragen zu werden. Das arabische Wort Qur'ān stammt vom Verb qar'a: lesen, vortragen. Die erste Aufforderung, die an Muḥammad erging, lautete: „Lies!" (Koran 96, 1).

1. Entstehung des Korans

Der Koran ist nicht auf einmal verkündet worden. Er beschäftigt sich auch nicht in systematischer Weise mit religiösen und sozialen Fragen. Er wurde im Laufe der Tage vorgetragen und enthält Predigten, Ermahnungen, Prophetengeschichten, Auseinandersetzungen mit Ungläubigen und mit Juden und Christen. Er verkündet auch Antworten und gibt Verordnungen bekannt, die anläßlich bestimmter Fragen und konkreter Verhältnisse oder Situationen notwendig geworden sind.

Zu Lebzeiten Muḥammads pflegten seine Begleiter die verkündeten Worte sorgfältig zu behalten oder auch nach Möglichkeit schriftlich festzuhalten. Der so niedergeschriebene Koran diente auch zur Gestaltung der Pflichtgebete. Nach dem Tod des Propheten bemühte man sich, die Offenbarung vor Vergessenheit, Verunstaltung und Verfälschung zu wahren. Die erste Ausgabe des Korans unter dem Khalifen Abū Bakr (632–634) ist das Werk von Zayd, einem früheren Sklaven, den Muḥammad befreit und zu seinem Adoptivsohn gemacht hatte. Da jedoch verschiedene Lesarten unter den Muslimen Streitigkeiten verursachten, wurde unter 'Uthmān (644–656) derselbe Zayd mit der Erstellung einer Ausgabe mit einem verbindlichen Wortlaut der verschiedenen Texte beauftragt.

Von dieser bereinigten, offiziellen Ausgabe erhielten die Hauptzentren des Reiches in Arabien, Syrien und dem Irak jeweils eine Abschrift. Bekanntlich hat die arabische Schrift keine ausgeschriebenen Vokale. Um auch hier Irrtümern und verschiedenen, den Sinn entstellenden Vokalisierungen entgegenzuwirken, wurde endlich im Irak unter den Umayyaden eine mit Zeichen voll vokalisierte Ausgabe angefertigt. Diese letzte Version ist die Grundlage der heute in Gebrauch befindlichen Version des Korans. Trotz der Vorbehalte, die die Entstehung der schriftlichen Ausgabe des Korans hervorrufen kann, geht man heute davon aus, daß das, was der Text enthält, tatsächlich von Muḥammad verkündet wurde.

Der Koran umfaßt 114 Kapitel, Suren genannt (von Sūra = Abschnitt), die jeweils in Verse oder Āyāt (Einzahl: Āya = Zeichen) aufgeteilt sind. Die Suren sind nicht nach ihrer chronologischen Entstehung geordnet. Die ersten Suren sind zwar im allgemeinen länger als die letzten, aber die Länge gibt kein strenges Ordnungsprinzip für die Suren ab. Die gesetzlichen Bestimmungen der ersten Suren des Korans schienen vielleicht für den Alltag der Gemeinschaft so wichtig, daß man sie an den Anfang stellte. Der jetzige Text des Korans gibt aber an, aus welcher Periode des Wirkens Muḥammads, aus Mekka oder Medina, jede Sure stammt. Aufgrund dieser Angaben und ausgehend von der Analyse des Inhalts der Suren, versuchten die Orientalisten, eine chronologisch geordnete Liste der Suren zu erstellen[6].

Die Suren tragen einen Titel, der im allgemeinen an einen Teil des Inhalts erinnert oder ein Wort aus dem Text wiedergibt. Sie werden mit der Anrufung des Namens Gottes eingeleitet (basmala): „Im Namen Gottes, des Erbarmers, des Barmherzigen." Nur die Sure 9 macht hier eine Ausnahme, vielleicht weil sie Bestimmungen zum Kampf gegen die Nicht-Muslime erläßt, die eher den Zorn als die Barmherzigkeit und Zuwendung Gottes zum Ausdruck bringen.

---

[6] Vgl. dazu Th. Nöldeke/F. Schwally, Geschichte des Quorans, 3 Bde, Leipzig 1909, 1919, 1938 (Neuauflage 1961); Régis Blachère, Introduction au Coran, Paris [2]1958; derselbe, Le Coran (Übersetzung der chronologisch geordneten Suren), 2 Bde, Paris 1949, 1951.

2. Bedeutung und Autorität des Korans

Die Eigenschaften, die der Koran in den Augen der Muslime besitzt, hängen mit seinem göttlichen Ursprung zusammen. Denn nach der Aussage des Korans selbst wurde die göttliche Offenbarung dem Propheten Muḥammad durch den Engel Gabriel übermittelt (42,52; 2,97). In einigen Versen wird die koranische Botschaft als Abschrift eines im Himmel aufbewahrten Urbuches bezeichnet, welches als das Original aller heiligen Schriften gelten kann (56,77–80; 85,21–22; 43,4).

Da die islamische Theologie davon ausgeht, daß die göttliche Offenbarung dem Propheten Wort für Wort eingegeben wurde, stellte sich die Frage, ob der Koran eine überweltliche Existenz besitze und ob man ihn als ewig betrachten müsse. Die vorherrschende Meinung der Theologen betont, daß das Wort Gottes, der Inhalt des Korans, ewig ist, daß aber die Hülle, die sinnenfälligen Worte, Laute und Buchstaben des Korans erschaffen sind.

Der Koran ist Gottes Wort auch in dem Sinn, daß er der Verfügungsgewalt der Menschen, auch des Propheten selbst, entzogen ist. Zwei Stellen machen dies deutlich. Die eine Stelle ist an Muḥammad gerichtet: „Bewege deine Zunge nicht damit, um dich damit zu übereilen. Uns obliegt es, ihn zusammenzustellen und ihn vorzulesen" (75,16–17). In der anderen versichert Gott: „Wir sind es, die die Ermahnung hinabgesandt haben, und Wir sind es, die sie bewahren" (15,9).

Als Wort Gottes ist der Koran frei von Widersprüchen: „Betrachten sie denn nicht sorgfältig den Koran? Wenn er von einem anderen als Gott wäre, würden sie in ihm viel Widerspruch finden" (4,82). Was die Abrogation oder Aufhebung, d.h. die Rücknahme einzelner Bestimmungen, bzw. ihr Ersetzen durch andere, betrifft, so wird sie auf die im Koran erwähnte Möglichkeit bezogen, daß der Prophet die ihm offenbarte Botschaft vergißt oder daß Gott seine eigenen Vorschriften aufhebt bzw. ändert (87,6.7; 17,86). Dies hängt mit dem besseren Wissen Gottes um seine eigene Offenbarung (87,7; 16,101), mit seiner freien Verfügung über die Offenbarung und den Ausdruck seines souveränen Willens (17,86) zusammen. Im übrigen ziele die Aufhebung bestimmter Vorschriften darauf, sie durch ähnliche oder gar bessere zu ersetzen (2,106). Der Prophet selbst besitze auf keinen Fall die Vollmacht zur Abänderung dessen, was ihm Gott mitteilt: „Sprich: Es steht mir nicht zu, ihn von mir aus abzuändern. Ich folge nur dem, was mir offenbart wird ..." (10,15).

Wenn der Koran dem Zugriff des Propheten entzogen ist, so ist er für die Menschen allgemein unnachahmlich und unübertrefflich. Bereits im Koran findet sich die Herausforderung an die Ungläubigen, selbst eine ähnliche Schrift beizubringen (52,34; 17,88). Nicht einmal zehn Suren können sie beibringen (11,13–14), und auch nicht eine einzige Sure (10,38; 2,23). Das Unvermögen der Menschen, eine dem Koran ähnliche Schrift abzufassen, ist ein Zeichen dafür, daß der Koran das Wort Gottes ist. Seine Unnachahmlichkeit ist das Beglaubigungswunder der prophetischen Sendung Muḥammads.

Diese Einmaligkeit des Korans bezieht sich auf seine Sprache und zugleich auf seinen Inhalt. Die Sprache des Korans ist für den Muslim eine göttliche Sprache, sie ist heilig, erhaben, geheimnisvoll und faszinierend. Ihre Faszination rührt auch von ihrer unbestrittenen Schönheit her. An vielen Stellen ist sie außerordentlich intensiv, leidenschaftlich und eindringlich. Ihre Ausdruckskraft ist derart, daß der Gläubige sich kaum ihrem Beschwörungseffekt entziehen kann.

Noch mehr als seine Sprache ist der Inhalt des Korans ein ständiger Nachweis seines göttlichen Ursprungs. Und gerade im Hinblick auf diesen Ursprung genießt der Koran eine absolute Autorität. Er ist die unfehlbare, absolut zuverlässige Quelle der Heilswahrheit und begründet den rechten Glauben. An den Aussagen des Korans über Gott, über sein Wesen und seine Werke als Schöpfer, Vorsehung und Richter, haben die Theologen und die Prediger des Glaubens sich zu orientieren und jede Lehre zu messen. Auch ist der Koran die Norm des sittlichen Handelns, das Fundament der gesetzlichen Bestimmungen in bezug auf Familie, soziale Ordnung und politische Ordnungsvorstellungen. Damit ist gesagt, daß der Koran die absolut verbindliche Richtschnur ist. Er vermittelt den Gläubigen eine tiefe Einsicht in den Sinn der Lebensumstände und in ihre Beziehung zum Willen Gottes. Diese Einsicht in den letztgültigen Wert der Personen und der Dinge soll die richtige Entscheidung ermöglichen, die das praktische Handeln in die richtigen Bahnen lenkt. Auch bei Auseinandersetzungen und in Konfliktfällen ist der Koran Schiedsrichter und letzte Instanz. Die detaillierten Feststellungen des Korans bringen da Sicherheit und Zuversicht (vgl. 57,28).

So begleitet der Koran die Menschen in ihrem Leben, im Alltag und in den besonderen Anlässen, mit seiner Rechtleitung, mit seiner Belehrung, seiner Urteilshilfe und seinen praktischen Ausweisungen. In jeder Situation findet der Gläubige passende Stellen des Korans, die ihn ermuntern, im Gehorsam gegen den Willen Gottes auszuharren. Andere Verse spenden ihm Trost, wenn er trauert. Wieder andere teilen ihm die Weisheit umsichtiger Überlegung und tiefer menschlicher Erfahrung mit und verhelfen ihm zu einer Einsicht, die sein Leben fördert und ihm innere Zufriedenheit verleiht: „Gott hat Wohlgefallen an ihnen, und sie haben Wohlgefallen an Ihm. Dies ist der großartige Erfolg" (5,119; vgl. 9,100).

Die Ehrfurcht, mit der der Muslim den Koran behandelt, und sein unbedingter Gehorsam gegen die darin verzeichneten göttlichen Verordnungen sind der unmittelbare Ausdruck der Ergebenheit und der Unterwerfung unter den Willen des souveränen Schöpfers, die der Begriff *islām* bedeutet. Diese Hingabe in den Willen Gottes ist für den Menschen nicht mit der Aufgabe seiner Persönlichkeit, dem Verlust seiner Identität verbunden. Denn, so die islamische Auffassung, der Mensch ist von sich aus nicht in der Lage, die Wahrheit zu finden und den richtigen Weg zur Bildung seiner Persönlichkeit zu erkennen; er ist aus sich heraus nicht imstande, den rechten Weg zu gehen und damit den rechten Ausdruck seiner Menschenwürde zu treffen. Der Koran läßt die Bewohner des Paradieses eingestehen: „Wir hätten unmöglich die Rechtleitung gefunden, hätte uns Gott nicht rechtgeleitet" (7,43).

3. Auslegung des Korans

Die zentrale Bedeutung des Korans im Leben der gläubigen Muslime erklärt zwei Haltungen der Gelehrten gegenüber dem heiligen Buch. Die einen pflegen eine tiefe Ehrfurcht ihm gegenüber und verschließen sich jedem Versuch, den koranischen Text einer nach den Regeln der modernen Exegese vorgenommenen Auslegung zu unterziehen. Auch eine hermeneutisch orientierte Deutung des Korans angesichts der Umstände des Lebens in der heutigen Zeit scheitert oft daran, daß man die wörtliche Offenbarung des Korans betont und die in der Tradition wohlbekannten Umstände und Gründe der Offenbarung weniger beachtet.

Andere, vor allem durch die Bemühungen der Apologeten des 19. und des 20. Jahrhunderts getrieben, wollen im Koran nicht nur einen religiösen Wegweiser, sondern auch die Summe aller wissenschaftlichen Erkenntnisse und der technischen Errungenschaften aller Zeiten wenigstens vorgezeichnet sehen. Diese übertriebene konkordistische Haltung gründet auf einer überzogenen Deutung des Verses: „Wir haben im Buch nichts übergangen ..." (6, 38).

Versuche einer modernen Exegese des Korans bleiben heute noch sehr vereinzelt und zaghaft. Es dominieren, heute wie in der Vergangenheit, die Kommentare philologischer, theologischer, apologetischer, juristischer und mystischer Natur.

Die muslimischen Gelehrten hatten sich ja seit den Anfängen bemüht, den Inhalt der koranischen Botschaft darzulegen. Im Lauf der Zeit entstand das Bedürfnis, die traditionelle Auslegung des Korans schriftlich zu fixieren und sie mit Hilfe verschiedener Sprachbelege aus dem Erbe des vorislamischen Arabien zu interpretieren. Dazu kam die Bemühung, dunkel und unverständlich gewordene Stellen aufgrund der Umstände zu erläutern, die als Anlaß für die Herabsendung der Offenbarung galten. Später wurde die theologische Bedeutung vieler Koranstellen besonders berücksichtigt, und einer eher philologischen und gesetzesrelevanten Auslegung gesellte sich eine theologieorientierte Exegese zu.

Zu den bedeutendsten Kommentaren zählen vor allem der von al-Ṭabarī (839–923), der von Fakhr al-Dīn al-Rāzī (gest. 1210) und der von Muḥammad ʿAbduh (1848–1905) und seinem Schüler Rashīd Riḍā (gest. 1935), welcher durch die Zeitschrift al-Manār veröffentlicht wurde.

Der bekannteste shīʿitische Kommentar ist der von Ṭūsī (11. Jh.). In den mystischen Kreisen findet der Kommentar von Ibn al-ʿArabī (gest. 1240) Beachtung.

(Für nähere Angaben siehe S. 69–70)

Sunna und Ḥadīth

Die zweite Hauptquelle des Islams ist die Sunna, der vorbildliche Weg des Propheten Muḥammad, dessen Hauptaufgabe darin bestand, die göttliche Offenbarung zu verkünden und sie authentisch zu interpretieren. Der Koran bezeichnet Muḥammad als Vorbild und Beispiel für die Gläubigen (vgl. 33, 21), denn „er befiehlt ihnen das Rechte und verbietet ihnen das Verwerfliche, er erlaubt ihnen die köstlichen Dinge und verbietet ihnen die schlechten, und er nimmt ihnen die Last und die Fesseln, die auf ihnen lagen, ab" (7, 157).

Die Art und Weise, wie Muḥammad inmitten seiner Gemeinde lebte und seine Pflichten als vorbildlicher Muslim erfüllte, wie er die Gläubigen auf den Wegen Gottes führte und die erforderlichen Regeln festlegte – all das verdeutlicht seinen Weg (Sunna) und findet sich in den Berichten und Erzählungen (Ḥadīth) verschiedener Gewährsleute.

1. Autorität der Sunna

Die Autorität der Sunna ist im Koran verankert, der von den Muslimen fordert, sich der Führung des Propheten zu unterwerfen und ihm zu folgen: „Und gehorchet Gott und seinem Gesandten" (8, 1.46; 3, 32; 33, 33.66.71 usw.). Die Gläubigen dürfen sich Gott und seinem Gesandten nicht widersetzen (58, 5.20; 8, 13; 9, 63), sie dürfen ihnen den Gehorsam nicht verweigern (72, 23; 4, 14; 33, 36). Der Prophet ist die letzte Instanz bei allen seinen Entscheidungen: „Ein Gläubiger oder eine Gläubige darf, wenn Gott und sein Gesandter eine Angelegenheit entschieden haben, nicht die Möglichkeit haben, in ihrer Angelegenheit frei zu wählen. Und wer gegen Gott und seinen Gesandten ungehorsam ist, der befindet sich in einem offenkundigen Irrtum" (33, 36).

Die Anwesenheit des Propheten inmitten der Gemeinde ist somit die Garantie der Wahrheit der Glaubenslehren und der Richtigkeit der getroffenen Maßnahmen (vgl. 3, 101). Er ist endlich der von Gott autorisierte Schiedsrichter (vgl. 4, 65). Der Befehl des Korans ist infolgedessen eindeutig: „... Und gehorchet dem Gesandten ..." (24, 56). Denn seine Autorität ist ihm von Gott selbst verliehen (vgl. 4, 64). So gilt der Grundsatz: „Wer dem Gesandten gehorcht, gehorcht Gott" (4, 80).

2. Inhalt des Ḥadīth

Der Ḥadīth, die Urkunde der islamischen Tradition, enthält folgende Kategorien von Überlieferungen:

die Aussprüche Muḥammads, seine Anweisungen, die Verordnungen, die er erlassen hat, die Feststellungen, die er getroffen hat, seine Wertungen und Stellungnahmen zu verschiedenen Fragen;

sein Verhalten, seine Handlungsweise, seine Art, die religiösen Pflichten zu erfüllen, seine praktische Haltung bei der Anwendung bestimmter Richtlinien;

seine Haltung gegenüber dem, was seine Gemeinde tat, soweit er es geduldet, gebilligt oder gar empfohlen hat, und umgekehrt soweit er es getadelt, mißbilligt oder gar verboten hat.

Bei all diesen Überlieferungen gilt als maßgeblich und verbindlich nur das, was der Führung der Gemeinde und der Feststellung der Rechtsnormen diente, nicht jedoch das, was der persönliche Lebensstil Muḥammads war. Zu den nicht allgemein verbindlichen Tatsachen und Äußerungen zählen auch die Worte und Meinungen Muḥammads über Fragen der Naturwissenschaft oder über Angelegenheiten im Bereich der menschlichen Lebenserfahrung.

3. Traditionskritik

Im Laufe der Zeit befanden sich immer zahlreichere Ḥadīth in Umlauf, überliefert zum Teil von solchen Erzählern, die nur das Volk beeindrucken, oder von Häretikern, die ihre Meinung legitimieren wollten, oder einfach von frommen Predigern, die zur Erbauung ihrer Zuhörer Dinge erfanden. So setzte bei den Gelehrten eine Traditionskritik ein, die das Ziel verfolgte, die Echtheit der vorliegenden Überlieferungen zu überprüfen und die Autorität der Sunna zu schützen.

Für unzureichend wurde der Grundsatz einiger Theologen gehalten, die in der Übereinstimmung mit dem Inhalt des Korans oder in der Nützlichkeit einer Überlieferung den Nachweis ihrer Echtheit sehen wollten. Das Kriterium schien zu großzügig zu sein. Als negatives Kriterium angewandt, würde es wohl eine Anzahl von Überlieferungen als falsch demaskieren. Aber es könnte nicht positiv helfen, unter den unzähligen Traditionen, die dem Koran nicht widersprechen und sonst nützlich sind, die wirklich echten Überlieferungen festzustellen.

Die Überlieferungen, die dem Negativkatalog nicht zum Opfer fielen, wurden in drei Kategorien eingeteilt:
1. echte, authetische (ṣaḥīḥ),
2. schöne (ḥasan), also nicht ganz einwandfrei zuverlässig
und 3. schwache (ḍaʿīf), also Gegenstand ernst zu nehmender Bedenken.

Die echten Überlieferungen mußten folgende Bedingungen erfüllen:

Der Gewährsmann muß
1. in bezug auf seinen Glauben und sein Verhalten tadellos sein;
2. vertrauenswürdig sein und vorbehaltlose Annahme finden;
3. die Gewähr bringen, daß er den überlieferten Inhalt richtig verstanden und wiedergegeben hat;
4. mehr als nur *einen* Ḥadīth überliefert haben.

Die Überlieferung selbst muß
5. eine lückenlose Kette von Gewährsmännern aufweisen;
6. ausdrücklich feststellen, daß Muḥammad dies oder jenes gesagt oder getan hat;
7. einen Inhalt haben, der in die Zeit der Frühgemeinde hineinpaßt.

4. Ḥadīth-Sammlungen[7]

Die wichtigsten Ḥadīth-Sammlungen sind folgende:
Bukhārī, Ṣaḥīḥ (Bukhārī: 810–870),
Muslim, Ṣaḥīḥ (Muslim 817/821–875),
Abū Dāwūd, Sunan (Abū Dāwūd 817–888),
Tirmidhī, Sunan. Al-Djāmiʿ al-ṣaḥīḥ (Tirmidhī 815–892),
Nasāʾī, Sunan (Nasāʾī 830–915),
Ibn Mādja, Sunan (Ibn Mādja 824–886).

Die praktische Anwendung der koranischen Bestimmungen und die Handhabung der Sunna in Rechtsfragen werden im folgenden Kapitel erörtert.

---

[7] Eine Auswahl von Ḥadīth-Texten, aus dem arabischen Original ins Deutsche übersetzt, findet sich in meinem Buch: Adel Theodor Khoury, So sprach der Prophet. Worte aus der islamischen Überlieferung (GTB 785), Gütersloh 1988.

4. Kapitel

Das islamische Rechtssystem Grundlagen und Schulen

Die Muslime bezeichnen den Islam als „Religion und Staat", d. h. als Träger und Erfüller einer göttlichen Offenbarung, die in ihrem Totalitätsanspruch den ganzen Menschen in allen Bereichen seines Lebens erfaßt. Die islamische Lebensordnung enthält somit nicht nur Lehrsätze als Kanon des Glaubens und sittliche Gebote und Verbote als Norm des Handelns, sie erläßt auch gesetzliche Bestimmungen, die das Leben der einzelnen, der Familie und der Gemeinschaft, sowie die verschiedenen Bereiche des gesellschaftlichen Lebens und der internationalen Beziehungen regeln. Der gläubige Muslim wird aufgefordert, sich in einem unbedingten Gehorsam dem souveränen Willen Gottes zu unterwerfen und seinen Glauben in dieser Hingabe zum Ausdruck zu bringen. Seine vorbehaltlose Ergebung gründet auf der Zusicherung des Korans, der ihm bestätigt: „Gott sagt die Wahrheit, und er führt den (rechten) Weg" (33, 4).

Das Gesetz und die Rechtleitung Gottes

1. Wesen und Merkmale des Gesetzes

Das Gesetz des Islams ist in seiner Grundlage der Ausdruck des souveränen Willens Gottes. Dieser Wille ist an keine vorgegebenen Maßstäbe gebunden, er ist selbst der letzte Maßstab und die nicht hinterfragbare Norm. Aber er ist auch keine blinde Willkür, er bringt die Rechtleitung eines Gottes, der „Bescheid weiß und weise ist" (Koran 4, 11; 9, 60 usw.). Die Weisheit Gottes in seinem Gesetz läßt sich darin erkennen, daß er auf die Schwachheit der Menschen und auf die konkreten Umstände ihres Lebens Rücksicht nimmt. Mit der Weisheit Gottes verbindet sich seine Barmherzigkeit: „Gott hat Mitleid mit den Menschen und ist barmherzig", wiederholt der Koran (2,143; 9,117; 59,10). Auch Muḥammad wird im Koran als ein Gesandter bezeichnet, der „Mitleid mit den Gläubigen hat und barmherzig ist" (9,128). Die Barmherzigkeit Gottes zeigt sich in seiner Bereitschaft, aus der Ferne seiner Transzendenz herauszutreten und die Menschen seine Nähe spüren zu lassen, eine Nähe, die voller Huld ist (vgl. 62,4). „Wenn dich meine Diener nach Mir fragen, so bin Ich nahe, und Ich erhöre den Ruf des Rufenden, wenn er Mich anruft ..." (2,186). Gott hat seine Verordnungen so gestaltet, daß sie der Läuterung der Menschen dienen (vgl. 2,129; 3,164; 5,6) und ihnen keine unerträgliche Last aufbürden. Und wenn es sich erweist, daß eine Bestimmung mit zu vielen Schwierigkeiten in der Praxis verbunden ist, dann wird den Gläubigen immer wieder Erleichterung gewährt. Der Koran hat diese Tendenz seiner Gesetzgebung als Grundsatz formuliert: „Gott will sich euch zuwenden ... Gott will euch Erleichterung gewähren. Der Mensch ist ja schwach erschaffen worden" (4,27–28).

Die Anordnungen Gottes, welche Ausdruck seines souveränen Willens, aber auch seiner umfassenden Weisheit und seiner feinfühligen Barmherzigkeit sind, bringen den Menschen alles Gute: „Dieser Koran leitet zu dem, was richtiger ist" (17,9). Die Gläubigen brauchen sich nur nach den Bestimmungen des koranischen Gesetzes zu richten, denn es lehrt sie die Gerechtigkeit (vgl. 7,29; 57,25 usw.), garantiert ihnen eine sichere Entscheidung (5,50: „Wer hat denn eine bessere Urteilsnorm als Gott?") und verheißt ihnen ein erfülltes Leben: „Wenn dann von Mir eine Rechtleitung zu euch kommt, dann wird der, der meiner Rechtleitung folgt, nicht irregehen und nicht unglücklich sein" (20,123; vgl. 20,2).

Da das Gesetz die Norm des praktischen Handelns und der Garant der Verheißungen Gottes ist, ist es bemüht, detaillierte Anweisungen zu erlassen (vgl. 7,32.52; 6,126; 9,11), „um alles deutlich zu machen" (16,89). Diese Tendenz, ins einzelne zu gehen und den Raum der menschlichen Initiative einzuengen, kann es der Gemeinschaft erleichtern, ihre Einheit zu wahren, wie sie der Koran fordert: „Und haltet allesamt am Seil Gottes fest und spaltet euch nicht" (3,103; vgl. 3,105).

Man kann die religiöse Bewertung des Gesetzes im Islam in folgenden Sätzen zusammenfassen: „Gott hat in seiner unbedingten Freiheit das erlassen, was ihm beliebt. Sein Gesetz ist aber das Werk seiner Weisheit, seiner Barmherzigkeit und Gnade. Gott fordert von den Gläubigen einen unbedingten Gehorsam. Aber es ist nicht ein unverständiger Gehorsam, eine einsichtslose Gefolgschaft. Gott beansprucht den ganzen Menschen: seinen Verstand und seinen Willen, seine Urteils-, Entscheidungs- und Tatkraft. Denn das Gesetz Gottes ist Licht, Rechtleitung und Leben, und die einzig passende Antwort des Menschen sind die offene Annahme und die dankbare Hingabe (islām)."[8]

2. Klassifizierung der menschlichen Handlungen

Was nun das islamische Gesetz (Sharīʿa) im einzelnen beinhaltet, haben die Rechtsgelehrten aus den verschiedenen Rechtsquellen herausgearbeitet und in jeweils nach Möglichkeit zusammenhängende Systeme gefaßt. In diesem System werden die menschlichen Handlungen in folgende Kategorien eingeteilt, die eine entsprechende moralische Beurteilung bedeuten bzw. entsprechende rechtliche Konsequenzen begründen:

Eine Handlung ist *geboten* (wādjib), wenn sie als Pflicht gilt. Wer diese Pflicht erfüllt, verdient Lob. Wer sie verletzt oder unterläßt, verdient Strafe.

Eine Handlung ist *empfohlen* (mandūb) bzw. wünschenswert, liebenswert (mustaḥabb), wenn sie das Leben der einzelnen Gläubigen oder der Gemeinschaft fördert. Wer sich danach richtet, wird gelobt bzw. belohnt. Wer sich darüber hinwegsetzt, wird jedoch nicht getadelt oder gar bestraft.

Eine Handlung ist *erlaubt* (mubāḥ), wenn sie moralisch bzw. rechtlich einen neutralen Wert hat. So ist ihre Verrichtung oder Unterlassung kein Gegenstand von Belohnung oder Bestrafung.

---

[8] Aus meinem Buch: Einführung in die Grundlagen des Islams (Islam und Westliche Welt 3), Graz/Wien/Köln ²1981, S. 206. Über den gesamten Komplex der Theologie des Gesetzes im Koran siehe im selben Buch S. 200–206, vor allem aber meinen Beitrag: „Zur Theologie des Gesetzes im Koran", in: M. Fitzgerald/A. Th. Khoury/W. Wanzura (Hrsg.), Mensch, Welt, Staat im Islam (Islam und Westliche Welt 2), 1977, S. 73–101.

Eine Handlung ist *verpönt* bzw. mißbilligt (makrūh), wenn deren Unterlassung belohnt, deren Verrichtung jedoch nicht bestraft wird.

Eine Handlung ist *verboten* (ḥarām), wenn es Pflicht des Gläubigen ist, sie zu meiden. Wer sie dennoch verrichtet, setzt sich der Strafe aus; wer sie meidet, verdient Lob bzw. Belohnung.

3. Praktische Handhabung des Gesetzes

Das islamische Rechtssystem, wie es in den klassischen Rechtsbüchern dargelegt wird, befaßt sich mit folgenden Gebieten: religiöse Pflichten (ʿibādāt); Familienrecht; Erb-, Eigentums- und Vertragsrecht (muʿāmalāt); Straf- und Prozeßrecht; Verwaltungsrecht; Führung des Krieges.

Die praktische Anwendung des islamischen Gesetzes im Leben liegt den einzelnen Gläubigen und auch der Gemeinschaft ob. Von Amts wegen haben der Gesamtleiter der islamischen Gemeinschaft (Khalīf, Imām, Sulṭān usw.) und der Richter (qāḍī) die Aufgabe, das Gesetz zur Anwendung zu bringen. Ihnen steht als Beratungsinstanz der Rechtsgelehrte (faqīh, ʿālim; beamteter Rechtsgelehrter: muftī) zur Seite.

Der *Rechtsgelehrte* berät die Regierung in Fragen, die mit der legislativen Funktion zusammenhängen. Er kennt die Vorschriften des Korans und die Rechtsnormen, die in der Tradition festgelegt sind. Er besitzt auch die Urteilskraft, um Möglichkeit und Modalität der Anwendung des Gesetzes auf die konkreten Fälle zu erkennen und, wenn er Beamter ist, auch offiziell festzustellen.

Auch dem Richter ist der Rechtsgelehrte eine Hilfe bei der Rechtsprechung. Auch sonst darf jeder Gläubige den Rechtsgelehrten angehen, ihn in einem konkreten Fall um Rat ersuchen und bei ihm verschiedene Rechtsgutachten einholen.

Der *Richter* ist zuständig für die allgemeine Rechtsprechung. Die islamische Tradition kennt eigentlich nur den Einzelrichter. In seinem Urteil stützt sich der Richter auf das Rechtsgutachten des Rechtsgelehrten. Er stellt den Tatbestand aufgrund der Aussagen glaubwürdiger Zeugen oder des Geständnisses des Angeklagten selber fest. Wenn das koranische Gesetz eine bestimmte Strafe für eine schwere Übertretung oder eine schwere Straftat festlegt, hat der Richter die Pflicht, ebendiese Strafe zu verhängen. Es steht ihm nicht zu, sie zu ändern oder gar zu übersehen. Freie Entscheidung über das Strafmaß besitzt der Richter nur in den Fällen, deren Regelung in sein Ermessen gestellt werden.

Grundlagen des islamischen Rechtssystems

1. Der Koran, der Weg Gottes

Weil eben der Koran die Kundgabe des Willens Gottes an die Menschen ist, haben die Gläubigen seinen Text aufmerksam zu lesen und sich an seinem Inhalt zu orientieren. Die Autorität des Korans und die absolut gültige Beweiskraft seiner Verse beziehen sich aber nicht auf die Inhalte, die eine menschliche Interpretation aus ihnen herausliest, sondern auf den genauen Wortlaut des Originaltextes. So werden in den Rechtsbüchern die bei der Argumentation herangezogenen Koranstellen im Wortlaut zitiert. Auch genügt es nicht, den Korantext in einer nicht-arabischen Übersetzung zu zitieren. Autorität besitzt nur der arabische Originaltext. Daher wird allen Muslimen wenigstens empfohlen, Arabisch zu lernen, um das vorgeschriebene Pflichtgebet in seiner Originalsprache zu verrichten und darüber hinaus die gesetzlichen Bestimmungen des Korans in ihrer allein gültigen Gestalt lesen bzw. verstehen zu können. Endlich kann man sich nur auf den Text des Korans berufen, der in der Tradition als zum Koran gehörig anerkannt wird. Man erkennt also den Varianten bzw. den besonderen Lesarten, die einigen Begleitern Muḥammads zugeschrieben werden, keine Autorität zu.

Die Koranverse, die sich auf die rechtlichen Bestimmungen beziehen, werden in deutliche und mehrdeutige eingeteilt. Bei den deutlichen Koranstellen handelt es sich um solche Verse, deren Wortlaut nur eine mögliche Interpretation zuläßt, z. B. die Stelle 4, 12: „Euch steht die Hälfte dessen, was eure Gattinnen hinterlassen, zu, wenn sie keine Kinder haben." Die mehrdeutigen Stellen lassen mehrere Interpretationen zu, z. B. die Vorschrift über die Waschung vor dem Gebet: „... Und streicht euch über den Kopf ..." (5, 6). Nicht deutlich ist es, ob es sich um das ganze Gesicht oder um nur einen Teil davon handelt.

Zum genauen Verständnis der gesetzlichen Vorschriften des Korans dient die Exegese. Diese muß auf die Tradition der früheren Kommentatoren achten und vor allem die Meinung derjenigen berücksichtigen, die mit Muḥammad lebten. Bei der Interpretation der dunklen, mehrdeutigen Stellen muß man die eindeutigen Koranstellen heranziehen, dann muß man sich an die Tradition des Propheten Muḥammad selbst wenden. Einige Hilfe gibt auch die Berücksichtigung der Umstände und Gründe, die die Herabsendung und Verkündigung dieser Stellen veranlaßt haben (asbāb al-nuzūl).

Die besondere Beachtung dieser Umstände der Offenbarung kann in vielen Fällen dazu führen, daß man die betreffenden Vorschriften für so zeitbedingt und auf die damalige Situation gemünzt hält, daß man sie stark relativiert, sie zwar weiterhin als Beispiel heranzieht, aber nicht mehr als absolut verbindlich betrachtet. Somit wäre der Weg für Anpassungen und Ergänzungen der gesetzlichen Bestimmungen frei.

2. Die Sunna und der Ḥadīth, der Weg des Propheten

Über die Autorität und den Inhalt der Sunna haben wir bereits im vorherigen Kapitel berichtet. Hier soll nur die Handhabung der Sunna in Rechtsfragen erörtert werden.

Die echten Überlieferungen der Sunna können in drei Kategorien aufgeteilt werden. Die erste Gruppe umfaßt die ursprünglichen, in ununterbrochener Tradition überlieferten Erzählungen. Die zweite Gruppe ist die der bekannten, erst später in ununterbrochener Tradition überlieferten Berichte. Die dritte Gruppe bilden die Überlieferungen, die von einzelnen Gewährsmännern tradiert wurden.

Die in *ununterbrochener Tradition* überlieferten Erzählungen der Sunna sind die Berichte, die zur Zeit des Propheten Muḥammad, in der Zeit seiner Gefährten (Ṣaḥāba) und der zwei darauffolgenden Generationen tradiert wurden. Ihre Glaubwürdigkeit erhellt aus der Glaubenstreue der Überlieferer, aus der Verschiedenheit ihrer Standpunkte und ihrer Umwelt und aus ihrer großen Zahl, so daß ihre Übereinstimmung in der Überlieferung der Erzählungen die Richtigkeit der Traditionen bestätigt. Solche Überlieferungen bilden eine verpflichtende Grundlage der rechtlichen Bestimmungen, denn sie geben eine sichere Auskunft über den Weg des Propheten und den der Frühgemeinde unter seiner Führung.

Die Überlieferungen, die erst nach der Zeit der Gefährten und der darauffolgenden Generationen auftauchen, gelten nicht mehr als ununterbrochene Tradition, auch wenn sie von da an ununterbrochen tradiert werden. Absolute Bedingung ist also die unmittelbare Nähe zur Zeit des Propheten Muḥammad, denn nur diese gibt den Überlieferungen ihre unangefochtene Autorität und beseitigt jeden auch nur erdenklichen Zweifel über die Pflicht der Gläubigen, sie zu befolgen.

Die *allgemein bekannten Überlieferungen* sind die Berichte, die ein Begleiter des Propheten oder mehrere Gewährsmänner von Muḥammad erzählt haben, ohne daß sie als eine ununterbrochene Tradition anerkannt wurden. Sie gehören in diese zweite Gruppe, auch wenn sie in den darauffolgenden Generationen in ununterbrochener Tradition überliefert werden.

Da aber die ununterbrochene Tradition nicht bis zur Zeit des Propheten und seiner ersten Gefährten zurückreicht, bilden die allgemein bekannten Überlieferungen nicht die Grundlage einer absoluten Rechtssicherheit und einer festen Gewißheit. Sie verleihen jedoch eine gewisse Sicherheit und begründen eine an Sicherheit grenzende Wahrscheinlichkeit. Sie können also in Rechtsfragen eine zuverlässige Grundlage für Entscheidungen und gesetzliche Maßnahmen abgeben.

Die *Einzelüberlieferungen* gehen zwar auf die Zeit des Propheten Muḥammad oder die seiner Gefährten zurück, aber sie haben den Grad einer ununterbrochenen Überlieferung der ersten drei Generationen nicht erreicht. Die meisten Ḥadīth gehören in diese Kategorie von Überlieferungen, wie muslimische Autoren bestätigen. Diese Einzelüberlieferungen begründen eine Wahrscheinlichkeit in Rechtsfragen, aber nicht eine feste Gewißheit und eine unangefochtene Rechtssicherheit, denn ihre Zugehörigkeit zu den echten Sprüchen des Propheten steht nicht absolut einwandfrei fest. Sie begründen auch nicht eine fast sichere Wahrscheinlichkeit, denn die islamische Gemeinde hat sie nicht wie die allgemein bekannten Überlieferungen angenommen und behandelt. So sind Einzelüberlieferungen kein absolutes Argument in Glaubensfragen. Auf dem Gebiet der praktischen Rechtsfragen kann man sich auf sie berufen, wenn ihre Echtheit eher wahrscheinlich erscheint, denn in konkreten Fragen genügt eine Wahrscheinlichkeit als Grundlage des praktischen Handelns.

3. *Der Konsens oder die Übereinstimmung (Idjmāʿ) der Weg der Gemeinschaft*

Der Konsens ist die Übereinstimmung aller Rechtsgelehrten einer Zeit nach dem Tod des Propheten Muḥammad in der Feststellung einer bestimmten praktischen Rechtsvorschrift.

Die Mehrheit der Gelehrten schreibt der Übereinstimmung einen bindenden und verpflichtenden Charakter zu. Sie berufen sich dabei auf Aussagen des Korans und der Überlieferung selbst.

Im *Koran* wird bestätigt: „Wer sich dem Gesandten widersetzt, nachdem ihm die Rechtleitung deutlich geworden ist, *und einem anderen Weg als dem der Gläubigen folgt*, den lassen Wir verfolgen, was er verfolgt hat, und in der Hölle brennen – welch schlimmes Ende!" (4,115). Damit ist der verpflichtende Charakter der Übereinstimmung der Gemeinschaft der Gelehrten, die den Weg der Gläubigen deutlich machen, gegeben und begründet.

Auch andere Stellen des Korans werden hier herangezogen, um die übereinstimmende Meinung der fachkundigen Rechtsgelehrten als eine verbindliche Rechtsnorm hinzustellen: „O ihr, die ihr glaubt, gehorchet Gott und gehorchet dem Gesandten und den Zuständigen unter euch" (4,59). Jeder Fachkundige und Zuständige ist also eine Norm in seinem Fach. Der Koran bestätigt weiter: „... Würden sie es aber vor den Gesandten und die Zuständigen unter ihnen bringen, so würden es diejenigen von ihnen, die es herauszubekommen verstehen, (zu beurteilen) wissen" (4,83).

Auch die *Überlieferung* gibt Sprüche des Propheten Muḥammad wieder, die die Unfehlbarkeit der Gemeinschaft betonen und somit die Unfehlbarkeit der übereinstimmenden Meinung der sachkundigen Gelehrten bestätigen: „Meine Gemeinschaft wird nicht in einer Irrlehre übereinstimmen." „Meine Gemeinde wird nicht in einem Irrtum übereinstimmen." „Die Hand Gottes ist mit der Gemeinschaft." „Wer danach trachtet, im Paradies gemütlich zu wohnen, bleibe bei der Gemeinschaft." „Wer sich eine Spanne von der Gemeinschaft entfernt, hat das Joch des Islams von seinem Nacken weggenommen."

Wenn die Übereinstimmung mit ihren vielfältigen, von den Rechtsgelehrten mit kritischer Sorgfalt erläuterten Bedingungen feststeht, dann ist sie nicht mehr aufhebbar; sie bildet nunmehr eine unfehlbare Grundlage in Rechtsfragen.

Aber eine solche Übereinstimmung, die allen Bedingungen genügt, ist, wenn überhaupt, nur äußerst schwer herbeizuführen. Sie ist nicht einmal für die Zeit der Gefährten Muḥammads einwandfrei feststellbar. So werden für die Praxis eher rege Konsultationen zwischen den Rechtsgelehrten der verschiedenen islamischen Länder befürwortet. Dies sollte durch die Bildung von Kommissionen aus kompetenten Gelehrten verwirklicht werden.

Sekundäre Quellen des Rechts und Techniken zur Feststellung der Rechtsnormen

Neben dem Koran, der Tradition und der Übereinstimmung der Gemeinschaft stehen dem muslimischen Rechtsgelehrten als sekundäre Quellen des Rechts und Techniken zur Feststellung der Rechtsnormen folgende Möglichkeiten zur Verfügung.

1. Die Analogie (qiyās)

Die Analogie führt dadurch zur Feststellung der anzuwendenden Rechtsnorm, daß sie in den Grundlagen des Gesetzes Vorschriften oder Entscheidungen ausfindig macht, die eine Ähnlichkeit mit dem vorliegenden Fall aufweisen und dadurch ihre Anwendbarkeit im vorliegenden Fall rechtfertigen. Die als Berechtigung der Analogie geltende Ähnlichkeit liegt im allgemeinen in der Begründung der früher getroffenen Entscheidung. So verbietet der Koran den Weingenuß wegen seiner berauschenden Wirkung. In Analogie damit verbietet das islamische Gesetz jede Sorte von alkoholischen Getränken, denn diese sind, wie der Wein, berauschende Getränke.

2. Der Brauch (ʿurf) und das Gewohnheitsrecht (ʿāda)

Neben der Analogie erkennt das islamische Rechtssystem den Brauch und die Regelungen an, die aus der allgemeinen, bei der Bevölkerung oder bei einer bestimmten Gruppe üblichen Deutung der Rechtslage stammen. Dieses Gewohnheitsrecht ist die Grundlage der gesellschaftlichen Ordnung in all den Fällen, die durch die Heranziehung der autorisierten Quellen des Gesetzes nicht eindeutig gelöst werden. In diese Kategorie gehört auch die Anwendung der in Altarabien, im persischen und im byzantinischen Rechtssystem gültigen Bestimmungen. So hat das islamische Rechtssystem in vielen Fällen die Gesetze anerkannt, die vor ihm in den verschiedenen Ländern in Kraft waren.

3. Das eigene Urteil (ra'y)
In all den Fällen, in denen den primären und den sekundären Quellen des Rechts keine Richtlinie zu entnehmen ist, hat der Rechtsgelehrte die Pflicht, sich ein eigenes Urteil zu bilden, indem er sich an den sonstigen Angaben des Glaubens, den sittlichen Normen und den rechtlichen Bestimmungen orientiert, die ihm in den Quellen des Islams und in den übrigen Quellen vorgegeben sind.

4. Grundsätze der Urteilsbildung (idjtihād)
Die Bemühung des Rechtsgelehrten, die auf seiner Fachkompetenz und seinem Glaubenssinn beruht, gilt als eine ausreichende Grundlage zur Legitimierung bestimmter Handlungen oder zur Schlichtung von Rechtskonflikten.

Bei allen Bemühungen, die Rechtsnormen aus den Quellen des Islams auszuarbeiten oder rechtliche Vorschriften zur Anwendung zu bringen, müssen folgende Grundsätze beachtet werden, damit das Gesetz und seine praktische Handhabung ihr Ziel erreichen können:

4.1 Es gibt Fälle, in denen man zu einer Lösung hinneigt, und dies aufgrund eines Analogieschlusses, der dem Rechtsgelehrten erst einfällt und ihm auf den ersten Blick als passend und unter den normalen Umständen geboten erscheint. Bei weiterem Hinsehen stellt aber der Rechtsgelehrte fest, daß ein anderer Analogieschluß möglich ist, der nicht sofort erkennbar ist, der aber wirksamer und passender erscheint. Wenn er nun seine Meinung ändert und sich zum zweiten Ergebnis seiner Bemühung bekennt, so folgt er seinem *Für-gut-Halten* (istiḥsān). Desgleichen greift das Für-gut-Halten, wenn der Rechtsgelehrte aus einem vertretbaren Grund von der allgemeinen Regel abweicht und im vorliegenden Fall eine Sonderregelung anwendet und aus dem praktischen Fall eine Ausnahme macht.

Der Schulgründer Shāfiʿī lehnt das Für-gut-Halten als Grundlage der Feststellung einer Rechtsnorm bzw. ihrer praktischen Anwendung ab, denn er sieht darin eine unberechtigte gesetzgeberische Tätigkeit des Rechtsgelehrten. Die Befürworter dieses Grundsatzes (bei den Ḥanafiten und den Mālikiten) führen seine Beweiskraft darauf zurück, daß dabei der Rechtsgelehrte sich entweder auf einen Analogieschluß (der ohne Zweifel berechtigt ist) oder auf das Interesse der Gläubigen beruft.

4.2 Das *Interesse* (maṣlaḥa) der Gläubigen als Prinzip der Feststellung des Rechts ist zwar unter den Gelehrten umstritten, es berücksichtigt jedoch den allgemeinen Zweck der Gesetzgebung. Denn das islamische Gesetz zielt darauf, das Gute für die Menschen zu verwirklichen. Da aber das Gute und das richtige Interesse der Gläubigen unter verschiedenen Umständen und in verschiedenen Zeiten auch verschiedene Gestalten annehmen, so muß es dem Rechtsgelehrten gestattet sein, unter Berücksichtigung aller Umstände die für die jeweilige Situation der Gemeinde günstige Lösung festzustellen. Der Grundsatz, der das Interesse der Gemeinschaft und der Gläubigen für eine berechtigte Grundlage der Rechtsfindung und der Rechtsprechung hält, nennt man istiṣlāḥ.

Die praktische Anwendung dieses umstrittenen Grundsatzes wird nur unter Berücksichtigung vieler Bedingungen als zulässig angesehen.

4.3 Ein weiterer Grundsatz des islamischen Rechts ist die Wahrung der Gerechtigkeit (inṣāf) und die Verwirklichung des Guten (vgl. Koran 16,90). Das Prinzip der *Billigkeit* erlaubt, die Umstände zugunsten der Menschen auszulegen und das Recht so zu gestalten, daß sie dadurch eine Förderung ihres Lebens, ihrer Anliegen und ihrer Frömmigkeit erfahren.

4.4 Eine Anwendung dieses Grundsatzes erfolgt durch die *Anerkennung des bestehenden Rechtsstatus bzw. die Bestätigung der Rechtslage,* solange nicht das Gegenteil bewiesen ist oder feststeht (istiṣḥāb). Das bedeutet näherhin, daß man von der

Unschuld eines Menschen ausgehen muß, solange seine Schuld nicht bewiesen wurde; daß die allgemeinen Vorschriften auch allgemein angewandt werden müssen, bis der Beweis erbracht wird, daß diese Vorschriften nur für Sonderfälle erlassen wurden; daß man das bestehende Recht respektiert, bis bewiesen ist, daß die Rechtslage sich geändert hat; daß endlich das früher geltende Recht bestätigt und das bestehende Recht als auch früher geltend betrachtet wird, bis das Gegenteil bewiesen wurde. Damit soll eine Rechtssicherheit zugunsten der Menschen erreicht werden.

4.5 Endlich muß der Rechtsgelehrte die eindeutige Tendenz des islamischen Gesetzes zur Erleichterung der Pflichten der Menschen berücksichtigen. Die *Erleichterung* der Gesetzesbestimmungen hat Gott beschlossen, weil er ein feinfühliger und gütiger Gott ist, der mit den Menschen Nachsicht übt und ihnen Barmherzigkeit erweisen will (Koran 42,19; 33,34). Auch weiß er, daß der Mensch irdisch und schwach ist (8,66). Daher hat er seine Absicht wie folgt bekanntgegeben: „Gott will sich euch zuwenden ... Gott will euch Erleichterung gewähren. Der Mensch ist ja schwach erschaffen worden" (4,27–28).

An verschiedenen Stellen und zu verschiedenen konkreten Regelungen stellt der Koran fest: „Jetzt hat Gott euch Erleichterung gewährt" (8,66). „Und Er hat euch in der Religion keine Bedrängnis auferlegt" (22,78). „Gott will für euch Erleichterung. Er will für euch nicht Erschwernis" (2,185). „Gott will euch keine Bedrängnis auferlegen" (5,6). „Gott fordert von niemandem mehr, als er vermag" (2,286; 7,42).

Islamische Rechtsschulen

Solange der Verkünder des Islams, Muḥammad, lebte, war die göttliche Offenbarung (die später im Koran niedergeschrieben wurde) die absolute Grundlage des Gesetzes. Ihre Autorität war unangefochten, und ihre Verordnungen bildeten die höchste Norm des Rechtes. Auch der Prophet Muḥammad galt in seiner Person und in seinem Verhalten als der unumstrittene Gesetzgeber, dessen Entscheidungen und Stellungnahmen zu Rechtsvorschriften erhoben wurden.

Nach dem Tod Muḥammads waren es seine Gefährten, die der Gemeinde zur Seite standen, um die Rechtsnormen festzustellen und die anfallenden Fragen nach den Bestimmungen des Korans und den Anweisungen des Propheten Muḥammad zu entscheiden. Ihre Rechtsgutachten erstellten sie möglichst, nachdem sie sich beraten hatten. Sie wandten das Prinzip der Übereinstimmung oder die praktische Methode der Analogie an. Aus dieser Zeit der Gefährten Muḥammads, d.h. in der ersten Periode der islamischen Gemeinschaft nach dem Tode Muḥammads, stammt die Anerkennung der rechtsrelevanten Geltung der Übereinstimmung und der Analogie. Auf dieser Grundlage führten die ersten Rechtsgeleiteten Khalifen Abū Bakr (632–634), ʿUmar (634–644), ʿUthmān (644–656) und ʿAlī (656–660) die islamische Gemeinde, und zwar nicht nur in der Hauptstadt Medina, sondern auch, nach der Eroberung des Vorderen Orients, in den verschiedenen Provinzen des Reiches. Unter den Rechtsgeleiteten Khalifen nimmt ʿUmar eine besondere Stellung ein. Er gilt als derjenige, der durch seine Entscheidungen den späteren Generationen eine Richtschnur hinterlassen hat. Die Gefährten des Propheten Muḥammad, die im Laufe der Zeit Medina verließen, um sich den neuen Gemeinden in den Provinzen anzuschließen, waren die anerkannten und befolgten Rechtsgelehrten, die den Gemeinden die Rechtsnormen auslegten, die jeweils zur Lösung ihrer Probleme geeignet erschienen. Die Autorität dieser Zeugen des Lebens des Propheten und der Frühgemeinde erhob ihre Rechtsgutachten und ihre Ansichten zu Normen auch für spätere Zeiten[9]. In dieser Periode und unter den Umayyaden (661–750) wurden die Muslime verstärkt mit Umständen und Rechtsfällen konfrontiert, die durch die Heranziehung der bisher bekannten Quellen kaum gelöst werden konnten. Neben diesen Quellen und den Richtlinien der noch jungen Tra-

---

[9] In diese Zeit fällt die Spaltung der Shīʿiten von der übrigen Gemeinde. Der Grund dieser Spaltung liegt in den Meinungsverschiedenheiten über die Regelung der Nachfolge Muḥammads. Für die Shīʿiten gilt das Prinzip, daß der Nachfolger Muḥammads als Gesamtleiter der islamischen Gemeinschaft, der Khalīf, ein enger Angehöriger des Propheten, also ein Mitglied seiner Familie sein muß, was nur auf ʿAlī paßt. Die Shīʿiten betrachten also die ersten drei Khalifen als unrechtmäßig. Sie haben im Laufe der Zeit eigene Rechtsschulen entwickelt. Die wichtigste unter ihnen ist die Rechtsschule der Djaʿfariten.

dition wurden auch die Rechtsnormen, die Institutionen und die juristischen praktischen Maßnahmen übernommen und zur Anwendung gebracht, die in den eroberten Gebieten herrschten und zu den Grundlagen des Islams nicht in Widerspruch standen. Auch versuchten die Umayyaden-Khalifen selbst oder durch ihre Statthalter Entscheidungen zu treffen und Gesetze zu erlassen, die nach und nach den Bestand juristischer Grundlagen bereicherte. Dazu kamen die Entscheidungen der von den Umayyaden eingesetzten Richter, die in der Ausübung ihres Amtes das Recht festzustellen und auf die konkreten Fälle anzuwenden hatten. Die Vielfalt der Bemühungen um die Lösung der anfallenden Rechtsfragen war jedoch ziemlich verwirrend. Damit hatten die Gläubigen und der Staat noch keine sichere Grundlage für die Behandlung der verschiedenen Probleme. Man begann also, intensiver über die Notwendigkeit nachzudenken, die Bestimmungen des Gesetzes und die Methoden der Anwendung der Rechtsnormen zu kodifizieren und in einer systematischen Darstellung zu erfassen.

Erst unter den ʿAbbāsiden (ab 750), als das islamische Reich, ausgehend von der Hauptstadt Bagdad und vom Irak, eine politische, wirtschaftliche und kulturelle Blütezeit erlebte, kam es zur Bildung bzw. zum Ausbau verschiedener Rechtsschulen, die eine Systematisierung des Rechtswesens im Islam erstrebten und in ihren Werken die rechtlichen Bestimmungen erfaßten, die sich auf die religiösen Pflichten (ʿibādāt), das Familienrecht, das Erb-, Eigentums- und Vertragsrecht (muʿāmalāt), das Straf- und Prozeßrecht, das Verwaltungsrecht und endlich die Führung des Krieges beziehen. Unter den verschiedenen islamischen Rechtsschulen haben manche im Laufe der Zeit an Bedeutung verloren, keine Anhänger mehr gewonnen und sind somit erloschen. Im sunnitischen Islam behielten vor allem vier Schulen ihre Autorität und ihre Anhänger bis in unsere Tage hinein. Diesen Schulen sind die folgenden Ausführungen gewidmet.

1. Die Rechtsschule der Ḥanafiten

Diese Schule beruft sich auf Abū Ḥanīfa (um 697–767), der nach den islamischen Autoren aus Persien stammte. Er bemühte sich, die Traditionen, die auf den Propheten Muḥammad zurückgeführt wurden, sorgfältig zu untersuchen, um aus ihrem gesicherten Inhalt eine zuverlässige Grundlage für seine Stellungnahmen zu Rechtsfragen zu gewinnen. Seine Schüler erzählen von seinem umfangreichen Fachwissen und von seinem Scharfsinn. Seine überdurchschnittliche Kompetenz brachte ihm den Ehrentitel „der größte Imām“ (der größte führende Rechtsgelehrte) ein.

Was seine Schüler überlieferten, läßt deutlich erkennen, daß Abū Ḥanīfa eine Rechtslehre entwickelt hat, die ohne Zweifel höher steht als die seiner Zeitgenossen. Da er kein Richter war und er sich daher um die Einzelheiten der praktischen Rechtsprechung nicht zu kümmern brauchte, hat er sich bemüht, seine Rechtslehre theoretisch zu systematisieren und ihr eine beachtenswerte technische Gestalt zu verleihen. Neben dem Koran pflegte er nur die Überlieferungen (Ḥadīth) als beweiskräftig zu akzeptieren, die zweifelsfrei authentisch waren. Dies führte ihn dazu, einzelne Traditionen und auch Äußerungen Muḥammads, die von einzelnen Gewährsmännern überliefert waren, als unzureichende Grundlage zurückzuweisen. Für Abū Ḥanīfa spielen in der Argumentation und in der Bemühung um die Rechtsfindung das persönliche Urteil (ra'y) und die Analogie (qiyās) eine große Rolle. Damit wird neben dem Glauben und den Quellen der Tradition dem gesunden Menschenverstand eine entscheidende Bedeutung zuerkannt. Dies begünstigte die Einführung der Billigkeit als Grundsatz der Rechtsfindung. Die Gegner der ḥanafitischen Schule wandten daraufhin ein, daß dies sowie die Bejahung des persönlichen Für-gut-Haltens das Tor für jede Willkür öffnen würde. Auch wird dem Abū Ḥanīfa vorgeworfen, er habe die Wissenschaft der juristischen Kniffe (ḥiyal) zur Umgehung der Gesetze entwikkelt.

Die wichtigsten Schüler des Abū Ḥanīfa, die seine Lehre überliefert und daraus die ḥanafitische Schule aufgebaut haben, sind vor allem Abū Yūsuf und Muḥammad ibn al-Ḥasan al-Shaybānī. Abū Yūsuf (729–798) war Richter in Bagdad. Unter dem ʿAbbāsiden-Khalifen Hārūn al Rashīd (786–809) wurde er zum Oberrichter des Reiches ernannt und mit der Berufung der Richter in den islamischen Gebieten beauftragt. Dies erleichterte ihm, die Lehre seines Meisters Abū Ḥanīfa zu verbreiten und sie zur Grundlage der praktischen Rechtsprechung zu machen. Gerade die Praxis der Rechtsprechung führte Abū Yūsuf dazu, in einigen Punkten vom Meister abzuweichen.

Derjenige jedoch, der am meisten zur Gründung der ḥanafitischen Schule beigetragen hat, ist Muḥammad Shaybānī (737–804), der in sechs unterschiedlich langen Werken die Grundlagen der Schule festgelegt hat. Seine Lehre wurde später von Sarakhsī (gest. 1090) in einem 30bändigen Werk, *al-Mabsūṭ*, kommentiert.

Die ḥanafitische Schule war unter den ʿAbbāsiden vorherrschend im Irak. Auch im osmanischen Reich behielt sie ihre Vorrangstellung.

Ihr Ausdehnungsgebiet heute geht nach Osten bis Afghanistan, Pakistan, Indien, China und Zentralasien. Sie wird weiterhin in der Türkei, Syrien, dem Libanon, Jordanien und von den Sunniten des Irak befolgt. Auch in Ägypten findet sie Anwendung in Rechtsfragen, die sich nicht auf die religiösen Pflichten beziehen (auf diesem Gebiet herrscht die Schule des Shāfiʿī vor).

2. Die Rechtsschule der Mālikiten

Der Gründer dieser Schule ist Mālik ibn Anas (708/715–795). Schon sein Großvater und sein Onkel beschäftigten sich mit der Sammlung islamischer Traditionen. Mālik wandte das eigene Urteil und den gesunden Menschenverstand zur Feststellung der Rechtsnormen an. Er scheint sein ganzes Leben in Medina verbracht zu haben, wenn man von seinen Wallfahrten nach Mekka absieht. Die Bevölkerung von Medina zollte ihm großen Respekt und Anerkennung. Auch die Khalifen von Bagdad zogen ihn zu Rate. Der große Khalif Hārūn al-Rashīd habe ihm sogar einen Besuch abgestattet, und zwar im Jahr seines Todes (795). Er wurde in Medina begraben.

Mālik hinterließ das älteste Rechtsbuch der islamischen Geschichte, das uns erreicht hat: *al-Muwaṭṭa'*, in dem er die Grundsätze und die Richtung seiner Schule festlegt. Ausgehend von der Tradition der Frühgemeinde und vom Rechtsweg, der in Medina befolgt war, versucht Mālik die Rechtsnormen des islamischen Gesetzes zu kodifizieren und in ein theoretisches System zu fassen. Dies geschieht durch die Festlegung juristischer Begriffe und die Entwicklung theoretischer Grundsätze, die aus dem Gewohnheitsrecht und der individuellen Praxis der Muttergemeinde Medina ein Modell für alle anderen macht und aus der Enge der punktuellen Fallkasuistik ausbricht, um die Bildung eines Rechtssystems zu ermöglichen.

Das Rechtssystem Māliks beruft sich also grundsätzlich auf die Tradition und das Gewohnheitsrecht der Stadt Medina und auf die Übereinstimmung ihrer Rechtsgelehrten. In den Fällen, in denen diese Grundsätze keine deutliche Lösung bringen, wendet er das eigene Urteil an.

Die Schüler Māliks unterstreichen ihrerseits die Übereinstimmung der Rechtsgelehrten als Richtschnur bei der Rechtsfindung. Sie betonen zwar das Interesse der Gemeinschaft (maṣlaḥa), orientieren sich aber dabei in besonderem Maße am Gewohnheitsrecht und an der Rechtsordnung, die in Medina herrschten. Im Laufe der Zeit trat die Bemühung um ein eigenes ausgewogenes Urteil so stark zurück, daß man einen starren Konservatismus pflegte und sich gegen Richtungen und Meinungen sperrte, die bei den anderen orthodoxen Rechtsschulen vertreten waren.

Die mālikitische Rechtsschule entstand in Medina und fand viele Anhänger in Arabien, Nordafrika und Andalusien.

Heute umfaßt das Ausdehnungsgebiet der Schule Marokko, Algerien, Tunesien, Libyen, Mauretanien, Nigeria und Schwarzafrika. Sie hat Anhänger auch in Oberägypten, dem Sudan, Baḥrain und Kuwait.

3. Die Rechtsschule der Shāfiʿīten

Der große Rechtsgelehrte al-Shāfiʿī (767–820) ist der eigentliche Theoretiker des islamischen Rechts. Er wurde in Ghazza geboren, verbrachte aber seine Kindheit in Mekka in ärmlichen Verhältnissen. Aus den vielen, zum großen Teil legendären Angaben über sein Leben kann man folgende als einigermaßen gesichert betrachten: Mit 20 Jahren ging er nach Medina und studierte das islamische Recht bei Mālik. Dann ging er zum Jemen, wo er sich im Aufstand der Anhänger ʿAlīs kompromittierte. So wurde er gefangengenommen und nach Bagdad gebracht. Dort wurde er vom Khalifen freigelassen und schloß sich wenigstens äußerlich dem Ḥanafiten Shaybānī an. Sein Leben verbrachte er in vielen Reisen zwischen Arabien, dem Irak und Ägypten. In Ägypten starb er in Fusṭāṭ, einem Vorort von Kairo, im Jahre 820.

Shāfi'ī hat sein Rechtssystem in seinem Hauptwerk *Kitāb al-Umm* dargelegt. Er bemüht sich, alle Rechtsfragen zu erörtern und eine eigene Meinung zu vertreten, wo ihm die bislang entwickelten Rechtsnormen nicht befriedigend erscheinen. Denn Shāfi'ī versucht einen Mittelweg zu finden zwischen denjenigen, die sich streng an die Tradition halten und eine konservative Linie vertreten (Mālikiten), und denjenigen, die die Möglichkeit bejahen, neue Gesetze zu erlassen, neue Rechtsnormen zu entwickeln und dabei das eigene Urteil anzuwenden (Ḥanafiten). Um seinen Weg deutlich zu machen, untersucht Shāfi'ī in seinem Werk *Risāla* die Methoden der Rechtsprechung und die Grundsätze des Rechtswesens im Islam. Er fordert gegen die Ḥanafiten eine logisch strengere Handhabung der Technik der Analogie (qiyās) und lehnt den Grundsatz der Billigkeit und des Für-gut-Haltens ab. Er unterstreicht die Bedeutung der Übereinstimmung der Rechtsgelehrten als sichere Grundlage und arbeitet die Regeln ihrer Anwendung aus.

Das shāfi'ītische System hat viele Anhänger gefunden. Die Schule fand in Ägypten eine große Ausbreitung. Es gab eine Zeit, in der der Rektor der Azhar-Universität in Kairo immer ein Shāfi'īt war.

Befolgt wird die shāfi'ītische Schule heute in Ägypten und Jordanien in den Fragen, die sich auf die religiösen Pflichten der Muslime beziehen. Sie hat auch viele Anhänger in Syrien, im Libanon (vor allem in der Hauptstadt Beirut), im Irak, in Teilen des Ḥidjāz in Arabien, in Pakistan, Indien, Indochina, in einigen Gebieten Zentralasiens (in der Sowjetunion) und unter den sunnitischen Muslimen Irans und des Jemen. In Indonesien ist die shāfi'ītische Schule vorherrschend in Fragen der religiösen Pflichten und des Vertragsrechts.

Nach der ḥanafitischen Schule nimmt die shāfi'ītische Schule, gemessen an der Zahl ihrer Anhänger, die zweite Stelle in der islamischen Welt ein.

4. Die Rechtsschule der Ḥanbaliten

Die Schule der Ḥanbaliten nimmt die Lehren und Prinzipien, die der Traditionssammler, Theologe und Rechtsgelehrte Aḥmad ibn Ḥanbal (780–855) entwickelt hat, auf und führt sie fort.

Ibn Ḥanbal ist arabischer Abstammung, er wurde in Bagdad geboren. Dort studierte er Lexikographie, Rechtslehre und Traditionslehre. Um sich der Sammlung der Traditionen zu widmen, unternahm er mehrere Reisen, die ihn außer in den Irak nach dem Ḥidjāz und dem Jemen in Arabien und nach Syrien führten. Mehrere Male reiste er zur Wallfahrt nach Mekka. Unter dem ʿAbbāsiden-Khalifen al-Maʾmūn (813–833), der die Lehre der rationalistischen Muʿtaziliten gegen die Orthodoxie unterstützte, wurde Ibn Ḥanbal gefangengenommen. Seine Inhaftierung dauerte etwa zwei Jahre. Erst unter dem orthodoxen Khalifen al-Mutawakkil (847–861) nahm er seine Lehrtätigkeit in Bagdad wieder auf. Er starb im Alter von 75 Jahren in Bagdad.

Unter den Werken Ibn Ḥanbals ist das berühmteste die Traditionssammlung mit dem Titel *Musnad.* Nach seiner Lehre ist die absolute Grundlage des Rechts der Koran in seinem Wortlaut, ohne exegetische Eingriffe und Umdeutungen. Dann kommt die Gesamtheit der islamischen Überlieferungen, die auf den Propheten Muḥammad zurückgeführt werden können. Als dritte Grundlage gelten für ihn die Stellungnahmen der Gefährten Muḥammads, die nach seiner Meinung den Koran und die Tradition am besten kannten und in die Praxis umsetzten. In den Fällen, in denen die Gefährten Muḥammads verschiedene Meinungen vertreten, kann man unter ihnen eine bestimmte Rangordnung beachten.

Ibn Ḥanbal verurteilt die Bemühung um die Bildung eines eigenen Urteils, denn dies würde der Willkür und der Innovation Tür und Tor öffnen. Auch die Anwendung der Analogie scheint nicht seine Zustimmung erhalten zu haben, denn sie soll nicht als Instrument der Innovation und der theoretischen Systematisierung der Rechtslehre mißbraucht werden.

Im Bereich der praktischen Rechtslehre scheint Ibn Ḥanbal folgende Grundsätze vertreten zu haben: Bei der Erfüllung der religiösen Pflichten sind nur die Praktiken erlaubt, die vom Koran und der Tradition vorgeschrieben sind. Man muß sie auch in der Weise erfüllen, wie sie in diesen Quellen festgelegt sind. In den übrigen Rechtsfragen, vor allem in denen, die die sozialen Beziehungen betreffen, ist Großzügigkeit geboten: Nur das zur Pflicht erheben, was der Koran und die Tradition als geboten hinstellen, und nur das verbieten, was dort ausdrücklich verboten ist.

Unter den Schülern Ibn Ḥanbals und den späteren Anhängern seiner Lehre ist im Mittelalter vor allem Ibn Taymiyya (1260–1327) zu erwähnen. Im 18. Jahrhundert wurden die Werke Ibn Taymiyyas von Muḥammad ibn ʿAbd al-Wahhāb mit Sorgfalt und Begeisterung studiert. Dieselbe Begeisterung ihnen gegenüber empfand auch der Emir Ibn Saʿūd. Beide gründeten die wahhābitische Bewegung, die sich der arabischen Halbinsel bemächtigte und dort das Regime ausrief, das heute noch in Saudi-Arabien herrscht.

Heute findet die ḥanbalitische Rechtsschule ihre meisten Anhänger in Saudi-Arabien, in einigen Staaten am Persischen Golf, in Bagdad, Damaskus und in anderen Teilen Syriens sowie in Gebieten des früheren Palästina und überall dort, wo sich der saudi-arabische Einfluß bemerkbar macht.

Ein Schlußwort

Es gab eine sehr lange Zeit, in der die Rechtsgelehrten und die Theologen des Islams ihre vornehmste Aufgabe darin sahen, die überkommene Tradition zu wiederholen und treu weiterzugeben. Das heutige Wiedererwachen des Islams läßt in vielen Menschen die Frage aufkommen, welche Richtung die Muslime unserer Zeit einschlagen werden. Werden die Träger der islamischen Renaissance ihre Völker ins geschlossene Rechtssystem des Mittelalters zurückführen? Besitzt der Islam in sich soviel Kraft und soviel Mut, die Herausforderung der modernen Zeit aufzunehmen und sich eine Gestalt zu geben, die es ihm ermöglicht und erleichtert, seine Rolle zum Wohl seiner Gläubigen zu erfüllen und auch seinen Beitrag zum Wohl der Menschheit zu leisten?

5. Kapitel

Islamische Theologie
Gruppen und Sekten des Islams

Islamische Theologie

Der Islam kennt neben Koran-, Ḥadīth- und Rechtswissenschaft keine eigene umfassende Disziplin, die man „Theologie" nennen könnte. Eine islamische Theologie setzt sich aus verschiedenen Bereichen zusammen und läßt sich aus den Ergebnissen und Methoden verschiedener Fächer rekonstruieren. Zunächst einmal ist die Wissenschaft von der Bestätigung der Einzigkeit Gottes (ʿilm al-tauḥīd) zu nennen. Dann kommt der Kalām, d.h. die Wissenschaft vom Wort (vom Wort Gottes, oder besser: von der Beweisführung), der die Funktion einer Apologetik des Glaubens und der Ordnungsvorstellungen des Islams erfüllt. Weitere Elemente einer Theologie finden sich in den Traktaten über die Grundlagen der Rechtswissenschaft (uṣūl al-fiqh), in denen über den Koran, die Tradition und die Übereinstimmung der Rechtsgelehrten und über deren Autorität und Handhabung in der Feststellung der Rechtsnormen und die Ausgestaltung des Gesetzes reflektiert wird.

Die erste Reflexion über theologische Fragen entstand anläßlich des Streites um die Nachfolge Muḥammads, der bekanntlich starb, ohne seine Nachfolge an der Spitze der Gemeinde geregelt zu haben. Die Frage nach der Legitimität der „Gesamtleitung der Gemeinschaft" (imāma) spaltete die Frühgemeinde in Parteien, deren Hauptkontrahenten die Sunniten und die Shīʿiten waren. Bereits unter den Umayyaden (661–750) und später im Zuge der religiösen Auseinandersetzungen zwischen Muslimen und Christen in Syrien und Mesopotamien, zwischen Muslimen und Juden, sowie zwischen Muslimen und Persern im Iran entwickelten sich die ersten zaghaften theologischen Reflexionen über den

Glauben und die Argumente zur Verteidigung der islamischen Lehre.

Unter den ʿAbbāsiden (ab 750), als die griechische und hellenistische Philosophie zunehmend rezipiert wurde, mußten die Gelehrten des Islams ihren Glauben verteidigen und seine Aussagen über Gott, die Schöpfung, den Menschen (seine Handlungen und sein Schicksal), und über die Prophetie und die letzten Dinge mit den Lehren der Philosophie konfrontieren und zugleich die Haltung des Islams zur Philosophie überhaupt festlegen. Denn es stellte sich immer dringender die Frage, ob Glaube und Aufnahme philosophischen Denkens vereinbar sind, ob Zweifel oder Untreue zu den Vorschriften des Gesetzes den Glauben so beeinträchtigen, daß der Betreffende nicht mehr als Gläubiger zu gelten hat und also des Abfalls vom Glauben bezichtigt werden darf. Dies bedingte, daß die theologische Reflexion eher eine defensive Apologetik wurde und sich weniger der Aufhellung der Glaubensinhalte und der Vertiefung religiöser Aussagen widmete. Eine Einengung des Horizontes des Kalām als Wissenschaft von der Beweisführung war die Folge. Es ging nämlich immer mehr darum, erst den Standpunkt des Gegners zu definieren und also in den Mittelpunkt zu stellen, um ihn wirksamer widerlegen zu können. So entwickelte sich der Kalām sozusagen am Rande des religiösen Lebens und konnte keinen bestimmenden Einfluß nehmen auf das Leben der Gemeinde, auf die Ausgestaltung ihrer Religiosität und die Festlegung ihrer Lebensordnung. Am Schluß der Entwicklung konnte der Kalām lediglich als Hilfsmittel, und zwar nur für Zweifler und sozusagen kranke Geister angesehen und auch dann diskreditiert werden.

Die Apologetik des Islams kennt zwei Formen der Darstellung. Der erste Schritt besteht darin, die Position der eigenen Gemeinschaft bzw. Schule in sogenannten Glaubensbekenntnissen (ʿaqāʾid) darzulegen. Solche Glaubensbekenntnisse können sich entwickeln, je nachdem ob neue Einwände oder Differenzen im Verständnis der Lehre aufkommen. Daher liefern sie wertvolle Informationen über den Stand des geistigen und religiösen Denkens in den verschiedenen Epochen der Geschichte des Islams. Im 14. Jh., als der Islam die Gegenströmungen ausgemerzt hatte und nun eine unumstrittene Herrschaft ausübte, erlahmte auch das theologische (apologetische) Denken. Von da an werden die Glaubensbekenntnisse nicht mehr neu aufgelegt, ergänzt und mit neugestalteten Argumenten versehen, sondern es werden nur noch Kommentare und Kurzdarstellungen früherer Werke der klassischen Zeit verfaßt. Hier sind die Gegner nicht mehr die Ungläubigen oder die Philosophen; hier gilt es eher, die Abweichler bzw. Häretiker zurückzuweisen.

Der zweite Schritt der apologetischen Methode ist die Widerlegung der Gegner. Dabei wird die Methode der Logiker angewandt, welche die Form eines Syllogismus in drei Sätzen annimmt. Oder, wie in früheren Zeiten, wird die Methode der Rechtsgelehrten bevorzugt, die auf der Beweisführung (istidlāl) oder der Analogie (qiyās) gründet. Sie „geht von Gleichartigem zu Gleichartigem, von Gleichartigem zum Gegenteil, vom Mehr zum Weniger, vom Weniger zum Mehr über und stützt sich dabei immer auf ein Zeugnis der Autorität“[10].

Heute unterscheidet die islamische Theologie zwischen zwei Kategorien von Lehrsätzen. Die Glaubensaussagen (samʿiyyāt: Was vom Hören kommt) gründen auf der Autorität Gottes und seiner Offenbarung im Koran und werden durch die Tradition überliefert: Das sind die Aussagen über die positiven Attribute Gottes, über die prophetische Sendung, über Glauben und Unglauben, über die Gesamtleitung der Gemeinschaft sowie über die Letzten Dinge. Neben diesen Aussagen gibt es Lehrsätze, die man ʿaqliyyāt, d.h. dem Verstand zugänglich, nennt und die sich beziehen auf die Existenz Gottes, auf seine Werke, auf das Menschenbild usw.

Heute hat die islamische Theologie neben der Aufgabe, die Glaubenserkenntnis zu vertiefen und zur Besserung der Qualität islamischer Religiosität beizutragen, sich der Notwendigkeit zu stellen, eine Neuorientierung in der modernen Welt vorzunehmen und zu kämpfen gegen die Angst vor einer wissenschaftlichen Exegese und einer aufklärerischen Religionskritik.

---

[10] Louis Gardet, Islam, Köln 1968, S. 170.

Gruppen und Sekten

Die erste Spaltung im Islam erfolgte aufgrund der Auseinandersetzung und des Vergleichs zwischen dem Khalifen ʿAlī (656–661) und seinem Kontrahenten Muʿāwiya, der zunächst Statthalter in Syrien mit Sitz in Damaskus war und dann erster Khalif der Umayyaden-Dynastie wurde (s. o. S. 18). Damals trennten sich die Khāridjiten von ʿAlī und von Muʿāwiya gleichermaßen. Die Sunniten, die die Mehrheit der Muslime stellen, erkannten die Regierung der Umayyaden an. Die dritte Gruppe, die Shīʿiten, ergriffen Partei für ʿAlī.

1. Die Khāridjiten

Die Khāridjiten fordern, daß die Führung der Gemeinschaft vom besten, würdigsten und frömmsten Gläubigen übernommen wird. Alle anderen Gesichtspunkte spielen bei der Wahl des Khalifen keine Rolle. Heute zählen die Khāridjiten etwa 1,5 Millionen und leben hauptsächlich in Masqat und anderen Emiraten der Arabischen Halbinsel und in Nordafrika, unter anderem auf der Insel Djerba/Tunesien. Sie werden auch als Ibāḍiten bezeichnet.

2. Die Sunniten

Die Sunniten vertreten nach ihrem eigenen Selbstverständnis die Orthodoxie in Glaubensfragen und messen der politischen Stabilität im Staat sowie der ausgewogenen Praktikabilität im Gesetz große Bedeutung zu. Daher verlangen sie vom Khalifen keine besonderen Tugenden und keine hervorragenden moralischen Qualitäten als unabdingbare Bedingung zur Übernahme des Amtes. Der Khalif soll aus dem Stamm des Propheten Muḥammad herkommen und in der Lage sein, die Gemeinschaft nach Recht und Gerechtigkeit zu führen. Die Sunniten bilden heute die überwältigende Mehrheit der Muslime in der Welt, etwa 800 Millionen.

Die Grundlage des Sunnismus ist neben dem Koran die Sunna, die Wegweisung des Propheten Muḥammad, wie sie im Ḥadīth überliefert wird. Dazu kommt die übereinstimmende Meinung der Gemeinschaft. Daher werden sie auch „die Leute der Sunna und der Gemeinschaft" (Ahl al-sunna wa l-djamāʿa) genannt. (Über Koran, Sunna und Übereinstimmung siehe die Ausführungen in den zwei vorherigen Kapiteln.)

Im folgenden sollen die exegetischen Richtungen und die theologischen Schulen der Sunniten kurz vorgestellt werden.

2.1 Koranauslegung

Um die Botschaft des Korans richtig zu verstehen und ihre Lehrinhalte und gesetzlichen Bestimmungen festzustellen, haben die Muslime sehr früh Auslegungsmethoden entwikkelt und angewandt.

Die Sprache des Korans wurde durch grammatikalische Analysen und durch Heranziehung von Belegen aus der arabischen Literatur (vor allem aus der Dichtkunst) durchleuchtet. Auf diese Weise führte die philologische Koranauslegung zur Sammlung eines literarischen Materials von unschätzbarem Wert.

Zum besseren Verständnis des Inhalts der koranischen Verse diente die Berücksichtigung der Tradition früherer Kommentatoren, vor allem derer, die mit Muḥammad gelebt und die Begleitumstände besser und genauer gekannt haben. Eine wichtige Hilfe zur Erhellung schwieriger Stellen war aber die Berücksichtigung der Gründe und Anlässe, die zur Herabsendung der Offenbarung geführt haben (asbāb al-nuzūl).

Mit der Zeit gewann die apologetische Richtung und die theologische Reflexion an Bedeutung. So bemühten sich die Kommentatoren, die Meinungen der verschiedenen Schulen zu erwähnen oder gar sie bei der Erläuterung koranischer Stellen direkt heranzuziehen. Das gleiche gilt für die Bemühung der Rechtsgelehrten, aus den Texten des Korans die Bestimmungen herauszuarbeiten, die die Grundlage des islamischen Gesetzes bildeten.

Unter den unzähligen Korankommentaren seien nur folgende erwähnt:

Der Kommentar von *al-Ṭabarī* (839–923) ist sehr umfangreich. Er beruft sich auf die Deutungen der früheren Überlieferungen, die er auch wiedergibt, und auf das literarische und lexikographische Material der arabischen Tradition. Außerdem versucht er, die Bestimmungen des Korans in Zusammenhang mit den Umständen zu sehen, die zur Festlegung einer praktischen Anweisung führten.

Der zweibändige Kommentar des Theologen *al-Zamakhsharī* (1075–1145) ist wertvoll, denn er ist bemüht, die theologische Position der Muʿtaziliten auf der Grundlage des koranischen Textes zu bestätigen.

Wegen seines unermeßlichen theologischen Wertes und seiner denkerischen Leistung ist der Kommentar des Ashʿariten *Fakhr al-Dīn al-Rāzī* (gest. 1210) zu erwähnen.

Der jüngere Kommentar von *al-Manār* (einer ägyptischen Zeitschrift) geht auf die Arbeit von Muḥammad ʿAbduh (1849–1905) und vor allem seinem Schüler Rashīd Riḍā (gest. 1935) zurück. Er bemüht sich vornehmlich um die Ausarbeitung religiöser, apologetischer, moralischer und juristischer Positionen im Hinblick auf die Herausforderung der modernen Zeit, der westlichen Zivilisation des beginnenden 20. Jhs. und des christlichen Gedankengutes.

Unter den Kurzkommentaren des Korans sind der von *Bayḍāwī* (gest. 1286 oder 1291) und der von *den beiden Djalāl: al-Maḥallī* (1388–1459) *und al-Suyūṭī* (1445–1505) ziemlich verbreitet.

Endlich sei noch erwähnt, daß der Mystiker *Ibn al-ʿArabī* (gest. 1240) einen beachtenswerten Kommentar schrieb, in dem er vor allem die Vorstellungen und Auffassungen mystischer Schulen berücksichtigt.

2.2 Theologische Schulen

Die *Traditionalisten*, später nach ihrem Anführer Aḥmad ibn Ḥanbal (780–855) auch Ḥanbaliten genannt, berufen sich ausschließlich auf den Koran und die Tradition als einzig zuverlässige und zulässige Quellen des Glaubens und der religiösen Praxis. Jede Abweichung von dieser Norm wird als „Neuerung" (bidʿa) und also als Ketzerei verurteilt. Auch der Gebrauch der bloßen Vernunft im Streit mit anderen Richtungen und in der Auseinandersetzung mit den Nicht-Muslimen wird als unzulässig abgelehnt. Der Mensch solle dem Licht Gottes folgen und sich nicht anmaßen, selbst einen eigenen Beitrag zur Vertiefung der Glaubenslehren leisten zu wollen.

Die Schule der *Muʿtaziliten* (oder: Muʿtazila) erlebte den Höhepunkt ihres Einflusses und ihrer Macht in der ersten Hälfte des 9. Jhs. Die Muʿtaziliten verstehen sich als die Verteidiger des Glaubens mit dem Mittel der rationalen Beweisführung. Sie gehen davon aus, daß der Mensch ein von Gott mit Vernunft ausgestattetes Wesen ist und daher die Pflicht hat, diese Vernunft auch im Bereich der Religion anzuwenden und sich nicht mit der Feststellung der positiven Offenbarung zu begnügen. Der Gebrauch der Vernunft sei um so notwendiger, je dringender die Aufgabe ist, mit den Gegnern des Islams sachgerecht über die Inhalte der Offenbarung zu streiten. Außerdem müssen die religiöse Tradition und der einfache Glaube des Volkes der Kontrolle der Vernunft unterzogen werden, damit Auswüchse und Widersprüche vermieden bzw. ausgemerzt werden können.

Die wichtigsten Lehrsätze der Muʿtazila sind folgende:

1. Gott ist absolut transzendent, er ist in seiner Einheit, Einzigkeit und Ewigkeit der menschlichen Vernunft nicht zugänglich und daher in der menschlichen Sprache nicht adäquat aussagbar. Der Koran kann somit nicht als ewiges, unerschaffenes Wort Gottes gelten. Er ist vielmehr das erschaffene Vehikel der göttlichen Offenbarung, die erschaffene Mitteilung der Verordnungen des göttlichen Willens.

2. Der Mensch besitzt eine Willensfreiheit, die er dem allmächtigen Schöpferwillen Gottes verdankt. Gott kann daher den Menschen zur Rechenschaft ziehen, ohne seine Gerechtigkeit in Frage zu stellen. (Die Muʿtaziliten werden die „Leute der Gerechtigkeit und der Bestätigung der Einzigkeit Gottes“ genannt, weil sie dezidiert für die Gerechtigkeit, Transzendenz und Einzigkeit Gottes eintreten.)

3. Der Gläubige, der eine schwere Sünde begeht, wird nicht zum Ungläubigen, er wird jedoch ins ewige Feuer geworfen, wobei seine Strafe milder sein wird als die der Ungläubigen.

4. Der Sünder ist also weder ein Gläubiger noch ein Ungläubiger. Weil er diese Meinung vertrat, geriet der Gründer der Schule, Wāṣil ibn ʿAṭāʾ (gest. 748) in Streit mit seinem Lehrer und entfernte sich (iʿtazala) von ihm, was der Schule, nach einer der vielen Interpretationen, den Namen Muʿtazila einbrachte.

5. Jeder Gläubige hat die Pflicht, „das Rechte zu gebieten und das Verwerfliche zu verbieten“: Das entspricht der vorbildlichen Ordnung der „besten Gemeinschaft unter den

Menschen", wie der Koran die islamische Gemeinschaft bezeichnet (3,110).

Die Schule der *Ash'ariten* folgt ihrem Gründer al-Ash'arī (873–935), der sich gegen den blinden Glauben der Traditionalisten und gegen den von den Mu'taziliten vertretenen uneingeschränkten Gebrauch der Vernunft wehrt. Ash'arī tritt für einen gemäßigten, begründeten und durch vernünftige Beweisführung unterstützten Traditionalismus ein. Die Lehrsätze müssen zwar auf dem Text des Korans und den Angaben der Tradition gründen. Man muß aber die Tradition der Kontrolle der Vernunft unterziehen, um Beliebigkeit und Widersprüchlichkeit auszuschließen und die echte Tradition von den falschen Erfindungen unterscheiden zu können. Im Streit mit den Andersgläubigen und den anderen theologischen Richtungen gilt es außerdem, die Gegner zu überzeugen und die eigene Argumentation logisch einwandfrei aufzubauen. Dieser „vernünftige Traditionalismus" der Ash'ariten wurde jahrhundertelang zur herrschenden Schule der islamischen Orthodoxie. Ihre Lehre bildet die Grundlage der Ausführungen in diesem Buch.

2.3 Rechtsschulen
Siehe die Ausführungen über das islamische Rechtssystem und die Rechtsschulen, S. 45–64.

3. Die Shī'iten
In der Auseinandersetzung zwischen dem Khalifen 'Alī und Mu'āwiya ergriffen damals die Shī'iten Partei (shī'a) für 'Alī. Später hielten sie ihm, seinem Haus (seiner Frau Fāṭima, der Tochter Muḥammads, und seinen Söhnen Ḥasan und Ḥusayn) sowie den weiteren Nachkommen die Treue. Sie bilden heute nach den Sunniten die zweitgrößte Gruppe im Islam, insgesamt etwa 200 Millionen Anhänger.

Die Shī'iten halten am Grundsatz der blutmäßigen Abstammung von Muḥammad als Bedingung zur Übernahme des Khalifenamtes fest. Wichtiger für sie ist jedoch die religiöse Führungsrolle des Gesamtleiters der Gemeinschaft, des Imāms, dessen Einsetzung ein göttliches Gebot sei. Der Imām ist Nachfolger 'Alīs in seinem Amt und in seinen religiösen Kenntnissen, die dieser nach shī'itischer Auffassung dank einer besonderen Einweihung durch den Propheten Muḥammad und dank einer besonderen Erleuchtung von Gott erhalten hatte. Damit wird der Imām praktisch zum einzig legitimen Führer der Gemeinschaft und zu einer fast unfehlbaren Instanz. Ihm wird sogar Sündenlosigkeit zugesprochen.

Die Shīʿiten lebten vornehmlich in der politischen Opposition und wurden immer wieder Gegenstand von Verfolgungen. Es ist ihnen nicht gelungen, für längere Zeit einen eigenständigen Staat zu bilden. Ausnahmen: die Fāṭimiden in Ägypten (909–1171), die Zayditen im Jemen und der Iran. Sie ziehen daher die Legitimität islamischer Regimes in Zweifel. Eine Teillegitimität könne nur daraus erwachsen, daß der jeweilige Staat als Vorbereitungsphase auf die Wiederkunft des verborgenen Imāms angesehen werde, welcher erst am Ende der Zeit kommen werde, um das Reich Gottes zu errichten und eine legitime Führung zu installieren, die nach den Geboten und Satzungen Gottes regieren werde. Die Idee des Mahdī, des messianischen Rechtgeleiteten Imāms, gehört zu den tief verwurzelten eschatologischen Erwartungen des Islams, vor allem aber der Shīʿiten.

Bedingt durch ihre Leidensgeschichte, die mit der Ermordung der zwei Söhne ʿAlīs, Ḥasan und Ḥusayn, durch die Umayyaden (diese Passion wird alljährlich am ʿĀshūrāʾ-Fest wie ein Mysterienspiel aufgeführt) einen Höhepunkt erreicht hatte, haben die Shīʿiten eine beachtenswerte Reflexion über das Leiden und seine Heilswirkung entwickelt sowie auf praktischem Gebiet das Prinzip der *taqiyya* bejaht, d. h. Vorsicht und Verbergen des eigenen Glaubens und der eigenen religiösen Zugehörigkeit als Schutzmaßnahme für das Leben ihrer Mitglieder.

In ihrer Geschichte suchten die Shīʿiten immer wieder eine Verbindung mit oppositionellen Kräften, so z. B. mit den Muʿtaziliten und den Vertretern der Mystik. Außerdem zeigten sie eine ziemliche Aufgeschlossenheit gegenüber fremdem Gedankengut, daher auch der Hang mancher ihrer Gruppierungen zum Synkretismus. Einige von ihnen bieten sogar das Erscheinungsbild von Sekten, und man gruppiert sie unter der gemeinsamen Bezeichnung: die „Extremen unter den Shīʿiten (ghulāt al-shīʿa).

Die wichtigsten Gruppen innerhalb des Shīʿismus sind folgende.

3.1 Die *Zayditen* erkennen nur fünf legitime Imāme aus der direkten Nachkommenschaft ʿAlīs an. Der fünfte Imām hieß Zayd (gest. 739), daher der Name Zayditen. Die Zayditen treten für die Wahl des jeweiligen aktuellen Imāms ein. Der aus der Nachkommenschaft ʿAlīs gewählte Imām wird dann mit der Hilfe und der Erleuchtung Gottes ausgestattet sein. Die Zayditen leben im Jemen. Sie folgten einem sichtbaren Imām, bis der letzte gestürzt und im Jahre 1970 eine Republik ausgerufen wurde. In ihrer Glaubenslehre und in den Grundsätzen ihres Rechtssystems stehen die Zayditen den Sunniten sehr nahe.

3.2 Die *Imāmiten* erkennen zwölf Imāme als rechtmäßig an, deshalb werden sie auch Zwölfer-Shīʿa genannt. Der zwölfte Imām, Muḥammad ibn Ḥasan soll von 874 bis 940 in kleiner Entrückung oder Verborgenheit gelebt haben und seit 940 in der großen Verborgenheit weiterleben. Bei den Imāmiten finden sich die deutlichsten Merkmale des Shīʿsmus, wie sie oben erwähnt werden. Sie bilden die bedeutendste Gruppe unter den Shīʿten und leben hauptsächlich in Iran, Afghanistan, Westpakistan, in einigen Gegenden Tadjikistans (Sowjetunion), im Irak und im Libanon. Sie folgen der Djaʿfaritischen Rechtsschule.

3.3 Die *Ismāʿīliten* gehören zu den sogenannten Extremen Shīʿiten, die im Laufe der Zeit, aufgrund der reklamierten Freiheit des Denkens, sich immer weiter von der Orthodoxie der Sunniten und auch von den Imāmiten entfernt haben. Sie legen keinen Wert auf die Blutsverwandtschaft mit dem Propheten Muḥammad und erkennen nur sieben rechtsmäßige Imāme bis Ismāʿīl, der 760 starb, an. Sie betonen die Bedeutung der inneren Erleuchtung des geistlichen Führers, die ihm göttliche Autorität und Unfehlbarkeit verleiht. Durch die Übernahme fremden Gedankengutes, vor allem gnostischer Richtung, haben sie eine esoterische Lehre entwickelt. Die Ismāʿīliten sind heute zahlenmäßig eine kleine Gemeinde und leben hauptsächlich in Zentralasien, im Nordjemen, an den Ostküsten Afrikas und an der Westküste Indiens. Sie folgen ihrem Imām Agha Khan.

3.4 Zu den Extremen Shī'iten gehören weiter folgende kleine Sekten:

Die *Nuṣayrī* oder *'Alawiten* scheinen dem 'Alī einen göttlichen Kult zu widmen. Ihre Lehre ist eine Mischung aus islamischen, christlichen, gnostischen und altorientalischen Elementen. Ihre kleine Gemeinde lebt in Nordwestsyrien (Berg der 'Alawiten).

Die *Drusen* (seit dem 11. Jh.) scheinen den Fāṭimiden-Khalifen Ḥākim (Ägypten) zu vergöttlichen, der auf mysteriöse Weise verschwand. Ihre Geheimlehre ist nur einigen Eingeweihten bekannt. Sie glauben an die Wiederkunft des entschwundenen Ḥākim und an die Seelenwanderung. Sie leben heute im Berg Libanon, in Südsyrien und in Galiläa (Israel).

Der *Bābismus* wurde vom Iraner 'Alī Muḥammad Shīrāzī (1819–1850) gegründet, der behauptete, er sei die Pforte (Bāb) zu neuen religiösen Erkenntnissen über die göttliche Wahrheit.

Der *Bahā'ismus* ist eine Gründung des Iraners Mīrzā Ḥusayn (1817–1892), der Bahā' Allāh (Glanz Gottes) genannt wird. Diese synkretistische Religion mit universalistischem Anspruch unterhält Missionszentren fast überall.

4. Zum Schluß sei noch die Aḥamadiyya-Bewegung erwähnt, die in ihrer Qādiyānī-Richtung von offiziellen Organen der islamischen Welt (z. B. vom pakistanischen Parlament) verurteilt und aus der Gemeinschaft der Muslime ausgeschlossen wurde. Die *Aḥmadiyya* wurde 1849 in Indien von Mīrzā Ghulām Aḥmad (1835–1908) gegründet und vertritt eine synkretistische Lehre eschatologischer Prägung.

6. Kapitel

Die Propheten, Freudenboten und Warner

Muḥammad, der Verkünder des Islams, war vierzig Jahre alt, ein vielgereister, erfolgreicher und angesehener Kaufmann, als er tiefe, erschütternde Erfahrungen machte, die ihn schließlich dazu führten, als Prophet aufzutreten und seine Landsleute zur Umkehr und zu einem konsequent gelebten Glauben aufzurufen. Mit dieser Sendung stand er, so sein eigenes Selbstverständnis, in Kontinuität mit der langen Geschichte der Propheten, die den Menschen zu allen Zeiten und an jedem Ort den Willen Gottes verkündet hatten.

Muḥammad, der Verkünder des Islams

Muḥammad ist um 570 nach Christus in Mekka/Arabien geboren. Sein Stamm hieß Quraysh, seine Sippe die Hāshimiten, sein Vater ʿAbd-Allāh. Sein Vater starb früh. Das Kind wuchs, obwohl es in einer Stadt geboren war, getragen von der Struktur der Stammesgesellschaft auf und umgeben von den Gebräuchen und Sitten der Stammestradition Altarabiens. Muḥammad wurde in seinen jüngsten Jahren einer Beduinenamme anvertraut. Als auch seine Mutter starb – der Knabe war erst sechs Jahre alt –, nahmen sich seiner zuerst sein Großvater, dann sein Onkel Abū Ṭālib, Vater des späteren Khalifen ʿAlī, an. Der Junge hütete in der Wüste die Herden, er begleitete auch manchmal seinen Onkel auf der Reise mit den Karawanen nach Syrien. Die islamische Tradition will, daß der zwölfjährige Muḥammad auf einer solchen Reise einem christlichen Mönch aufgefallen war, der auf seinen Schultern die Zeichen seiner späteren prophetischen Sendung feststellte[11].

Mit 25 Jahren wurde Muḥammad Karawanenführer der reichen Witwe Khadīdja, die er auch heiratete. Von den Kindern, die aus dieser Liebesehe entstanden, ist Fāṭima zu erwähnen, die als Frau ʿAlīs zur Stammesmutter der Nachkommen Muḥammads wurde und damit eine besondere Stellung vor allem im Shīʿismus einnimmt. Der Koran bewertet die Heirat mit Khadīdja als einen göttlichen Gnadenerweis für Muḥammad (93, 8). Als etablierter reicher Kaufmann gewann nun Muḥammad an Ansehen und Einfluß in der mekkanischen Gesellschaft.

Als er vierzig Jahre alt war, begann er, sich nach dem Sinn des Lebens in einer verfallenen Gesellschaft zu fragen, die den Armen keine Beachtung schenkte, sie gar ungerecht behandelte und bedenkenlos unterdrückte und die sich frohen Herzens der Befriedigung ihrer Gelüste hingab. Nach dem Muster der christlichen Einsiedler, die er auf seinen Geschäftsreisen traf, und nach dem Vorbild der einsamen Gottsucher, die es in seiner Umgebung gab, zog sich Muḥammad immer wieder in die Einsamkeit zurück. In einer Höhle am Lichtberg in der Nähe von Mekka widerfuhr ihm das, was der Koran und die islamische Tradition als seine Berufung zum Propheten interpretieren. Muḥammad wurde in einer Schlafvision von einem Engel (Gabriel) aufgefordert zu lesen, d.h. die Botschaft Gottes an die Menschen öffentlich vorzutragen (96, 1–5).

Muḥammad kehrte tieferschüttert und entsetzt nach Hause zurück und grübelte, was dies alles zu bedeuten habe. Die Vision und die Berufung hörten eine Zeitlang auf, und Muḥammad versank in Verzweiflung, denn er fürchtete, das Opfer des Teufels zu sein. Endlich wiederholte sich die Vision und die Berufung: Muḥammad gewann nun die innere unerschütterliche Gewißheit, zum Propheten bestimmt zu sein.

---

[11] Die islamische Biographie Muḥammads enthält viele Wundererzählungen, die sich auf die Empfängnis, die Geburt, die Kindheit und das weitere Leben Muḥammads beziehen. Wir werden sie in dieser Einführung nicht berücksichtigen. Siehe dazu T. Andrae, Die Person Muhammeds in Lehre und Glauben seiner Gemeinde, Stockholm 1918.

Er trat in Mekka auf und begann, seine Landsleute zu ermahnen und vor dem bald hereinbrechenden Zorn und Gericht Gottes zu warnen. Sie sollten umkehren und ihren bösen Wandel ablegen. Sie sollten mit dem Glauben an Gott ernst machen. Denn er ist der einzige Schöpfer der Welt und der einzige Richter der Menschen. Neben ihm gibt es keine anderen Gottheiten und Mächte. Die Hauptinhalte der Predigt Muḥammads in dieser Periode sind die Warnung vor dem nahen Gericht Gottes, der Aufruf zur Besserung des Wandels, die Reform des verdorbenen gesellschaftlichen Lebens und der Glaube an den einen, einzigen Gott.

Die Predigt des neuen Propheten und seine beunruhigenden Appelle gefielen den Mekkanern nicht. Denn er wandte sich gegen die traditionelle Religion der Stadt und des ganzen Landes und bedrohte direkt den polytheistischen Kult, der sich um ihr Heiligtum, die Kaʿba, konzentrierte und ihnen reiche Erträge einbrachte. Die neue Botschaft begünstigte die unteren Schichten der Gesellschaft und stellte somit subversiv die bestehende soziale Ordnung in Frage. Die Mekkaner forderten Muḥammad auf, von seiner Predigt abzulassen. Sie führten mit ihm heftige Auseinandersetzungen, bestritten seine Berechtigung zu solcher Verkündigung und verneinten die Echtheit seiner göttlichen Sendung [12]. Wenn er die Offenbarung im Schlaf und in schüttelnden Trancen bekommen habe, so sei er nur ein gemeiner Wahrsager (vgl. 52,29; 69,40.42–43), ein unter dem Einfluß seiner Dämonen stehender Dichter (52,30; 69,41; 36,69–70), ein Zauberer (38,4; 37,14–15), ein Besessener (23,70–71; 68,2; 25,8; 17,47), ja er sei sogar ein Werkzeug des Teufels (81,25; 26,210–212).

Muḥammad wies diese Vorwürfe immer wieder entschieden zurück und berief sich auf Gott, der ihm seine Botschaft übermitteln ließ mit dem Auftrag, sie den Menschen zu verkünden. Aber nein, erwiderten die Polytheisten, es ist nicht Gotteswort, sondern Menschenwort, was Muḥammad da vorträgt (25,4–6).

Wenn die Botschaft Muḥammads, so die Antwort des Korans, derjenigen der früheren Propheten ähnlich ist, so ist

---

[12] Siehe dazu ausführliche Angaben in meinem Buch: Einführung in die Grundlagen des Islam, Graz [2]1981, S. 80–101.

dies ein Beweis, daß auch Muḥammad ein Prophet ist wie sie. Die Polytheisten erwidern, daß er nur ein gewöhnlicher Mensch ist, der keine besondere Auszeichnung von seiten Gottes hat und keine Reichtümer und keine mächtige Stellung in der Gesellschaft. Die Antwort auf diese Einwände lautet: „Ich sage euch nicht, ich hätte die Vorratskammern Gottes, und ich kenne auch nicht das Unsichtbare. Und ich sage euch nicht, ich sei ein Engel. Ich folge nur dem, was mir offenbart wird" (6,50; vgl. 11,12; 25,10).

Aber, so die Forderung der Polytheisten, Muḥammad soll, wie auch jeder andere Prophet, die Echtheit seiner prophetischen Sendung durch ein Beglaubigungswunder bestätigen. Er sollte Engel oder gar Gott selbst erscheinen lassen (25,21). Oder er soll irgendein Zeichen von seinem Herrn bringen wie die früheren Gesandten (21,5). Auf diese delikate Frage antwortet Muḥammad, daß nur Gott die Macht besitzt, Wunder zu wirken (29,50); die Propheten wirken Wunder nur, wenn Gott es ihnen erlaubt (40,78; 13,38). Im übrigen, die Geschichte bezeugt, daß die Wunder die verstockten Menschen doch nicht zum Glauben führten (10,96–97; 7,146; 6,23.109.111). So habe Muḥammad von Gott keinen Auftrag erhalten, Wunder zu wirken (17,59–60). Dennoch unterliegt seine Sendung keinem Zweifel, Gott hat ihm seine Offenbarung gegeben als Bestätigung der großen Offenbarungen der Vergangenheit, der des Mose und der Jesu Christi (20,133; 35,31 ...).

Von einem so hartnäckigen Unglauben fühlte sich Muḥammad tief betroffen, denn es ging um die Erfüllung seines Auftrags und die Bekehrung der Menschen zum einen, barmherzigen Gott. Er blieb seiner Sendung treu und wandte sich von seinen verstockten Gegnern ab. Diese aber bereiteten ihm und seiner Gemeinde solche Schwierigkeiten, sie verfolgten sie sogar so, daß die ersten Muslime der Verbannung, der Ächtung und mannigfaltigen Todesängsten ausgesetzt wurden. Als die Angriffe der Mekkaner unerträglich wurden und die Existenz der Gemeinde selbst ernsthaft bedrohten, entschloß sich Muḥammad, seine Vaterstadt zu verlassen. Er wanderte mit seiner Gemeinde aus und suchte Aufnahme in seiner Mutterstadt Yathrib (die später Medina, Stadt des Propheten, genannt wurde). Die Auswanderung (Hidjra) erfolgte im Jahr 622. Dieses Jahr ist das erste Mondjahr der islamischen Zeitrechnung. Die Auswanderung nach Medina hatte weitgehende Folgen für Muḥammad und die ersten Muslime. Die freundliche Aufnahme, die er dort fand, und die Zunahme der Zahl der Anhänger des Islams machten aus ihm bald den Mittelpunkt des gesellschaftlichen und politischen Lebens der Stadt. Er mußte die Aufgabe des sozialen und politischen Leiters der Gemeinschaft übernehmen.

„Er konnte sich nicht damit begnügen, eine von Askese inspirierte, auf das Jenseits gerichtete Botschaft zu predigen, er mußte sich mit dem Alltag der Muslime beschäftigen, eine soziale Ordnung auf die Beine stellen, die Fundamente der solidarischen islamischen Gemeinschaft legen, deren Solidarität nicht mehr auf der Blutsverwandtschaft, sondern auf dem gemeinsamen Glauben gründete. Endlich mußte Muḥammad den politischen und militärischen Kampf gegen die Feinde des Islams nach außen und auch innerhalb der Gemeinde selbst führen.

Dafür brauchte er mehr als nur prophetischen Mut und leidenschaftliche Appelle. Er brauchte und entwickelte auch den Sinn für die alltäglichen Realitäten, für die komplexen Vorgänge einer Gesellschaft, für die psychologischen Widerstände, die die Reform der lebensnotwendigen Tradition bei primitiven Stämmen hervorrief. Muḥammad blieb also in Medina nicht nur der inspirierte Prophet und der weltabgewandte Asket, er wurde zunehmend zum klugen, abwägenden Staatsmann, zum weisen Gesetzgeber, zum politischen Führer und zum Feldherrn, kurz, zur Zentralfigur der frühislamischen Gemeinde. Der ‚Gesandte Gottes' sah seine Autorität durch die Erfolge seiner Politik und seiner Führung wie auch durch die Unterstützung der göttlichen Offenbarung immer größer und fester werden." [13]

Die freundliche Aufnahme in Medina bedeutete nicht, daß alle Gruppen die Echtheit der Sendung Muḥammads anerkannten, und auch nicht, daß sie alle ohne Vorbehalte Partei für ihn ergriffen. Die Christen und vor allem die Juden, die Muḥammad in Mekka mit großer Achtung behandelte und „Leute des Buches" (oder Schriftbesitzer) nannte, konnten sich nicht dazu entschließen, seine prophetische Sendung an-

---

[13] Aus meinem Buch: Einführung in die Grundlagen des Islams, Graz ^{2}1981, S. 35.

zuerkennen. Vor allem die Juden waren mit den Mekkanern durch wirtschaftliche und militärische Abkommen verbunden. Außerdem vermochten sie die von Muḥammad behauptete Kontinuität zwischen der Tora und dem Koran nicht in allen Punkten (Prophetengeschichte, Gesetzgebung, Glaube an Jesus den Messias ...) zu erkennen. Muḥammad ging dann ihnen gegenüber auf Distanz und erklärte die Selbständigkeit des Islams, indem er sich jenseits des Judentums und des Christentums direkt auf Abraham, den Vater aller Gläubigen, berief. Er bestimmte, daß die Muslime sich beim Gebet nicht mehr nach Jerusalem, sondern nach der Ka'ba zu Mekka zu richten haben, denn, so seine Version, dieses Zentralheiligtum der Araber wurde von Abraham mit seinem Sohn Ismael zur Anbetung des einen Gottes erbaut. Damit hatte der Islam in der Ka'ba ein religiöses Zentrum und ein Symbol seiner politischen Einheit.

Militärisch hatte Muḥammad nach außen weiterhin gegen die Mekkaner zu kämpfen. Die Muslime überfielen die Karawanen der Mekkaner und fügten ihnen immer empfindlichere Verluste zu. Die bewaffnete Auseinandersetzung zwischen den verfeindeten Lagern fand in mehreren Schlachten und Konfrontationen statt: Die Muslime errangen den Sieg in Badr (624), erlitten eine Niederlage in Uḥud, wo Muḥammad sogar verwundet wurde (625). Unentschieden verlief die Belagerung Medinas durch die Mekkaner (627), weil die Muslime um ihre Stadt einen Graben ausgehoben hatten (Grabenkrieg). 628 erschienen die Muslime vor den Toren Mekkas. Sie schlossen mit den Mekkanern einen Waffenstillstand für zehn Jahre (Abkommen von Ḥudaybiya), den jedoch die Mekkaner nicht respektierten. Daraufhin marschierten die muslimischen Kämpfer gegen Mekka. Die Mekkaner öffneten die Tore ihrer Stadt vor Muḥammad ohne Widerstand, nachdem sie die Zusicherung erhielten, daß die Bevölkerung Mekkas verschont wird. Muḥammad hielt sein Wort. Er trat in die Ka'ba ein und beseitigte endgültig die Götzen, die heidnischen Malereien und Kultsymbole. Das war im Jahr 630.

In Medina entledigte sich Muḥammad der Juden nach und nach. Im Anschluß an seinen Sieg zu Badr 624 griff er einen der drei Stämme der Juden an und vertrieb seine Mitglieder aus der Stadt. In der zweiten Hälfte des Jahres 625 wurde auch der zweite Stamm aus Medina vertrieben. Nach dem unentschieden verlaufenen Grabenkrieg griff Muḥammad den dritten Judenstamm an und ließ einen Schiedsrichter über ihr Schicksal entscheiden. Nach dessen Urteil wurden die Männer hingerichtet und die Frauen und die Kinder als Sklaven verkauft.

Nach der Beseitigung der Juden blieb es den Muslimen, den Einfluß der Christen zu neutralisieren. In Medina besaßen die Christen keine Bedeutung. Muḥammad startete einen Feldzug gegen die christlichen Stämme in Nordarabien (629), der mißglückte. Daraufhin verschärfte Muḥammad seinen Ton in der religiösen Auseinandersetzung mit den Christen. Dann kam der Befehl, alle Nicht-Muslime, einschließlich Juden und Christen, zu unterwerfen (Koran 9,29.33). Die muslimischen Truppen rückten gegen mehrere christliche Oasen im Norden und nahmen sie ein (630–631), andere Truppen bewegten sich in Richtung Süden und nach Nadjrān im Jemen.

In den Jahren 630–631 schickten die arabischen Stämme Abgesandte zu Muḥammad, um ihren Übertritt zum Islam zu bekunden. 631 erklärte Muḥammad die Abschaffung des Polytheismus. 632 unternahm er mit einer großen Schar von Gläubigen die erste Wallfahrt des Islams nach Mekka, die als Vorbild für die muslimischen Pilger in der nachfolgenden Zeit gilt. Muḥammad wurde in Medina überraschend krank und starb am 8. Juni 632.

Muḥammad ist eine der bedeutendsten Gestalten der Religionsgeschichte. Man hat über ihn verschieden geurteilt. Nicht-Muslime haben ihn als einen Kranken oder als einen Menschenverführer bezeichnet. Heute stehen seine Aufrichtigkeit und sein tiefes religiöses Bewußtsein außer Zweifel. Für die gläubigen Muslime ist er ein großer Prophet und der Gesandte Gottes, der den Menschen die Offenbarung Gottes in der letzten Etappe der Prophetengeschichte verkündet hat. Nach dem Zeugnis des Korans hatte Muḥammad eine empfindsame Seele und ein unerschütterliches Sendungsbewußtsein. In unzähligen Versen betont der Koran, daß es Gott sei, der die Offenbarung auf Muḥammad herabsendet. So weiß der Prophet, daß Gott ihn rechtleitet (93,7; 48,2; 4,113).

Bestärkt wird Muḥammad in seinem prophetischen Sendungsbewußtsein durch die Überzeugung, daß seine Botschaft mit den früheren, echten prophetischen Botschaften und Schriften übereinstimmt. Noch mehr, der Koran ist nach seinem eigenen Selbstverständnis die letzte Etappe der langen Prophetengeschichte. Er bringt die endgültige Offenbarung und die endgültige Gestalt des Gesetzes. Damit gilt der Islam bei Gott als „die Religion" schlechthin (3, 19). Er hebt alle anderen auf, und zwar nicht nur in Arabien, sondern auch in aller Welt. So verstehen die Muslime die Äußerungen des Korans: „Sprich: O Menschen, ich bin an euch alle der Gesandte Gottes ..." (7, 158), „Und Wir haben dich für die Menschen allesamt nur als Freudenboten und Warner gesandt ..." (34, 28). Muḥammad sei also der Höhe- und Endpunkt der Geschichte der Offenbarung und der prophetischen Verkündigung. Der Koran nennt ihn „das Siegel der Propheten" (33, 40).

Die Prophetengeschichte

Die göttliche Offenbarung, die ihren offiziellen und endgültigen Abschluß mit Muḥammad fand, reicht in ihren Anfängen in die Urzeit zurück. Nach der Vorstellung des Korans hat Gott einem jeden einzelnen Menschen den Grundgehalt der späteren prophetischen Verkündigung kundgetan, und zwar in einer Uroffenbarung: „Bin Ich nicht euer Herr? Sie sagten: Jawohl, wir bezeugen es" (7, 172). Dazu kam die Verpflichtung, Gott allein zu dienen (36, 60–61). Diese Vorstellung von einer Uroffenbarung und einem Urpakt zwischen den Menschen und Gott besagt, daß die Erkenntnis Gottes, die Anerkennung seiner absoluten Souveränität und damit verbunden der Gehorsam der Menschen und ihre Ergebung in den Willen Gottes (islām) im Herzen eines jeden Menschen verankert sind, jedem Menschen zugänglich sind und auch die Pflicht eines jeden Menschen darstellen. Das ist die fundamentale und allgemeingültige Form der Religion, die mit dem Beginn der Geschichte verkündet und verpflichtend gemacht worden ist und mit dem Islam ihre letztgültige Gestalt gefunden hat. So wird auch der Islam im Koran als die schöpfungsmäßige Religion bezeichnet (vgl. 30, 30).

Die Rolle der Propheten, die Gott im Laufe der Zeit zu jedem Volk (13, 7; 35, 24) gesandt hat, besteht darin, die vergeßlichen Menschen und all diejenigen, die aus mannigfaltigen Gründen dennoch zum Glauben an Gott und zum entsprechenden Gehorsam gegen seinen Willen nicht finden, auf die Zeichen Gottes in der Schöpfung hinzuweisen und an sein Wirken im Leben der Menschen und der Völker zu erinnern. Damit wird der verschüttete Zugang zum Glauben wieder geöffnet. Grundsätzlich verkünden alle Propheten dieselbe Grundbotschaft: „Es gibt keinen Gott außer Mir, so dienet Mir!" (21,25; vgl. 16,36).

Wenn die Menschen auf ihre Propheten hören, denselben Glauben bekennen und Gott, dem Herrn, einmütig dienen, so werden sie die Einheit der Menschenfamilie wiederherstellen, die in den Anfängen herrschte. Die Geschichte der Religionen zeigt aber, daß die Menschen ihren Schöpfer vergessen, seinen Dienst verworfen und ihre Einheit durch Parteibildung, Spaltungen und hartnäckigen Streit verloren haben. Die Propheten der verschiedenen Zeiten mußten dies immer wieder am eigenen Leib erfahren. Sie vermochten die Widerstände ihrer Landsleute nicht zu überwinden. Im Gegenteil, sie wurden Zielscheibe des Spottes, der Schmähungen, ja der Verfolgung und vielgestaltiger Todesgefahren. Durch ihre Geduld, ihre Treue und ihr Gottvertrauen haben sie trotz allen Scheiterns und aller Anfechtungen den Sieg davongetragen. Denn Gott hat immer wieder eingegriffen, um die Propheten und die Gläubigen zu erretten, die Ungläubigen aber zu bestrafen. Man erkennt in dieser schematischen Darstellung der Prophetenlegenden eine Wiedergabe der Erfahrungen Muḥammads selbst in seinen Bemühungen, den Unglauben und den Widerstand der Mekkaner zu überwinden.

Über die Verkündigung und das Schicksal verschiedener, altarabischer und biblischer Propheten (wie Noach) findet man vor allem in drei Koran-Suren aneinandergereihte Predigten, die alle nach demselben Muster verlaufen: Sure 26, 11 und 7. Als Beispiel seien hier nur die Stellen der Sure 7 ausführlich angegeben: 7,59–64 (Noach), 65–72 (Hūd), 73–79 (Ṣāliḥ), 80–84 (Lot), 85–93 (Shuʿayb), 94–102 (Zusammenfassung und Schlußfolgerung). Empfehlenswert ist auch die Lektüre der Sure 14,9–14, in der das Schema der Predigten über die Prophetenlegenden deutlich dargelegt wird.

Die Prophetengeschichte hat nach Auffassung des Korans

besondere Höhepunkte erfahren, die in der vorherigen jüdischen und christlichen Tradition beheimatet sind. Diese Höhepunkte sind mit den Namen Adam, Noach, aber vor allem Abraham, Mose und Jesus verbunden.

Abraham

Abraham wird im Koran der Gläubige und Freund Gottes (4,125) genannt. In der polytheistischen Umgebung erkennt er Gott an der Vergänglichkeit der Welt. Er unternimmt es, seine Landsleute zu Gott zu bekehren. Er zerschlägt ihre Götzen (21,57–67; 37,88–96). Daraufhin wird er ins Feuer geworfen, aber Gott errettet ihn (21,68–70; 37,97–98; 29,24). Abraham verläßt seine Familie und seinen Stamm: „Ich gehe zu meinem Herrn, Er wird mich rechtleiten" (37,99). Abraham wird zum Freund Gottes auserwählt (4,125). Gott gibt ihm die Offenbarung (2,136; 4,163), die Prophetie (4,163) und die Schrift (vgl. 87,18–19). Er verheißt ihm eine begnadete Nachkommenschaft: Isaak und Jakob, eine rechtgeleitete und auserwählte Sippe (6,84; 19,27.49; 21,72). Gott stellt den Glauben Abrahams auf die Probe, indem er ihn auffordert, seinen Sohn zu opfern (37,99–113; 2,124). Die Mehrheit der islamischen Kommentatoren heute sehen in diesem Sohn Ismael, eine Minderheit Isaak. Das Opfer Abrahams ist im Islam das Vorbild des rituellen Opfers zur Zeit der Wallfahrt in der Nähe von Mekka (vgl. 37,107).

Abraham baut mit Hilfe seines Sohnes Ismael das Heiligtum der Ka'ba zu Mekka (2,125–127; 3,95–97; 22,26). Er hat auch die Pflichten eines frommen Muslims erfüllt: Glaubensbekenntnis an den einen, einzigen Gott, Gebet und Almosen (21,73), Wallfahrt (Weihezustand, Umgangsprozession, Opfer: 22,26–29), gute Werke (21,73). So wird er als der erste Muslim bezeichnet, das Vorbild der gottergebenen Gläubigen. Der Koran bekennt sich ausdrücklich und mit Vorliebe zum Glauben und zur Religion Abrahams (3,68–95; 4,125; 6,161; 16,123). Er weist die Ansprüche der Juden und Christen zurück, allein die wahre Religion zu besitzen, denn Abraham war doch vor Mose und vor Jesus Christus da (2,135–140; 3,65–68). Die glaubensmäßige und leibliche

Verwandtschaft zwischen Abraham und dem Propheten Muḥammad kommt zudem im Gebet Abrahams zum Ausdruck (2,127–129).

Abraham ist das Vorbild all derjenigen, die durch den Glauben den Weg zu Gott finden und ein Leben des Glaubens in Gottesfreundschaft führen (2,124; 60,4.6). Nach dem Jüngsten Gericht wird er die Gläubigen ins Paradies begleiten.

Die wichtigsten Stellen des Korans, die sich auf Abraham beziehen, sind 51,24–37; 37,83–113; 26,69–87.88–104; 15,51–77; 19,41–50; 21,51–73; 11,69–76; 29,16–27.31–32; 6,74–86; 2,124–134.

Mose und die Tora

Muḥammad hat mit Vorzug über die Gestalt des Mose gepredigt. Mose war sein großer Vorgänger, und zwar in seinen drei Hauptrollen als Prophet, als Volksführer und als Verkünder eines göttlichen Gesetzes.

Mose wird von Gott berufen und gesandt (20,10–13). Mit der Erlaubnis Gottes beglaubigt er seine Sendung vor dem Pharao durch verschiedene Wunder (20,17–23). Er erhält den Auftrag, das Volk Israel aus Ägypten in die Freiheit herauszuführen (20,24.42–45). Seine Botschaft an sein Volk lautet wie die Botschaft aller Propheten; er soll das weitersagen, was er von Gott selbst vernommen hat: „Ich bin Gott. Es gibt keinen Gott außer Mir. So diene Mir und verrichte das Gebet zu meinem Gedächtnis“ (20,14; vgl. 20,49–55; 26,23–28). Mose hat seinen Auftrag erfüllt. Gott errèttete ihn und das Volk Israel aus der Bedrängnis und bestätigte ihn zum Führer seines Volkes. Gott zeichnete ihn auch durch besondere Gnadenerweise aus: „Gott hat mit Mose wahrhaftig gesprochen“ (4,164). Der Koran lobt ihn mit Nachdruck: „Er war auserwählt, und er war ein Gesandter und Prophet. Und Wir ... ließen ihn zu vertraulichem Gespräch nähertreten“ (19,51–52; vgl. 7,144).

Mose brachte von seinen Gesprächen mit Gott die Tora als göttliches Gesetz für die Kinder Israels. Die Tora ist ein Gnadenerweis von seiten Gottes. Denn sie ist Licht (21,48 ...), das zur richtigen Einsicht führt. Sie ist Rechtleitung und

Barmherzigkeit (28,43; 6,154), denn sie zeigt den geraden Weg und stellt sichere Normen für das praktische Leben; ja, sie gibt detaillierte Anweisungen: „Und Wir schrieben ihm auf den Tafeln über alle Dinge, eine Ermahnung und eine ins einzelne gehende Darlegung aller Dinge" (7,145; vgl. 6,154). Damit sind dem Volk Israel verbindliche Vorschriften erlassen und der Befehl Gottes übermittelt worden (vgl. 5,68). Sie haben sich daran zu halten (5,43–44; 5,68; 7,145; 2,63). Wenn sie das tun, dann haben sie sich der Rolle würdig erwiesen, die ihnen von Gott zugedacht ist: Sie sollen ein Vorbild für die Menschen sein (28,5), so wie die Tora ein Vorbild für den Koran ist (46,12).

Die Tora hat jedoch manche Punkte im Bereich des Glaubens und der Gesetzgebung im dunkeln gelassen (43,63). Sie hat die Barmherzigkeit Gottes nicht zur vollen Entfaltung gebracht, denn Gott hat den Juden wegen ihrer Hartnäckigkeit manche Einschränkungen auferlegt (4,160; 6,146–147).

Jesus Christus und das Evangelium

Der Koran äußert sich an vielen Stellen über Jesus Christus, sein Leben und sein Wirken, und über die Grundthemen der christlichen Glaubenslehre von Jesus Christus. Diese Stellen sind in ihrer wahrscheinlichen chronologischen Reihenfolge: 19,16–17; 43,57–65; 23,50; 21,91; 42,13; 6,86; 2,87.136.253; 3,33–44 (Maria); 3,45–63; 61,6.14; 57,27; 4,156–159.163.171–172; 33,7; 66,12 (Maria); 9,30–31; 5,17.46–47.72–78.110–119.

1. Verkündigung und Geburt Jesu

In seinen Erzählungen unterstreicht der Koran den wunderbaren Charakter der Ereignisse, die sich auf die Geburt, die Sendung und das Wirken Jesu, des Sohnes Marias, beziehen.

Die ausführlichste Darstellung der Verkündigung an Maria lesen wir in der Sure 19. Gott sandte seinen Geist, der mit dem Engel Gabriel identifiziert wird. Er stellte sich Maria „im Bildnis eines wohlgestalteten Menschen" (19,17). Maria, die sich an einen östlichen Ort zurückgezogen hatte (19,16), erschrak vor der plötzlichen Erscheinung (vgl. 19,18). Der Engel verkündete ihr, Gott wolle ihr „einen lauteren Knaben schenken" (19,19), den er zu einem Zeichen seiner Barmherzigkeit für die Menschen machen werde (19,21). Auf den Einwand Marias, sie sei eine unverheiratete, reine Jungfrau, antwortete der Engel, indem er auf die Allmacht Gottes hinwies; es sei ja auch im übrigen „eine beschlossene Sache" (19,20.21). So empfing Maria ihren Sohn durch einen göttlichen Schöpfungsakt oder, nach einigen Kommentatoren, durch das Einhauchen des Geistes (19,22).

Der Koran erwähnt den heiligen Josef mit keinem Wort. Die islamische Tradition weiß aber zu berichten, daß er ein Verwandter Marias war und als erster merkte, was mit ihr geschehen war.

Um sich dem verleumderischen Verdacht der Leute zu entziehen, begab sich Maria an einen fernen Ort, wo sie mit ihren schweren Sorgen einsam weilte. Als die Wehen sie überkamen, sprach sie in ihrer Not: „O wäre ich doch vorher gestorben und ganz und gar in Vergessenheit geraten!" (19,23). Doch kam ihr Gott mit seiner Hilfe entgegen. Durch den Mund des Engels bzw. ihres gerade geborenen Sohnes wurde sie auf das erfrischende Wasser hingewiesen, das für sie zu fließen begann, und auf die Datteln von der dürren Palme, an deren Stamm sie sich gelehnt hatte: „Iß und trink und sei frohen Mutes" (19,26). Maria solle sich in Schweigen hüllen und auf die versprochene Hilfe Gottes warten (19,26). So brachte sie das Kind zu ihrer Familie. Auf die Vorwürfe ihrer Verwandtschaft reagierte sie, indem sie auf das Kind zeigte. Da sprach Jesus in der Wiege vor aller Augen und wies auf seine göttliche Sendung hin: „Ich bin der Diener Gottes. Er ließ mir das Buch zukommen und machte mich zu einem Propheten" (19,30).

Aus dieser Darstellung geht eindeutig hervor, daß der Koran an der jungfräulichen Geburt Christi entschieden festhält. An einer anderen Stelle verteidigt er Maria ausdrücklich gegen die Verleumdung der Juden (4,156). Er bezeichnet Maria wiederholt als die, „die ihre Scham unter Schutz stellte" (21,91; 66,12), d.h. die sich keusch hielt.

2. Sendung und prophetisches Wirken Jesu

Schon als Kind hat Jesus seine prophetische Sendung bezeugt (19,30). Der Koran stellt ihn mit den großen Propheten der Religionsgeschichte in eine Reihe: „Und als Wir von den Propheten ihre Verpflichtung entgegennahmen, und auch von dir und von Noach, Abraham, Mose und Jesus, dem Sohn Marias" (33,7). Mehr noch als ein einfacher Prophet, ist Jesus als Religionsstifter von Gott gesandt. Er ist beauftragt worden, den Kindern Israels eine Schrift zu bringen. Seine Lehre, seine religiösen Kenntnisse und vor allem seine Offenbarungsschrift hat er unmittelbar von Gott erhalten. So ist er ein großer Gesandter Gottes (vgl. 3,48–49; 4,171; 5,111).

Gott hat ihn mit dem Geist der Heiligkeit gestärkt (2,87.253; 5,110) und ihm die Verkündigung des Evangeliums anvertraut. Das Evangelium bringt eine Bestätigung der Tora des Mose; es enthält Rechtleitung und Licht und Ermahnung für die Gottesfürchtigen (vgl. 5,46). Als Zeichen der Zuwendung Gottes zu den Menschen und seiner Barmherzigkeit bringt das Evangelium eine Erleichterung der bisher geltenden gesetzlichen Bestimmungen. So sagt Jesus zu seinen Zuhörern im Koran: „(Ich komme), um euch einiges von dem zu erlauben, was euch verboten wurde" (3,50). Auch über die strittigen Fragen des Glaubens, der sittlichen Normen und des gottgefälligen Verhaltens bringt Jesus in seiner Botschaft mehr Klarheit und entscheidende Auskunft: „Ich komme zu euch mit der Weisheit, und um euch einiges von dem, worüber ihr uneins seid, deutlich zu machen" (43,63).

Gott begleitete die Verkündigung Jesu Christi mit verschiedenen Wundern und Zeichen, die die Echtheit seiner Sendung beglaubigen sollten. Der Koran erwähnt ausdrücklich einige dieser konkreten Zeichen:

5,110

Und als Gott sprach: „O Jesus, Sohn Marias, gedenke meiner Gnade zu dir und zu deiner Mutter, als Ich dich mit dem Geist der Heiligkeit stärkte, so daß du zu den Menschen in der Wiege und als Erwachsener sprachst;
und als Ich dich das Buch, die Weisheit, die Tora und das Evangelium lehrte;
und als du aus Ton etwas wie eine Vogelgestalt mit meiner Erlaubnis schufest und dann hineinbliesest und es mit meiner Erlaubnis zu einem Vogel wurde;
und als du Blinde und Aussätzige mit meiner Erlaubnis heiltest und Tote mit meiner Erlaubnis herauskommen ließest;

und als Ich die Kinder Israels von dir zurückhielt, als du mit den deutlichen Zeichen zu ihnen kamst, worauf diejenigen von ihnen, die ungläubig waren, sagten: ‚Das ist nichts als eine offenkundige Zauberei.'"

All diese Zeichen, die Predigt und das Wirken Jesu vermochten die Juden nicht zum Glauben an ihn zu führen. Nur die Apostel und die Jünger schenkten der göttlichen Botschaft Glauben und stellten sich an die Seite Jesu gegen seine und ihre Feinde (vgl. 5,111). Gott unterstützte Jesus und seine Getreuen gegen ihre Widersacher: „Jesus, der Sohn Marias, hat zu den Jüngern gesagt: ‚Wer sind meine Helfer (auf dem Weg) zu Gott hin?' Die Jünger sagten: ‚Wir sind die Helfer Gottes.' Eine Gruppe der Kinder Israels glaubte, und eine (andere) Gruppe war ungläubig. Da stärkten Wir diejenigen, die glaubten, gegen ihre Feinde, und sie bekamen die Oberhand" (61,14; vgl. 3,55).

Die Widersacher ließen jedoch in ihrer Feindseligkeit nicht nach und suchten, Jesus zu bedrängen und zu beseitigen. Aber das Schicksal Jesu gestaltete Gott selbst, wie er es immer wieder bei seinen anderen Propheten und Gesandten tat. Er griff ein, um Jesus aus der Bedrängnis zu erretten. Die ungläubigen Juden meinten, so die Aussage des Korans, Jesus am Kreuz getötet zu haben; aber das ist ein Irrtum:

4,157–158

... und weil sie sagten: „Wir haben Christus Jesus, den Sohn Marias, den Gesandten Gottes getötet." – Sie haben ihn aber nicht getötet, und sie haben ihn nicht gekreuzigt, sondern es erschien ihnen eine ihm ähnliche Gestalt ... Und sie haben ihn nicht mit Gewißheit getötet, sondern Gott hat ihn zu sich erhoben. Gott ist mächtig und weise.

Es gab also nach der Aussage des Korans, wie sie von der überwältigenden Mehrheit der islamischen Kommentatoren interpretiert wird, keine Kreuzigung und keinen Tod am Kreuz, sondern eine Himmelfahrt Jesu. Ob er jedoch vor der Erhebung in den Himmel gestorben sei, darüber sind sich die Muslime nicht einig. Einige meinen, er sei nach der Errettung aus den Händen seiner Feinde gestorben und kurz danach wieder von den Toten erweckt und in den Himmel erhoben worden. Andere verlegen den Tod Jesu in die Endzeit: seine Himmelfahrt sei ohne vorherigen Tod erfolgt.

Was aber die Ereignisse am Kreuz anbelangt, so herrschen

unter den Kommentatoren unterschiedliche Meinungen. Entweder ist der gesamte Vorgang eine einzige Täuschung: die Juden hätten gemeint, Jesus ergriffen und gekreuzigt zu haben, in Wirklichkeit sei niemand gehängt worden, „es schien ihnen nur so", sagt der Koran. Oder die Juden haben in der Tat jemand gekreuzigt, es war aber nicht Jesus, sondern ein Ersatzmann. Die verschiedenen Erklärungsversuche der klassischen Zeit werden von Rāzi folgendermaßen zusammengefaßt: „Als erste Erklärung haben viele Theologen vorgetragen, daß Gott ihn (Jesus) zu sich erhoben hat, als die Juden beschlossen hatten, ihn zu töten; da fürchteten sich die Vorsteher der Juden vor einem Aufruhr unter dem Volk. So haben sie einen (anderen) Menschen genommen, ihn gekreuzigt und den Leuten vorgetäuscht, er wäre Christus. – Die zweite Erklärung besagt, daß Gott einem anderen Menschen eine Ähnlichkeit mit ihm verliehen hat. Wie aber? Dafür gibt es verschiedene Möglichkeiten: 1. Titeus der Jude ist in ein Haus eingetreten, in dem sich Christus aufgehalten hatte. Er fand ihn dort nicht; Gott aber verlieh ihm seine Ähnlichkeit. Als er hinausging, wurde er für Jesus gehalten; er wurde gefangen und gekreuzigt. 2. Man hatte einen Mann bestellt, um Jesus zu überwachen. Jesus aber wurde in den Himmel erhoben, und Gott verlieh seine Ähnlichkeit jenem Aufpasser, den man tötete, während er beteuerte: Ich bin doch nicht Jesus. 3. Einer seiner Anhänger meldete sich freiwillig: Gott verlieh ihm dann die Ähnlichkeit Jesu, und so wurde er herausgeholt und getötet. Jesus aber wurde erhoben. 4. Einer seiner Begleiter heuchelte und verriet Jesus, damit sie ihn töteten. Als er mit den Juden eintrat, um ihn wegzunehmen, verlieh ihm Gott seine Ähnlichkeit, und er wurde getötet und gekreuzigt. – Diese Möglichkeiten widersprechen und widerlegen sich. Aber Gott weiß besser die Wirklichkeit der Dinge."[14]

Außerhalb der sunnitischen Orthodoxie entstand eine andere Auslegung der oben zitierten Koranstelle. Wenn der Koran den Tod Jesu am Kreuz verneint, so will er damit sagen, daß zwar sein Leib getötet worden ist, aber nicht sein Geist, nicht seine Botschaft, nicht seine Sache. Jesus bleibt in seinem Geist und in seiner Botschaft über den Tod hinaus le-

---

[14] Korankommentar: Mafātīḥ al-ghayb, Kairo 1308 H., Bd. 3, S. 350.

bendig. Selbst der Koran bezeichnet die Märtyrer, die für den Islam ihr Leben lassen mußten, als lebendig: „Halte diejenigen, die auf dem Weg Gottes getötet wurden, nicht für tot. Sie sind vielmehr lebendig bei ihrem Herrn, und sie werden versorgt" (3, 169). Desgleichen unterstreicht der Koran seine Aussage über Jesus: „Und sie haben ihn nicht mit Gewißheit getötet" (4, 157), d. h. nicht im eigentlichen und vollen Sinn des Wortes.

Jesus ist in den Himmel erhoben worden. Er wird aber am Ende der Zeit, so die islamische Tradition, wiederkommen. Seine Wiederkunft leitet die Endzeit ein und kündigt das Endgericht an. Jesus wird in Jerusalem leben, dort die Pflichten eines vollkommenen Muslims verrichten. Er wird sich gegen alles erheben, was dem islamischen Glauben zuwiderläuft, er schafft die Schweine weg, beseitigt die Kreuze, reißt Synagogen und Kirchen nieder. Er wird Zeugnis geben gegen die Juden, die an ihn nicht geglaubt haben, und auch gegen die Christen, die seine Lehre verfälscht, seine Religion nicht befolgt und an den Islam nicht geglaubt haben (vgl. 4, 159). Jesus wird dann die Einheit der Menschheit herstellen und das vollkommene Reich der Endzeit vierzig Jahre lang in Gerechtigkeit und Frieden regieren. Er wird auch heiraten und Kinder zeugen, und dann auch sterben. Er wird in Medina beigesetzt werden, neben Muḥammad und den Khalifen Abū Bakr und ʿUmar. Am Tage des Endgerichts wird Jesus die Erlaubnis erhalten, für die Menschen Fürsprache einzulegen (vgl. 3, 45), und er wird als Zeuge über die Leute der Schrift (Juden und Christen) auftreten (4, 159).

Der Islam mißt also dem Kreuzestod Jesu keine Heilsbedeutung zu. Er verneint sie im Gegenteil, weil ein solcher Tod das Scheitern des Propheten Gottes und seine Niederlage vor den Widersachern des Glaubens bedeuten könnte. Dies aber zugeben käme der Bestätigung einer einmaligen Ausnahme in der Prophetengeschichte, wie sie nach dem Koran verlaufen soll, gleich; dies hätte auch die Gefährdung der Zukunft des Islams und die Untergrabung der Hoffnung der Muslime auf den siegreichen Ausgang der Auseinandersetzung Muḥammads mit seinen Gegnern bedeutet.

Zu diesem Punkt und zur Lehre des Korans über die Person Jesu, siehe das nächste und auch das letzte Kapitel, 107–109 und 222–224, 228.

7. Kapitel

Gott

Der Glaube an Gott und die hingabevolle Unterwerfung unter seinen souveränen Willen bilden die Mitte des Islams. Alle anderen Glaubensinhalte werden auf Gott bezogen: „Der Gesandte glaubt an das, was zu ihm von seinem Herrn herabgesandt wurde, und ebenso die Gläubigen. Jeder glaubt an Gott und seine Engel und seine Bücher und seine Gesandten" (2,285).

Obwohl die islamische Gottesvorstellung für den gläubigen Muslim auf dem Koran und der prophetischen Tradition beruht, können dennoch darin verschiedene Elemente festgestellt werden, die eine unleugbare Verwandtschaft mit altarabischen, jüdischen, christlichen oder judenchristlichen Auffassungen aufweisen. Muḥammad (gegen 570–632) wuchs nämlich in Mekka, wo der Polytheismus, der Glaube an eine Vielzahl von Gottheiten, vorherrschte, auf. Das mekkanische Heiligtum, die Kaʿba, mit dem eingemauerten heiligen schwarzen Stein, war damals das große Zentralheiligtum der arabischen Stämme. Der dort verehrte Hochgott, der Gott schlechthin = Allāh genannt wurde, scheint keinen großen Einfluß mehr auf das praktische Leben der Menschen ausgeübt zu haben. Er war zu einem fernen Gott verblaßt, dessen Zorn im Alltag nicht mehr gefürchtet und dessen Gunst nicht mehr gesucht wurde. Die Menschen standen nicht mehr unter der Drohung seines Gerichts. Er wurde nur noch in äußerster Not und zu besonders wichtigen Anlässen angerufen.

Mehr als ein religiöses Zentrum war Mekka ein Handels- und Wallfahrtszentrum, dessen einträgliche Geschäfte durch die alljährlichen Wallfahrten noch vermehrt wurden. Der Zerfall des alten Polytheismus und die ungezügelte Lebensweise vieler Mekkaner rief eine entschiedene Reaktion bei frommen Männern hervor, die sich vom Götzendienst abwandten und durch asketische Übungen nach dem Vorbild christlicher Mönche den einen Gott suchten.

Hat Muḥammad dieser religiösen Richtung angehört oder nahegestanden? Das läßt sich heute nicht mit letzter Sicherheit feststellen. Feststellen läßt sich aber, daß Muḥammad von den monotheistischen Religionen, dem Judentum und dem Christentum, beeindruckt war. Davon zeugen die Einkehrtage, die er in der Einsamkeit einlegte und die ersten Themen seiner Predigt.

Was die Vorstellung von Gott, seinem Wirken und seinem Wesen, und von den Auswirkungen des Gottglaubens im Leben der Gläubigen betrifft, so sollen ihre wichtigsten Züge in den folgenden Ausführungen dargelegt werden.

Gott ist der Schöpfer

Gott ist der Schöpfer des Himmels und der Erde, er ist vor allem der Schöpfer des Menschen. Die Vorstellungen des Korans über den Vorgang der schöpferischen Tätigkeit Gottes erinnern an die biblische Sprache und an die entsprechende Volkstradition.

Gott hat Himmel und Erde, d.h. die ganze Welt erschaffen (46,3; 29,44). Die Erschaffung der einzelnen Teile der Welt erfolgte durch Trennung aus einer gestaltlosen Masse (21,30). Gott ist es, der die Erde vom Himmel auseinandergespalten hat (21,30), er ist es, der die Elemente abgetrennt und somit ins eigene Dasein gerufen hat (21,56; 14,10; 35,1; 6,14.79 ...). Die Erde hat er in zwei Tagen erschaffen (41,9) und zu einem festen Boden gemacht, den er mit Bergen und allerlei Wegen ausgestattet hat (21,31; 41,10). Der Himmel war Rauch (41,11), er wurde von Gott zu einer wohlbehüteten Decke (21,32), zu einem riesigen Zelt ohne Stützen gespannt (31,10; 13,2) und in sieben festen Schichten aufgebaut (78,12; 23,17.86; 2,29). Himmel, Erde und Luftraum sowie Himmelskörper wurden in den Dienst des Menschen gestellt (7,54; 55,10; 6,97; 13,2 ...; vor allem 20,53–55; 16,79–83; 27,60–64).

Denn der Mensch ist das Geschöpf, das Gott vor allen anderen ausgezeichnet und bevorzugt hat: „Und Wir haben den Kindern Adams Ehre erwiesen; Wir haben sie auf dem Festland und auf dem Meer getragen und ihnen (einiges) von den köstlichen Dingen beschert, und Wir haben sie vor vielen von denen, die Wir erschaffen haben, eindeutig bevorzugt" (17,70).

Bei der Erschaffung des Menschen hat Gott ein besonderes Verfahren angewandt: Er hat ihn aus Erde (u.a. 18,37), aus Ton und Schlamm (23,12; 15,26) gebildet und ihm von seinem Geist eingeblasen (15,28–29). Damit hat er ihm eine schöne Gestalt gegeben (95,4; 40,64 ...) und ihn mit „Gehör, Augenlicht und Herz" (67,23; 23,78; 32,9; 16,78), mit Augen, Zunge und Lippen (90,8–9) ausgestattet. Aus dem ersten Menschen ließ Gott auch dessen Partnerin entstehen (39,6; 4,1).

Gott tritt aber bei seiner schöpferischen Tätigkeit nicht durchweg als Bildner und Gestalter auf. Seine ureigene Art besteht darin, durch die Kraft seines schöpferischen Wortes die Urmasse und die differenzierten Teile der Welt und sogar den Menschen selbst ins Dasein zu rufen: „Er ist der Schöpfer der Himmel und der Erde. Wenn Er eine Sache beschlossen hat, sagt Er zu ihr nur: Sei!, und sie ist" (2,117; vgl. 16,40). Auch bei der Erschaffung des Menschen war das Wort Gottes des Schöpfers die eigentliche Schöpferkraft: „Mit Jesus ist es vor Gott wie mit Adam. Er erschuf ihn aus Erde, dann sagte Er zu ihm: Sei!, und er war" (3,59).

Gott ist die Vorsehung

Gott hat die Welt und den Menschen nicht ein für allemal ins Dasein gerufen und sie dann ihrem Schicksal überlassen. Er begleitet seine Geschöpfe mit seiner Vorsehung.

So hat Gott die Welt für den Menschen bewohnbar gemacht, er hat sie so ausgestattet, daß sie dem menschlichen Leben dient und es fördert (17,70). Der Mensch wird damit mit dem versorgt, was er zum Leben braucht: Behausung, Herden, Bäume, Berge, Kleidung usw. (16,80–81). Das ist von seiten Gottes ein Zeichen, daß er dem Menschen Gnade erweist und ihm gegenüber Barmherzigkeit walten läßt. Auch in der Not ist Gott immer wieder bereit, den Menschen, vor allem den Gläubigen, aus ihrer Bedrängnis zu helfen. So begleitet Gott das Leben der Menschen und lenkt den Lauf ihres Schicksals.

Er tut es unablässig, denn er setzt jederzeit seine schöpferische Tätigkeit fort. Das Werk der Schöpfung ist nämlich nicht in der Urzeit endgültig beendet worden. Nach der Sprache des Korans zu urteilen, erschafft Gott die Welt und den Menschen immer wieder in jedem Augenblick neu (vgl. 23,12–14). Das bedeutet, daß alles in jedem Augenblick durch den unbedingten und freien Willen Gottes neu bestimmt wird. Die Welt weist somit keine Beständigkeit und keine innere wesenhafte Kontinuität auf. Ihre scheinbare Kontinuität ist in Wirklichkeit nur die Reihe der punktuellen und immer erneuerten Wirkungserscheinungen des freien Schöpferwillens Gottes (Atomismus). Was die Dinge sind, wie sie wahrgenommen werden und wie sie aufeinander wirken, auch die sogenannten Naturgesetze, das alles sind letztlich nur die Gewohnheiten des göttlichen Wirkens. Gott allein kann wirken und wirkt; außerhalb seines Tuns besteht keine Kausalität (vgl. 56,71–72; 8,17). Was also die Menschen als Gesetzmäßigkeit der Welt ansehen, ist nichts anderes als die positive, freie Festsetzung Gottes, der in seinem Wirken eine gewisse Regelmäßigkeit und Beständigkeit beachtet. Damit bleibt das Betreiben von Naturwissenschaft weiterhin praktisch möglich, die Ergebnisse gelten nur als vorläufige Feststellungen, die durch eine neue freie Entscheidung Gottes jederzeit umgestoßen werden können.

Der gleiche Atomismus beherrscht auch das Leben des Menschen. Die Geschichte, die Kontinuität in der Zeit, ist nur die Reihe der einzelnen Entscheidungen des freien Willens Gottes in bezug auf die Tätigkeit und das Geschick eines jeden Menschen. Damit stellt sich die Frage nach der göttlichen Vorherbestimmung und der menschlichen Willensfreiheit.

1. Gott ist allmächtig
Vorherbestimmung und menschliche Freiheit

Der Koran und die islamische Tradition betonen mit Nachdruck die Allmacht Gottes. Gott ist es, der allein das Leben gibt und es wieder nimmt (40,68). Er sieht und hört alles, vor ihm ist nichts verborgen, auch die tiefsten Geheimnisse des Herzens nicht (vgl. 8,70; 47,19 ...). Sein Wissen umfaßt alles (4,108.126; 17,60; 48,21 ...). Er bestimmt vor allem das Schicksal des Menschen. Kann aber der Mensch selbst zur Gestaltung seines Lebens beitragen? Genauer gefragt: Hat der Mensch am Zustandekommen seiner Taten teil, und wird ihm eine Willensfreiheit eingeräumt?

Die Aussagen des Korans zu dieser Frage ergeben keine eindeutige Stellungnahme. Es gibt eine Reihe von Versen, die für die Vorherbestimmung aller Werke des Menschen durch Gott sprechen. Andere Verse betonen die Entscheidungsmöglichkeit des Menschen und daher auch seine Verantwortung.

Zur erstgenannten Stellungnahme gehören die Verse, die den unbedingten Willen Gottes als alleinige Ursache jedes Geschehens in der Welt und im Leben der Menschen betrachten: „Sprich: Uns wird nur das treffen, was Gott uns bestimmt hat" (9,51; vgl. 27,57). Alles steht in einem Buch, bevor es erschaffen wird (57,22). Auch der Glaube der einen und der Unglaube der anderen ist eine Bestimmung Gottes, denn „Gott führt irre, wen Er will, und wen Er will, den bringt Er auf einen geraden Weg" (6,39; vgl. 16,93; 14,4; 35,8; 2,26.142 ...). Wenn man weiß, daß nach dem Koran der Glaube zum Paradies und der Unglaube zur Hölle führt, dann bedeutet diese Bestimmung der einen zum Glauben und der anderen zum Unglauben eine Prädestination zum Heil oder zur Verdammnis, und zwar in letzter Instanz und nicht hinterfragbar: „Wen Gott irreführt, der hat niemanden, der ihn rechtleiten könnte" (7,186; vgl. 18,17; 17,97; 39,23.37; 13,33). So stellt der Koran deutlich fest: „Gott hat euch und das, was ihr tut, erschaffen" (37,96).

Man findet aber im Koran andere Verse, die den Glauben bzw. Unglauben in die Verantwortung des Menschen stellen: „Wer nun will, möge glauben, und wer will, möge ungläubig sein" (18,29). Die Ungläubigen werden für ihre Verstockung und ihren Frevel zur Rechenschaft gezogen werden und vom gerechten Richter verurteilt werden, und es geschieht ihnen dabei kein Unrecht (vgl. 40,17; weiter 99,7–8; 41,46). Das Böse, das einen sogar auf dieser Erde trifft, ist nicht Bestimmung Gottes: das Gute kommt von Gott und das Schlimme vom Menschen selber (4,79). So soll sich jeder befleißigen, die Gebote und Verbote Gottes zu beachten und sich für das Gute und gegen das Böse zu entscheiden.

Man kann die zwiespältige Lehre des Korans aus den Umständen seiner Verkündigung erklären. Angesichts der Verstockung der Menschen und ihrer Unfähigkeit, die Zeichen Gottes zu begreifen und zum Glauben zu finden, schien Muḥammad nur noch eine Erklärung plausibel zu sein: Es ist Gottes Einwirkung, die den einen den Weg zum Glauben ebnet und den anderen diesen Weg versperrt. Man kann auch darauf hinweisen, daß es eine arabische, vielleicht eine allgemein semitische Art ist, zunächst einmal alles pauschal auf Gottes Wirkung zurückzuführen, obwohl doch die Menschen ihre eigene Verantwortung für ihre Werke tragen müssen.

Es hat nämlich den Anschein, als ob der Koran in bezug auf die menschliche Handlung zwei Ebenen unterscheiden würde. Auf der menschlichen Ebene bringt der Mensch seine Taten frei zustande und ist folglich für sie verantwortlich. Auf der Ebene der göttlichen Wirkung ist alles von Gott vorherbestimmt und wird auch von ihm unbeachtet der Mitwirkung des Menschen ausgeführt.

Die ersten Generationen der Muslime waren von den massiven Aussagen des Korans in bezug auf die uneingeschränkte Allmacht Gottes und seine Vorherbestimmung so beeindruckt, daß sich eine Schulrichtung bildete, die eine strenge Prädestinationslehre vertrat. Das ist die Schule der Djabriten (djabr = Zwang). Sie lehrte einen umfassenden göttlichen Determinismus und behauptete, daß der Mensch am Zustandekommen seiner Taten keinen Anteil hat. Gott vollbringt in ihm alle Werke, die guten und die bösen. Der Mensch selbst ist wie ein willenloses Werkzeug bei der Entscheidung zum Handeln und bei der Ausführung der Tat.

Für die Willensfreiheit des Menschen trat zu Beginn des 9. Jahrhunderts die rationalisierende Schule der Muʿtaziliten ein. Die Allmacht Gottes, so argumentierten sie, schenkt dem Menschen die Entscheidungs- und Handlungsfreiheit. Damit wird doch sichergestellt, daß die Werke des Menschen zum Wirkungsbereich der göttlichen Vorsehung gehören. Denn wenn der Mensch wirklich nicht frei wäre, wäre er auch der Verantwortung für seine Taten ledig und wären auch die sittlichen Gebote Gottes sinnlos, und man könnte nicht von der Gerechtigkeit Gottes bei der Vergeltung der menschlichen Handlungen sprechen.

Im 10. Jahrhundert suchte die orthodoxe Schule der Ash'ariten eine Lehre zu formulieren, die zugleich die absolute Allmacht und die alleinige Kausalität Gottes auf der einen und die Verantwortung des Menschen auf der anderen Seite berücksichtigt. Die Ash'ariten unterscheiden zwischen dem Zustandekommen der Tat und der moralischen Verantwortung für die Tat. Das Zustandekommen der Tat im Menschen ist in jeder Phase das Werk Gottes, aber der Mensch eignet sich die Tat an und übernimmt damit für sie die moralische Verantwortung. Jede menschliche Tat ist also von Gott von Ewigkeit her gewollt, wird aber in der Zeit im Menschen hervorgebracht. Durch seine Zustimmung zur jeweiligen Tat macht der Mensch sie zur eigenen Tat, er trägt für sie die Verantwortung, und sie wird ihm angerechnet. Diese Lehre hat viele Einwände hervorgerufen, z. B.: Durch welche Kraft schafft es der Mensch, sich die in ihm von Gott hervorgebrachte Tat anzueignen? Ist diese Kraft Werk Gottes, dann ist der Mensch eigentlich doch nicht frei, die Verantwortung für die Tat zu übernehmen. Ist diese Kraft dem Menschen eigen, dann gibt es also doch einen Bereich, der sich der allumfassenden Allmacht Gottes entzieht.

Das menschliche Vorstellungsvermögen und die menschliche Sprache scheinen nicht dazu geeignet zu sein, über den Bereich des göttlichen Wirkens und seine Beziehungen zum menschlichen Handeln adäquate Lösungen zu finden und sie auch adäquat zu formulieren. Die islamische Theologie heute betont die Willensfreiheit und daher die moralische Verantwortung des Menschen, und sie bejaht zugleich die allumfassende Vorherbestimmung durch Gott, ohne näher zu bestimmen, wie diese beiden Aussagen zu vereinbaren sind.

Die gängige Theologie des Islams heute hält also an der menschlichen Freiheit und zugleich an der göttlichen Vorherbestimmung fest. Der Volksglaube aber betont in seinen Aussagen und im feststellbaren Verhalten der muslimischen Massen so sehr die Vorherbestimmung, daß viele allzu leicht versucht werden, hier von Fatalismus zu reden. Der islamische Glaube, auch der Volksglaube, ist nicht fatalistisch, denn er glaubt nicht an ein blindes, unerbittliches Schicksal. Das Leben des Menschen wird von einem lebendigen Gott gelenkt, dessen Entscheidungen zwar souverän und nicht hinterfragbar sind, der aber auch der weise und barmherzige Herr der Menschen ist. Was als Fatalismus erscheinen mag, ist für den gläubigen Muslim eher eine religiöse Haltung, die ihm erleichtert, sich in schweren Situationen und dort, wo er an die Grenzen seiner menschlichen Möglichkeiten stößt, in den Willen Gottes zu ergeben. Es wird also nicht alles Gott überlassen, weil ja der Mensch nichts für sein eigenes Los tun kann, sondern es wird dort, wo der Mensch ohnmächtig ist, alles aus der Hand Gottes angenommen, manchmal mit Resignation, oft aber auch mit Gottvertrauen und Gelassenheit.

2. Gott und das Leiden

Es gibt verschiedene Arten von Leiden, die jeweils verschiedene Ursachen haben und durch entsprechende Mittel überwunden werden können.

2.1 Ursprung und Ursachen des Leidens

Der Teufel

Es gibt Leiden, die als Folge des Bösen in der Welt gelten. Das Böse rührt unter anderem von der Wirkung des Teufels und seinen hartnäckigen Nachstellungen her. Der Koran bezeichnet deswegen den Teufel als Feind der Menschen und der Gläubigen (35,6; 20,117; 2,168). Satan habe sich zuerst gegen die von Gott verkündete Erschaffung des Menschen ausgesprochen (vgl. 2,30) und danach sich auch geweigert, dem göttlichen Befehl zu entsprechen und vor Adam niederzufallen (20,116; 15,31–32; 38,74–75). Daraufhin habe Gott die Dämonen aus dem Paradies vertrieben und verflucht (15,34–35). Da habe der Satan vor Gott beteuert, er werde die Menschen abirren lassen (15,39; 38,82).

Die Art und Weise, wie Satan die Menschen verführt, wird im Koran in plastischen Bildern beschrieben: „Ich werde, ich schwöre es, ihnen auf deinem geraden Weg auflauern. Dann werde ich zu ihnen treten von vorn und von hinten, von ihrer rechten und von ihrer linken Seite ..." (7,16–17). Er bietet gegen sie seine Truppen auf, prüft sie an ihren Vermögen und an ihren Kindern und macht ihnen sogar Versprechungen (vgl. 17,63–64).

Der Mensch

Neben dem Teufel ist der Mensch selbst Ursprung und Ursache vieler böser Taten und bringt über sich selbst und über seine Mitmenschen mannigfaltiges Unheil. Hier wirken sich seine schlechten Eigenschaften aus: seine Unbeständigkeit (vgl. 30,36; 41,49), seine Unzuverlässigkeit (vgl. 16,53–54; 29,65), seine Torheit und Neigung, Unrecht zu tun (33,72), seine Streitsucht (16,4; 36,77) und die Verstrickung seiner Seele im Bösen (12,53).

Die Zahl ihrer Sünden zeigt auch überdeutlich, wie die Menschen sich selbst ins Verderben stürzen. Der Koran stellt fest: „Wie so manche Stadt, die Unrecht tat, haben Wir verderben lassen, so daß sie bis zu den Dächern verödet war ..." (22,45). Er mahnt die Menschen eindringlich und ruft sie zur Abkehr von ihrer Boshaftigkeit: „Unheil ist auf dem Festland und auf dem Meer erschienen aufgrund dessen, was die Hände der Menschen erworben haben. Er will sie damit einiges kosten lassen von dem, was sie getan haben, auf daß sie (dann) umkehren" (30,41).

Gott

Über dem Teufel, der nur mit der Erlaubnis Gottes den Menschen nachstellen darf (vgl. 34,21: „Und er hatte keine Macht über sie"), und über dem Menschen, der im Endeffekt nur die Schöpfung Gottes ist (vgl. 50,16: „Wir haben doch den Menschen erschaffen und wissen, was ihm seine Seele einflüstert"), steht Gott, der Schöpfer des Alls, dem allein jede Ursächlichkeit in der Welt zusteht. Gott bestimmt im Leben des Menschen nicht nur das Gute und das Glück, sondern auch das Leiden, das Unglück, die Katastrophen und all das, was man allgemein Schicksalsschläge nennt: „Sprich: Uns wird nur das treffen, was Gott uns bestimmt hat" (9,51; vgl. 57,22). Leiden und Krankheit werden von Gott den Menschen bestimmt. Auch der Tod, dieses unentrinnbare Los eines jeden Menschen, ist eine Bestimmung des souveränen Willens Gottes: „Und Wir haben für keinen Menschen vor dir bestimmt, ewig zu leben ... Jeder wird den Tod erleiden" (21,34–35; vgl. 3,185).

2.2 Überwindung des Leidens

Um das Leiden annehmen zu können, muß ihm der Mensch einen Sinn abgewinnen. Für den gläubigen Muslim hat das Leiden einen doppelten Sinn: Es ist eine verdiente Strafe für den menschlichen Frevel, und es ist eine Prüfung von seiten Gottes.

Wenn das Leiden als eine Strafe der Sünde verstanden wird, dann muß sich der Mensch zu Gott bekehren und von seinen verkehrten Wegen abwenden und ein tugendhaftes Leben führen.

Wo das Leiden aber als Prüfung angesehen wird, da hilft die Geduld, diese zentrale Tugend im Islam, die im Koran in vielen Versen empfohlen wird: „O ihr, die ihr glaubt, seid geduldig und miteinander standhaft und einsatzbereit. Und fürchtet Gott, auf daß es euch wohl ergehe" (3,200). – „O ihr, die ihr glaubt, sucht Hilfe in der Geduld und im Gebet. Gott ist mit den Geduldigen" (2,153; vgl. 2,45). Gott wird die Geduld der Gläubigen belohnen: „Und verkünde frohe Botschaft denen, ... die das, was sie trifft, geduldig ertragen" (22,34–35; vgl. 28,54.80; 29,58–59).

Prüfung und Belohnung Gottes werden oft im Koran angesprochen. Eine besonders eindrucksvolle Stelle ist folgende: „Und Wir werden euch sicher Prüfungen aussetzen mit ein wenig Furcht und Hunger und mit Verlust an Vermögen, Seelen und Früchten. Und verkünde den Geduldigen frohe Botschaft, die, wenn ein Unglück sie trifft, sagen: ‚Wir gehören Gott, und wir kehren zu Ihm zurück.' Auf sie kommen Segnungen und Barmherzigkeit von ihrem Herrn herab. Das sind die, die der Rechtleitung folgen" (2,155–157)[15].

3. Gott stellt die Menschen auf die Probe

Gott hat also den Menschen erschaffen und mit guten Eigenschaften ausgestattet. Er lenkt sein Geschick und begleitet sein Leben mit seiner Allmacht. Er hat ihn zum Nachfolger auf Erden eingesetzt (2,30), Generation nach Generation (27,62; 10,14.73; 35,39; 6,165). So hat der Mensch inmitten

---

[15] Im Shīʿismus kann das Leiden einen besonders heilsamen Charakter haben, wenn es in Verbindung mit dem Martyrium des Imāms Ḥusayn gebracht wird. Zum erlösenden Leiden siehe Mahmoud Ayoub, Redemptive Suffering in Islam, Den Haag 1978.

seiner eigenen Leidenschaften und Schwächen („Die Seele gebietet ja mit Nachdruck das Böse": 12,53) und der Anfeindungen von seiten des Teufels das ihm anvertraute Gut (33,72) zu bewahren und sich in seinem Leben und in seinem Umgang mit der Schöpfung Gottes zu bewähren.

Der Koran betont, daß Gott die Menschen nicht „zum sinnlosen Spiel erschaffen hat" (23,115). Im Gegenteil, er handelt nach folgendem Grundsatz: „Meinen die Menschen, daß sie in Ruhe gelassen werden, nur weil sie sagen: ‚Wir glauben', ohne daß sie der Versuchung ausgesetzt werden? Wir haben schon diejenigen, die vor ihnen lebten, der Versuchung ausgesetzt. Gott wird gewiß in Erfahrung bringen, wer die Wahrheit sagt, und Er wird gewiß in Erfahrung bringen, wer die Lügner sind" (29,2–3).

Beispiele der Prüfungen und der Bewährungsproben gibt der Koran selbst. Die Schöpfung ist eine erste Gelegenheit, die Menschen auf die Probe zu stellen (11,7; 18,7). Das Gute und das Schlechte, das ihnen widerfährt, dient als Prüfung (21,35; vgl. 7,168). Auch die vielen Situationen des Lebens machen es möglich, sich in Bedrängnis und Leid zu bewähren. So hatte Abraham dem Befehl Gottes zu folgen und seinen Sohn zu opfern (37,105–106); die Kinder Israels wurden mannigfaltigen Prüfungen ausgesetzt (44,33; 14,6; 2,49), desgleichen die Muslime (2,155; 3,186); Gott prüft die einen durch die anderen (47,4); der Schmuck und die Güter der Erde stellen eine Prüfung dar, die zeigen soll, wer von den Menschen am besten handelt (18,7; 6,165); Bewährungsprobe ist die Erfüllung der moralischen Pflichten (16,92) und auch die Aufteilung der Menschen in verschiedene Gemeinschaften (5,48; vgl. 7,168). In jeder Situation soll der Mensch dies bedenken und sagen: „Dies ist von der Huld meines Herrn, damit Er mich prüft, ob ich dankbar oder undankbar bin" (27,40).

Wer die Bewährungsprobe nicht besteht, zum Glauben nicht findet und das Gute nicht tut, „verliert das Diesseits und das Jenseits" (22,11). „Denjenigen, die glauben und die guten Werke tun, wird der Erbarmer Liebe bereiten" (19,96). Ihnen wird die jenseitige Belohnung und die diesseitige Huld Gottes verheißen (vgl. 16,30). Der Koran bestätigt es: „Wer Gutes tut, ob Mann oder Weib, und dabei gläubig ist, den werden Wir bestimmt ein angenehmes Leben leben lassen.

Und Wir werden ihnen mit ihrem Lohn vergelten für das Beste von dem, was sie taten" (16,97; vgl. 16,41; 30,44–45; 10,64; 8,2–4; 3,148).

4. Gott und seine Rechtleitung
Um die Probe zu bestehen und Gott zu gefallen, muß der Mensch die Wahrheit finden und den Glauben annehmen. Er muß auch den rechten Weg gehen und den göttlichen Willen befolgen, wie er ihn in der Offenbarung Gottes kundgetan und in seinem Gesetz festgelegt findet. Wer auf diese Weise von Gott rechtgeleitet wird, ist ein echter Muslim. Er darf auf die Belohnung im Paradies hoffen. Er wird am Jüngsten Tag in Gott einen milden Richter finden.

Gott ist der Richter

Gott steht nicht nur am Anfang der Schöpfung, er begleitet nicht nur den Menschen in seinem Leben. Er ist auch der Richter, der am Ende der Zeit die Menschen zur Rechenschaft über ihren Glauben und ihre Taten zieht.

Die erste Predigt Muḥammads zeigt seine Erschütterung vor dem nahen Gericht Gottes. Er beschwört seine Landsleute, von ihrem frevelhaften Wandel abzulassen und warnt sie mit Leidenschaft vor den Schrecken des göttlichen Gerichts. „Nahegerückt ist die Stunde" (54,1). „Die nahe Stunde steht bevor. Niemand außer Gott kann sie beheben" (53,57–58). Mit der Zeit schwächte sich zwar die Naherwartung des Endgerichts ab, es blieb jedoch die Gewißheit, daß Gott, „der Herr des Ostens und des Westens" (73,9), von den Menschen Rechenschaft fordern wird. Das Gericht wird kommen, es ist unentrinnbar. Und gerade diese Gewißheit ist eine ständige Drohung, die die Widerspenstigen auf den richtigen Weg zurückbringen soll. Schon auf Erden scheidet Gott die Ungläubigen, die dem Fluch ausgeliefert sind und dereinst zur ewigen Pein verurteilt werden (33,64–65), und die Gläubigen, die sein Wohlwollen und seine Gunst erfahren werden: „Gott ist der Freund der Gläubigen" (3,68); er allein hat eine rettende „Freundschaft zu gewähren" (18,44), wenn die Schrecken des Todes und des Gerichts auf die Menschen als einzelne und in ihrer Gesamtheit hereinbrechen.

Gott ist der Einzige

Der Monotheismus ist die Grundfeste des islamischen Glaubens. Das islamische Glaubensbekenntnis lautet: „Ich bezeuge: Es gibt keinen Gott außer Gott, und Muḥammad ist der Gesandte Gottes." In unzähligen Versen wiederholt der Koran: Gott ist einer allein (37,4; vgl. 52,43; 73,9; 20,14; 23,91 ...). Eine viel zitierte Sure unterstreicht es in kurzen Sätzen: „Sprich: Er ist Gott, ein Einziger, Gott, der Undurchdringliche. Er hat nicht gezeugt, und Er ist nicht gezeugt worden, und niemand ist Ihm ebenbürtig" (112,1–4).

Der Koran wendet sich gegen die Polytheisten, die dem einzigen Gott andere Gottheiten beigesellen. Er reagiert aber auch gegen einige Lehren des christlichen Glaubens.

Den Polytheisten hält der Koran vor, daß ihre vermeintlichen Götter doch nichts von dem vollbringen können, was Gott tut: erschaffen, die Schöpfung erneuern, den Lebensunterhalt bescheren, den Menschen helfen, überhaupt irgend etwas ausrichten (vgl. 27,59–64). Gott ist auf keinen angewiesen, er braucht sich nicht ein Kind zuzulegen, er besitzt sonst die gesamte Schöpfung (10,68). Er hat keine Gefährtin gehabt (72,3; 6,101), und es besteht keine Verwandtschaft zwischen ihm und den Engeln. Wenn er etwas erschafft, so tut er es nicht durch Zeugung, sondern durch sein schöpferisches Wort (19,35; 2,117). Die Vorstellung, daß neben Gott andere Götter existieren, ist endlich auch deswegen unhaltbar, weil sie zu Widersprüchen führt. Die Nebengötter würden nach der Macht und der Herrschaft Gottes trachten (17,42). Diese Konkurrenz (23,91) bringt nur Verderben über die Schöpfung (21,22). So ist Gott der einzige, und die schwerste Sünde, die Gott den Menschen nicht vergibt, ist der Polytheismus, die Beigesellung (shirk), wie sich der Koran ausdrückt (4,48.116).

Der strenge Monotheismus des Islams wendet sich nicht nur gegen die Polytheisten. Er wirft auch den Christen Übertreibung in ihrer Verehrung Jesu Christi, des Sohnes Marias, vor. Der Koran erkennt Jesus als einen Propheten und großen Gesandten Gottes an (19,30; 3,48–49; 4,171; 33,7; 5,110–111 ...). Er nennt ihn Messias bzw. Christus (3,45).

Jesus ist nach dem Koran „ein Geist von Gott" (4,171), weil er, so die muslimischen Kommentatoren, durch das Einhauchen des Geistes Gottes in Maria empfangen wurde (vgl. 21,91; 66,12), sowie Adam durch den Hauch des göttlichen Geistes erschaffen wurde (vgl. 15,29; 32,9; 38,72).

Jesus Christus wird auch „Wort Gottes“ (4,171), ein Wort von Gott (3,45) genannt. Dieser Titel bedeutet nicht, wie christliche Apologeten immer wieder zu unterstreichen suchten, daß der Koran die Gottheit Jesu Christi anerkennt und daß er ihn als den ewigen Logos bezeichnet. Für die Muslime ist Jesus Gottes Wort in dem Sinne, daß er durch das schöpferische Wort Gottes erschaffen wurde (vgl. 3,47.59; 19,35) oder daß er vom Wort Gottes durch den Mund der Propheten vorausverkündigt wurde oder daß er das Wort Gottes prophetisch verkündet, oder endlich daß er selbst das Wort Gottes, die frohe Botschaft Gottes, an die Menschen ist.

So ist Jesus Christus, der Sohn Marias, ein begnadeter Mensch (43,59; 4,171–172), er kann aber nicht als Gottes Sohn bezeichnet werden. Dieselben Argumente, die gegen die Polytheisten vorgebracht werden, behalten auch hier ihre Gültigkeit. Jesus trat auf wie ein gewöhnlicher Mensch: Er und seine Mutter pflegten Speise zu essen (5,75). Gleich allen anderen Geschöpfen steht auch ihm nicht zu, eine andere Haltung einzunehmen als die eines Sklaven und eines Dieners (19,93). Wenn also die Christen Christus als Sohn Gottes verehren, so ist eine solche Verehrung weniger ein Ehrerweis als eine Aussage, die an polytheistische Äußerungen erinnert: „Die Christen sagen: ‚Christus ist Gottes Sohn.‘ Das ist ihre Rede aus ihrem Munde. Damit reden sie wie die, die vorher ungläubig waren ...“ (9,30). Wiederholt bezeichnet der Koran diejenigen, die eine solche Lehre verkünden, als ungläubig (5,17.72). Denn die Christen haben diese Lehre gewiß nicht von Jesus erhalten: Christus habe doch verkündet: „O ihr Kinder Israels, dienet Gott, meinem Herrn und eurem Herrn“ (5,72; vgl. 5,116–117). Es widerspreche seiner prophetischen Sendung, falsche Aussagen über sich und über seine Beziehung zu Gott zu machen, wie es die Christen in ihrer polytheismus-verdächtigen Lehre wagen: „Es steht keinem Menschen zu, daß Gott ihm das Buch, die Urteilskraft und die Prophetie zukommen läßt und daß er dann zu den Menschen sagt: ‚Seid meine Diener anstelle Gottes‘“ (3,79). Nein, die christliche Lehre von der Gottheit Jesu Christi sei eine Verfälschung der Botschaft Christi, sie gehe auf das Konto der Christen und ihrer Theologen. Der Koran wundert sich: „Wie leicht lassen sie sich doch abwenden! Sie nehmen sich ... ihre Mönche zu Herren neben Gott, sowie auch Christus, den Sohn Marias. Dabei wurde ihnen doch nur befohlen, einem einzigen Gott zu dienen. Es gibt keinen Gott außer Ihm. Preis sei Ihm! Erhaben ist Er über das, was sie (Ihm) beigesellen" (9,30–31).

Der Koran weist auch den christlichen Glauben an die Trinität zurück und versteht ihn als Glauben an drei Götter. In zwei Versen nimmt er dazu ausdrücklich Stellung: „O ihr Leute des Buches, übertreibt nicht in eurer Religion und sagt über Gott nur die Wahrheit. Christus Jesus, der Sohn Marias, ist doch nur der Gesandte Gottes und sein Wort, das Er zu Maria hinüberbrachte, und ein Geist von Ihm. So glaubt an Gott und seine Gesandten. Und sagt nicht: Drei. Hört auf, das ist besser für euch. Gott ist doch ein einziger Gott ..." (4,171). – „Ungläubig sind diejenigen, die sagen: ‚Gott ist der Dritte von dreien', wo es doch keinen Gott gibt außer einem einzigen Gott. Wenn sie mit dem, was sie sagen, nicht aufhören, so wird diejenigen von ihnen, die ungläubig sind, eine schmerzhafte Pein treffen" (5,73).

Aber wie stellt sich der Koran näherhin die christliche Trinität vor? Zwei Stellen könnten hierüber Auskunft geben. Der Koran betont einmal, daß Maria eine Heilige ist, aber sie und ihr Sohn Jesus sind nur Menschen und keine Götter (5,75). Deutlicher spricht es der Koran in der zweiten Stelle aus. Gott fragt Jesus: „O Jesus, Sohn Marias, warst du es, der zu den Menschen sagte: ‚Nehmt euch neben Gott mich und meine Mutter zu Göttern'?" (5,116). Wenn man außerdem die Stellen berücksichtigt, die betonen, daß Gott keine Gefährtin (72,3; 6,101) und auch kein Kind hat (vgl. 10,68), dann könnte der Eindruck entstehen, daß für den Koran die christliche Trinität aus Gott (Vater), Maria (Mutter) und Jesus (Sohn) besteht. Die wissenschaftliche Forschung hat noch nicht abschließend ausgemacht, welche Formen christlicher Frömmigkeit bzw. welche Lehrmeinungen christlicher Sekten den Koran zu einem solchen Verständnis geführt und zu einer solchen Stellungnahme veranlaßt haben könnten.

Gott ist der Eine

Der islamische Monotheismus stellt sich nicht nur gegen die Vervielfältigung der Gottheit, er leugnet auch jede Spaltung im inneren Wesen Gottes selbst. Gott ist nicht nur sozusagen nach außen hin der Einzige, er ist auch im Inneren der Eine, dessen Wesen sich nicht in mehrere Eigenschaften aufspaltet. Denn die innere Vervielfältigung des Wesens Gottes würde unweigerlich zur äußeren Vervielfältigung der Gottheit selbst, d.h. zum Polytheismus führen.

Diese Position der islamischen Theologie führte zu Streitigkeiten in bezug auf das Verständnis der Sprache der koranischen Offenbarung. Die muslimischen Theologen sind sich darüber einig, daß man ohne Bedenken alle diejenigen Eigenschaften bejahen kann, die von Gott sagen, was er nicht ist: Das sind die sogenannten negativen Prädikate. So kann man ruhig von Gott sagen, er sei zeitlos, anfangslos und unendlich (ewig), er sei anders als die Geschöpfe usw. Der Koran schreibt aber Gott positive Eigenschaften zu: Gott weiß alles, er sieht alles, er hört alles, er tut, was er will, er spricht zu den Propheten. Die Tradition kennt 99 Eigenschaften Gottes, die der Koran als „die schönsten Namen" bezeichnet (59,24; 7,180) und die außer seiner Einheit und Transzendenz auch sein Wirken, seine Barmherzigkeit, seine Macht, seine Richtergewalt beschreiben. Über das richtige Verhältnis und den rechten Gebrauch dieser positiven Prädikate gingen die Meinungen der theologischen Schulen auseinander. Um die Einheit des Wesens Gottes vor jeder Aufspaltung zu bewahren, mochten die Muʿtaziliten diese Prädikate nur mit ausdrücklicher Erwähnung des Wesens Gottes gebrauchen. Am liebsten hätten sie auf sie verzichtet; ihnen reicht es, wenn man von Gott sagt: Er ist. Die Orthodoxie spricht sich mit den Ashʿariten für die Treue zur Sprache der Offenbarung aus und versteht die positiven Prädikate als eine nähere Qualifikation, die zum Wesen Gottes hinzukommt: sie sind zwar nicht dasselbe wie das Wesen Gottes, aber auch nicht etwas wesentlich anderes als dieses selbe Wesen Gottes.

So pflegen fromme Muslime die Eigenschaften Gottes, seine „schönsten Namen" mit Hilfe eines Rosenkranzes von 33 Perlen und einer großen Perle zu rezitieren. Beim Berühren der großen Perle wird Gott einfach, ohne Zusatz, angerufen. Dann folgen die 99 Namen Gottes.

Zur Analyse dieser Namen Gottes kann man sich an folgender unvollständiger Gruppierung orientieren:

7 bezeichnen die Einheit und Absolutheit Gottes.
5 beziehen sich auf seine Schöpfertätigkeit.
36 bezeichnen seine Macht und Souveränität.
4 bezeichnen seine Rolle als sittliche Norm und als Richter.
5 beziehen sich auf seine Strenge und Strafe.
24 beziehen sich auf seine Barmherzigkeit und Gnade.

Hier nun die Liste der schönsten Namen Gottes:

GOTT
Der Erbarmer, der Barmherzige.
Der König, der Heilige, der Inbegriff des Friedens.
Der Stifter der Sicherheit, der alles fest in der Hand hat.
Der Gewaltige, der Stolze.
Der Schöpfer, der Erschaffer, der Bildner (*Koran* 59,22–24).
Der voller Vergebung ist (38,66; 39,5; 40,42 ...).
Der bezwingende Macht besitzt (12,39; 13,16; 14,48 ...).
Der Freigebige (3,8; 38,9.35), der Unterhalt beschert (51,58).
Der wahrhaft richtet, der Bescheid weiß (34,26).
Der bemessen zuteilt, der großzügig zuteilt (2,245).
Der niedrig macht, der erhöht (56,3).
Der Macht verleiht, der erniedrigt (3,26).
Der alles hört, der alles sieht (17,1; 40,20.56 ...).
Der Richter, der Gerechte.
Der Feinfühlige, der Kenntnis von allem hat (6,103; 21,63 ...).
Der Langmütige (3,105 ...), der Majestätische (2,255).
Der voller Vergebung ist, der sich erkenntlich zeigt (35,30.34; 42,11 ...).
Der Hocherhabene, der Große.
Der Hüter (11,57; 34,21), der alle Dinge umsorgt und überwacht (4,85), der abrechnet (4,6.68; 33,39).
Der Erhabene, der Ehrwürdige (55,27.78).
Der Wächter, der bereit ist zu erhören (11,61).
Der alles umfaßt, der Weise (4,130).
Der Liebevolle (11,90; 85,14), der der Ehre würdig ist (11,73).

Der wiedererweckt.
Der Zeuge, der Wahrhaftige, der Sachwalter.
Der Starke, der Feste.
Der Freund, der des Lobes würdig ist, der (alles) erfaßt.
Der (die Schöpfung) am Anfang macht, der (sie) wiederholt (85,13; 10,4.34 ...).
Der lebendig macht, der sterben läßt (3,156; 15,23 ...).
Der Lebendige, der Beständige (3,2).
Der ins Dasein ruft, der Hochgelobte.
Der Eine, der Undurchdringliche (112,2).
Der Mächtige, der Allmächtige.
Der (die Dinge) vorausschickt, der (sie) zurückstellt.
Der Erste, der Letzte, der Sichtbare, der Verborgene (57,3).
Der Schutzherr (13,11).
Der Transzendente (13,9).
Der Gütige.
Der sich gnädig zuwendet (2,37.54.128 ...).
Der sich rächt (32,22; 43,41 ...).
Der voller Verzeihung ist (4,43.99.149 ...), der Mitleid hat (2,143; 24,20 ...).
Der über die Königsherrschaft verfügt (3,26).
Der Erhabenheit und Ehrwürdigkeit besitzt (55,27.78).
Der gerecht handelt, der versammelt.
Der auf niemanden angewiesen ist (2,263; 10,68 ...), der reich macht.
Der (die Dinge) abwehrt (oder: Der Schutz gewährt).
Der Schaden bringt, der Nutzen bringt.
Das Licht, der rechtleitet.
Der Schöpfer ohnegleichen (2,117; 6,101).
Der Bestand hat, der alles erbt (15,23).
Der den rechten Weg weist (oder: Der zum rechten Wandel führt).
Der voller Geduld ist.

Gott ist der Transzendente

Die soeben abgeschlossenen Ausführungen zeigen, wie schwer es die Theologen haben, von Gott richtig zu reden und die gemachten Aussagen spekulativ auch richtig zu verantworten. Diese Bemerkung gilt nicht nur für die muslimischen Theologen, sie gilt aber für sie in besonderem Maße. Denn der Islam bekennt sich mit eifersüchtiger Entschiedenheit zur Transzendenz Gottes. Die Tradition läßt den Propheten Muḥammad sagen: „Wie das Auge, das in die Sonne schaut, durch Finsternis an der Beobachtung gehindert wird, so der Verstand beim Versuch, in die Natur Gottes einzudringen." Er habe auch den Muslimen empfohlen: „Denkt an Gottes Gaben, nicht an seine Natur, denn dazu habt ihr die Fähigkeit nicht." Auch der Koran betont die Transzendenz Gottes: „Gott ist der Erhabene" (2,255; vgl. 20,114; 23,116). „Die Blicke erreichen Ihn nicht" (6,103). „Nichts ist Ihm gleich" (42,11). Auch wenn er sich erkennen läßt, bleibt er verborgen (vgl. 57,3).

Diese letzte Aussage wie die ganze Auffassung der Transzendenz Gottes zieht weitreichende Konsequenzen nach sich. Zunächst einmal sei auf das strenge Bilderverbot im Islam hingewiesen. Gott kann und darf nicht in Bildern festgehalten werden, denn nichts in dieser Welt ist ihm gleich und keine konkrete Darstellung Gottes kann eine irgendwie geartete Ähnlichkeit mit ihm aufweisen. Dann stellt sich die Frage, wie überhaupt ein Zugang zu Gott möglich ist. Der Koran spricht in diesem Zusammenhang von zwei Wegen: die Offenbarung Gottes und seine Zeichen in der Natur eröffnen beide den Zugang zu Gott, und dennoch bleibt Gott in seinem eigentlichen Sein verborgen.

Die Offenbarung, sein Wort, sein ewiges Wort, nimmt an seiner Transzendenz teil. Einige Theologen betonen sogar, daß der Koran selbst ewig ist. Er ist folglich für den Menschen grundsätzlich unerreichbar, sein Wortlaut kann immer wieder rezitiert werden, sein eigentlicher Inhalt bleibt jedoch verborgen.

Wer sich jedoch um diesen Inhalt bemühen will, der solle sich an Muḥammad, den Verkünder der Offenbarung und ihren besten Interpreten, wenden. Der Gläubige erhält durch die Sprache des Propheten den Zugang zum Inhalt der transzendent bleibenden Offenbarung. Das ist die Lehre der streng traditionsgebundenen Ḥanbaliten. Für die Muʿtaziliten bildet die Sprache der Offenbarung zwar logisch zusammenhängende Sätze, sie vermag jedoch die Wirklichkeit Gottes nicht auszudrücken. Für den Menschen ist dies eine reine Sprache ohne einen adäquaten Realitätsbezug (Tendenz zum Nominalismus). Die theologisch verantwortbare Sprache wäre eigentlich nur die negative Rede von Gott. Die Ashʿariten und mit ihnen die Orthodoxie des Islams bekennen sich zur Transzendenz Gottes, aber auch zur Fähigkeit des Menschen, die Sprache der Offenbarung zu verstehen. Denn wenn Gott zu den Menschen spricht, so will er, daß sie den Inhalt seiner Offenbarung verstehen. Um dieses Verständnis zu ermöglichen und zu erleichtern, bezieht sich die Sprache der Offenbarung auf die Wirklichkeit der Welt und des Lebens, daher kann man von einer gewissen Analogie zwischen der göttlichen Wirklichkeit und der menschlichen Realität ausgehen. Diese Analogie enthüllt nicht das Wesen Gottes (keine ontologische Analogie), sie ist lediglich eine Hilfestellung, sozusagen eine Quasi-Analogie, die dem Menschen einen Hinweis und eine Andeutung auf die immer anders geartete Wirklichkeit Gottes gibt.

Auswirkungen des Monotheismus auf den Muslim

Der Monotheismus, so lehrt der islamische Glaube, bindet den Menschen an Gott allein. Er läßt ihn nur die Herrschaft Gottes anerkennen. Die Menschen, auch die sogenannten Herrscher, stehen allesamt unter der Macht Gottes; sie besitzen nur insofern Macht über ihre Mitmenschen, als Gott sie ihnen delegiert hat, um die Bürger des Landes nach den Normen und Satzungen des göttlichen Gesetzes zu regieren. Daher braucht der Muslim keine Angst vor ihnen zu haben. Er braucht sich vor keiner irdischen Herrschaft in seinem Leben absolut abhängig zu fühlen.

Muslimische Autoren fassen die Lehre und die praktischen Auswirkungen des Monotheismus in folgenden drei Sätzen zusammen: Der Monotheismus betont die Einzigkeit des Schöpfers, die Einzigkeit seines erhabenen Wesens und die Einzigkeit der Anbetung und der Herrschaft.

Der Glaube an die Einzigkeit und an die Souveränität Gottes verleiht dem Muslim die innere Freiheit und auch den Mut, nach außen hin freimütig und zuversichtlich aufzutreten, sein Recht zu fordern und die Rechte Gottes in Familie, Gesellschaft und Staat zur Geltung zu bringen.

Damit erfüllt der Muslim die Bedingungen, die der Koran stellt (glauben und das Gute tun: vgl. 20,75–76; 2,25.82; 4,173 ...), damit die Menschen ihren Lohn von Gott erhalten und im Paradies in seinem Frieden ewig leben.

8. Kapitel

Die letzten Dinge

Tod und Zwischengericht

Der Tod ist das unentrinnbare Los eines jeden Menschen, ohne Ausnahme: „Und Wir haben für keinen Menschen vor dir bestimmt, ewig zu leben ... Jeder wird den Tod erleiden" (21,34–35; vgl. 3,185). Es gibt für die Menschen keine sichere Zuflucht vor dem Tod; auch hinter ihren hochgebauten Burgen, auch in ihren sichersten Verstecken erreicht sie der Tod (4,78; 62,8). So hat es Gott bestimmt (56,60). Er will damit die Menschen zur Besinnung bringen, sie prüfen, wie sich der Koran ausdrückt, und feststellen, wer von ihnen am besten handelt (67,2).

Bei der Scheidung der Seele vom Leib nehmen die Todesengel die Seele in Empfang (vgl. 32,11; 16,28.32–33; 4,97), sie bringen sie in den Himmel vor Gott. Dort erfolgt eine Art Zwischengericht. Das bestätigt vielleicht folgende Koranstelle: „Sprich: Der Tod, vor dem ihr flieht, wird euch erreichen. Dann werdet ihr zu dem, der das Unsichtbare und das Offenbare kennt, zurückgebracht, und Er wird euch kundtun, was ihr zu tun pflegtet" (62,8).

Diejenigen, die in ihrem Erdenleben gläubig und gerecht waren, erfahren, daß sie Gegenstand der Gnade Gottes sind, daß ihnen ihre Sünden vergeben worden sind und daß sie dereinst ins Paradies Einlaß finden werden. Die Ungläubigen und Ungerechten werden am Tor des Himmels zurückgewiesen.

Alle Seelen kehren dann zu ihrem Leib zurück und erleben dort am Grab die Fortsetzung des Zwischengerichts. Die Tradition nennt zwei Engel, die für das Verhör der Verdammten, und zwei andere, die für die Gläubigen zuständig sind. Dem Toten werden Fragen vorgelegt, seine Antworten entsprechen seinem Leben und besiegeln zunächst einmal sein ewiges Los am Jüngsten Tag. Die Fragen lauten: Wer ist dein Gott – Wer ist dein Prophet? – Welches ist deine Religion? – Welches ist deine Gebetsrichtung? Die Geretteten wissen zu antworten, der Reihe nach: Gott, – Muḥammad, – der Islam, – Mekka. Sie erhalten daraufhin die Bestätigung der Verheißung des Paradieses (vgl. 41,30; 16,32). Die Verdammten wissen keine Antwort oder antworten falsch und erhalten Schläge „ins Gesicht und auf den Rücken" (47,27; 8,50) und die Zusicherung der ewigen Pein in der Hölle.

Dann folgt die lange Nacht, die Wartezeit bis zum Endgericht. Die Seelen führen ein Leben wie im trunkenen Schlaf. Wenn schließlich der Jüngste Tag anbricht, wird es ihnen erscheinen, „als hätten sie nur eine Stunde vom Tag verweilt" (10,45) oder „nur einen Abend und den Morgen darauf" (79,46) oder höchstens zehn Tage (20,103–104).

Endzeit und Auferstehung der Toten

Die Endzeit wird in vielen Versen des Korans erwähnt. Der Muslim ist derjenige, der an Gott und an den Jüngsten Tag glaubt (2,8.126.232; 3,114 ...).

Die Endzeit bricht über die Welt herein wie eine „große, alles überwältigende Katastrophe" (79,34). Der Koran malt die Vorgänge, die das Endgericht einleiten, und die kosmischen Erscheinungen, die es begleiten, in schaudervollen Ausdrücken aus (vgl. z.B. 82,1–5; 81,1–14; 69,13–51; 77,7–14; 75,1–13). Wenn in die Trompete geblasen wird (69,13; 20,102 ...), gerät die kosmische Ordnung ins Wanken: Die Bewohner der Himmel und der Erde erschrecken (27,87), der Himmel gerät in heftiges Schwanken (52,9) und spaltet sich (69,16 ...), die Sterne werden ausgewischt (77,8) und stürzen herab (81,2), die Sonne wird von einer Hülle umwunden (81,1), der Mond spaltet sich (54,1), verfinstert sich und wird mit der Sonne vereinigt (75,8–9). Der Himmel wird zusammengefaltet (21,104). Die Erde wird heftig geschüttelt (56,4 ...). Die Berge werden versetzt (81,3), sie werden völlig zertrümmert und werden zu verstreutem Staub (56,5–6; vgl. 69,14), wie Wolleflocken (70,9): „Mein Herr wird sie in den Wind streuen und sie als ebenen Grund zurücklassen" (20,105–106).

Die Menschen vergehen vor Angst: „Das Beben der Stunde ist eine gewaltige Sache. Am Tag, da ihr es seht, wird jede Stillende aus Entsetzen übersehen, was sie eben gestillt hat, und jede Schwangere wird mit dem niederkommen, was sie trägt. Und du siehst die Menschen trunken, obwohl sie nicht betrunken sind" (22,1–2).

Nach diesen kosmischen Erscheinungen der endzeitlichen Katastrophe erfolgt die allgemeine *Auferstehung der Toten*. Der Glaube an die Auferstehung der Menschen zum Gericht gehört zu den wichtigsten Inhalten des islamischen Glaubens. In einem der vielen Verse, die diesen Glauben ausdrükken, bestätigt der Koran: „Gott, es gibt keinen Gott außer Ihm. Er wird euch sicher zu dem Tag der Auferstehung versammeln, an dem kein Zweifel möglich ist. Und wer ist wahrhaftiger als Gott in seinen Aussagen?" (4,87; vgl. 23,15–16; 2,113; 3,9.25).

Der Koran verteidigt den Glauben an die allgemeine Auferstehung gegen die nachhaltigen Bedenken der Polytheisten, die an die Wiederbelebung der Toten nicht glauben mochten (vgl. u.a. 16,38; 64,7) und meinten: „Es gibt nur unser diesseitiges Leben: Wir sterben, und wir leben (hier), und wir werden nicht auferweckt" (23,37; vgl. 45,24). Der Koran erwidert, daß Gott seine Verheißung und seine Drohung erfüllen wird. Seine Allmacht, die die gesamte Welt ins Dasein gerufen hat, kann die Toten auferwecken (vgl. 17,98–99). „Und das ist für Ihn noch leichter" (30,27). Das kann man jedes Jahr an der Natur sehen, die durch die Kraft Gottes aus ihrem Wintertod zu neuem Leben wiedererweckt wird. „Der sie wieder belebt, wird die Toten wieder lebendig machen" (41,39). In eindrucksvoller Weise legt der Koran seine Argumentation in folgenden Versen dar:

36, 79.81–83

Sprich: Wieder lebendig macht sie der, der sie das erste Mal hat entstehen lassen. Und Er weiß über alle Geschöpfe Bescheid.

Hat nicht der, der die Himmel und die Erde erschaffen hat, auch Macht, ihresgleichen zu erschaffen? Ja doch. Und Er ist der, der alles erschafft und Bescheid weiß. Sein Befehl, wenn Er etwas will, ist, dazu nur zu sagen: Sei!, und es ist. Preis sei dem, in dessen Hand die Herrschaft über alle Dinge ist und zu dem ihr zurückgebracht werdet!

Die Ungläubigen begnügten sich nicht nur damit, die Auferstehung zu leugnen; sie bedrängten Muḥammad und fragten, wann denn die Stunde des Gerichts kommen und „wann diese Androhung eintreffen wird" (67,25; 10,48). Obwohl Muḥammad beteuert, daß Gott allein über die Stunde Bescheid weiß (67,26; 7,187), lebte er in der Erwartung des nahen Gerichts: „Die nahende Stunde steht bevor. Niemand außer Gott kann sie beheben" (53,57–58). Mit der Zeit schwächte sich diese Naherwartung des Endgerichts wohl ab. Auch wenn Gott die Menschen „für eine bestimmte Frist zurückstellt" (11,104), könne das Gericht überraschend hereinbrechen (7,187). Auf die Frage der Polytheisten: „Wann wird das sein?", antwortet der Koran: „Vielleicht wird es bald sein" (17,51; vgl. 33,63).

Die muslimischen Theologen stritten miteinander über die Frage, ob nur der durch den Tod von der Seele getrennte Leib auferweckt wird oder der gesamte Mensch, der nach Auffassung vieler Gelehrter aus einem Körper und einem anderen feineren materiellen Teil (= Seele) zusammengesetzt ist. In jedem Fall, so die gängige Meinung, werde die Auferstehung Körper und Seele umfassen, denn die Seele ist in ihrem Wirken auf den Leib angewiesen, und der Mensch ist erst vollständig, wenn sein Leib und seine Seele zusammengeführt werden.

Zur Frage, ob der auferstandene Körper der gleiche ist wie der irdische, merken einige an, daß der Koran von einem *ähnlichen* Körper spricht (36,81); außerdem sei das jenseitige Leben anderer Art als das irdische, daher bedürfe es einer anderen Leiblichkeit. Die Mehrheit vertritt aber die Meinung, daß es der *gleiche* Körper sein wird, denn, so die Aussage des Korans, Gott wird „diese Gebeine" wieder lebendig (36,78–79) machen, und beim Gericht werden gegen den Menschen seine eigenen Glieder zeugen (24,24; 41,20). Gegen den Einwand, wie der gleiche Körper erweckt werden soll, wenn Teile von ihm von einem anderen Menschen gegessen worden sind, führen sie aus, daß auferweckt wird, was wesentlicher Bestandteil des Körpers ist und daher nicht zwei Menschen zugleich gehören kann. Im übrigen sei dies für die Allmacht des Schöpfers ein leichtes.

Zur festgesetzten Zeit erscheint der Richter der Welt, sein Thron wird von acht Engeln getragen (69,17). Der Richter ist Gott. Er allein wird zu Gericht sitzen, um alle Menschen zur Rechenschaft zu ziehen und ihnen nach ihrem Leben zu vergelten: „Dann wird jeder Seele voll zurückerstattet, was sie erworben hat. Und ihnen wird nicht Unrecht getan" (2,281).

Die Propheten, die zu ihren Völkern im Laufe der Zeit gesandt worden, werden als Zeugen gegen ihre Landsleute auftreten (10,47). Auch Jesus wird sein Zeugnis über die Juden und die Christen ablegen (4,159). Nur mit der Erlaubnis Gottes dürfen die Propheten und auch die Engel Fürsprache für die Menschen einlegen (20,109; 21,28). Nach islamischer Tradition wird Muḥammad für die Muslime sprechen und sie damit in Scharen ins Paradies führen.

Gott fällt das Urteil über die Menschen unter Berücksichtigung ihres Glaubens und ihrer Werke. Zur Feststellung der Qualität der Menschen dienen die Bücher, in die ihre Taten von den Engeln eingetragen wurden (83,7–8; 45,28–29 ...). Die guten tragen das Register ihrer Taten in der rechten, die Bösen in der linken Hand (69,19.25), oder sie erhalten es von hinten her (84,10). Auch eine Himmelswaage ermöglicht einen gerechten Vergleich zwischen den guten und den bösen Werken (101,6–9). Endlich, so die Vorstellung der Tradition, gibt es eine wie ein Haar schmale Brücke über dem Höllenabgrund (vgl. 37,23), von der die Ungläubigen in die Hölle hinabstürzen, während die Gläubigen sie heil überqueren können.

Wenn Gott das Urteil gefällt hat, werden die Menschen hauptsächlich in eine Gruppe auf der rechten Seite (das sind die Geretteten: 56,8.27 ...; 74,39 usw.) und eine Gruppe auf der linken Seite (das sind die Verdammten: 56,41) geteilt.

Die Verdammten verweilen ewig in der *Hölle* (43,74–77; 11,106–107; 3,24 ...). Ihre Qual ist unerträglich, sie wird im Koran in sehr eindringlichen Worten beschrieben. In der Hölle herrscht kein Friede, die Verdammten streiten miteinander und beschimpfen sich gegenseitig (38,55–64). „Die Fesseln und die Ketten werden an ihrem Hals angebracht, und sie werden hineingezerrt ins heiße Wasser und dann ins

Feuer als Brennstoff geworfen" (40,71–72). Sie werden geschlagen und im Feuer brennen, aber sie können „weder sterben noch leben" (20,74), denn, so die drastische Ausmalung der Pein im Koran, „sooft ihre Häuter gar sind, tauschen Wir ihnen andere Häute (dagegen) ein, damit sie die Pein kosten. Gott ist mächtig und weise" (4,56).

Die Hölle wird von neunzehn Engeln überwacht (74,30–31), denen der Engel Mālik vorsteht. Mālik wird von den Verdammten gerufen: „O Mālik, dein Herr soll mit uns ein Ende machen. Er sagt: Ihr werdet (hier) bleiben" (43,77). Die Tradition weiß zu erzählen, daß die Verdammten auf Erlösung drängen; es wird ihnen nach tausend Jahren eine Antwort in Aussicht gestellt. Nach tausend Jahren antwortet Mālik: Niemals! Und die qualvolle Szene wiederholt sich endlos.

Die Höllenbewohner sind vor allem die Ungläubigen. Die Gläubigen, deren gute und böse Taten sich ausgleichen, werden für eine Zeitlang an einem neutralen Aufenthaltstort, *Bergkamm* (a'rāf) genannt (7,46–47), verweilen. Dann werden sie aufgrund ihres Glaubens ins Paradies eingelassen.

Die Gläubigen, die in ihrem Leben böse waren, werden zunächst einmal zur Hölle verdammt, aber nur für eine bestimmte Frist. Aufgrund ihres Glaubens und auf die Fürsprache des Propheten Muḥammad werden sie im Endeffekt doch ins Paradies geführt. So wird deutlich, daß für das Leben auf Erden und auch für das Jenseits der Glaube das Fundament und die Mitte des Islams ist.

Im *Paradies* genießen die Gläubigen und diejenigen, die ihnen dorthin nachgefolgt sind, die ewige Wonne (11,108). In Worten, die das irdische Glück widerspiegeln, beschreibt der Koran die unsagbaren Wonnen des Paradieses: wunderbarer Garten mit Flüssen von Wasser, Milch, Wein und Honig (14,23; 47,15), Überfluß an Früchten und leibliches Wohl (36,55–57 ...), Geschlechtsverkehr mit den Paradiesjungfrauen (Ḥūrī: 52,20; 56,22.35–37 usw.), Friede und Glück (15,45–50). Auch die gläubigen Frauen sind für das Paradies und seine Wonne bestimmt (36,56; 13,23 usw.). Nähere Einzelheiten über das Paradies finden sich im Koran 52,17–24; 56,10–40; 55,46–78; 76,5–22.

Die Bilder, die der Koran zur Beschreibung der paradiesischen Wonnen gebraucht, werden von den muslimischen

Theologen zwar im wörtlichen Sinne verstanden, aber die Autoren verweisen darauf, daß die Seligkeit im Paradies feiner ist als die irdischen Wonnen und daß sie in Wirklichkeit über dem Vorstellungsvermögen der Menschen steht. Damit ist gesagt, daß sie doch anders geartet ist als die irdischen Güter und Wonnen. Sie wird zwar mit den gleichen Namen bezeichnet, aber ihre Wirklichkeit weist keine Ähnlichkeit mit dem Diesseits auf. Ein Spruch Muḥammads in diesem Zusammenhang erinnert an das im 1. Korintherbrief 2,9 zitierte Wort: „Ich habe meinen gerechten Dienern das vorbereitet, was kein Auge gesehen und kein Ohr gehört hat und keinem Menschen in den Sinn gekommen ist."

Im Paradies werden die Gläubigen das Wohlgefallen Gottes erfahren (9,72), seinen Friedensgruß vernehmen (36,58), vor allem aber zu Gott hinschauen: „An jenem Tag gibt es strahlende Gesichter, die zu ihrem Herrn schauen" (75,22–23). Die Theologen der orthodoxen Schule der Ashʿariten betrachten die Schau Gottes als die höchste Seligkeit des Himmels (vgl. 9,72); sie ist das, was der Koran als „das Beste und noch mehr" bezeichnet (10,26). Auch der Prophet Muḥammad habe den Muslimen versichert: „Ihr werdet euren Herrn von Angesicht zu Angesicht sehen, wie ihr den Vollmond seht. Ihr werdet an seiner Schau nicht zweifeln." Aber nicht alle werden Gott schauen, denn dies liegt bei Gott und hängt von seiner Entscheidung ab.

Anhang: Engel und Dämonen

Im islamischen Volksglauben und in den Aussagen des Korans über die Engel, die Dämonen und die Djinn (Zwischenwesen zwischen Engel und Mensch) kommen biblische Vorstellungen und auch Elemente der jüdischen und der altarabischen Tradition vor.

Die Engel sind hauptsächlich Wesen aus Licht, die sich dem Lob und dem Dienst Gottes widmen. Nach dem Befehl Gottes bewachen sie die Menschen, verzeichnen ihre Werke und gewähren ihnen sogar Schutz. Sie nehmen die Seelen der Toten in Empfang. Die wichtigste Aufgabe der Engel, vor allem des Engels Gabriel, ist die Überbringung der Offenbarung an die Propheten (16,2; 2,97).

Die Teufel sind gefallene Urbewohner des Paradieses. Sie weigerten sich, dem Befehl Gottes zu folgen und vor dem neu erschaffenen Menschen niederzufallen (u. a. 7, 11–12). Daraufhin wurden sie aus dem Paradies vertrieben. Seitdem sind sie damit beschäftigt, die Menschen zu verführen. Die islamische Theologie geht davon aus, daß die Teufel aus Feuer erschaffen wurden (vgl. Koran 38,76; 7,12).

Die Djinn sind aus Feuerflammen (55, 15; 15, 27) erschaffen worden. Sie sind subtile Körper, pflanzen sich fort und sind sterblich. Sie bedürfen der göttlichen Rechtleitung, wie die Menschen, und sie werden auch dem Gericht unterworfen werden (u. a. 6, 128.130).

9. Kapitel

Die religiösen Grundpflichten

Der Koran verfolgt mit unablässiger Bemühung ein doppeltes Anliegen. Er sucht den rechten Glauben, die Religion, die auf der göttlichen Wahrheit gründet und sich in der Wahrheit entfaltet. Er sucht auch gleichermaßen den rechten Weg, der die Menschen zur Erfüllung des Willens Gottes führt. Damit trifft der Koran das Hauptanliegen Gottes selbst, denn Gott, so die koranische Aussage, hat die Offenbarung verkünden lassen, und er „hat seinen Gesandten mit der Rechtleitung und der Religion der Wahrheit gesandt, um ihr die Oberhand zu verleihen über alle Religion" (61,9; 48,29; 9,33). Der Mensch braucht sich nur Gott zu ergeben (islām), um die feste Gewißheit zu gewinnen, daß er in seinem Glauben und in seinem Handeln rechtgeleitet ist. „Gott sagt die Wahrheit, und Er führt den rechten Weg", sagt der Koran (33,4). Und so können die Menschen die beklemmende Befürchtung, dem Irrtum und dem Verderben zu erliegen, abschütteln.

Die Gläubigen, die sich von Gott und seinem Gesandten leiten lassen, bilden nach der Aussage des Korans „die beste Gemeinschaft, die je unter den Menschen hervorgebracht worden ist. Ihr gebietet das Rechte und verbietet das Verwerfliche und glaubt an Gott" (3,110). Im Vergleich mit dieser Gemeinschaft wird die vorislamische Zeit Altarabiens als die „Zeit der Unwissenheit" bezeichnet (3,154; 48,26; 5,50).

Um der islamischen Glaubensgemeinschaft Gestalt und Bestand zu verleihen, hat der Koran verschiedene Bestimmungen erlassen. Diese betreffen die religiösen Pflichten des Muslims, die moralischen Werte und die Normen des sittlichen Handelns, die Grundgestalt der Familie, die Grundlagen der Gemeinschaft und die politische Grundstruktur der Gesellschaft.

Die folgenden Ausführungen befassen sich mit den religiösen Grundpflichten der Muslime. Weil die Menschen an der Erfüllung dieser Pflichten als Muslime erkannt werden, werden sie die Grundpfeiler bzw. die Hauptstützen des Islams genannt. Sie sind fünf an der Zahl: das Glaubensbekenntnis (shahāda), das Pflichtgebet (ṣalāt), das Fasten (ṣaum), die gesetzliche Abgabe (zakāt) und die Wallfahrt nach Mekka (ḥadjj).

Das Glaubensbekenntnis

Ein Mensch wird Muslim, wenn er das Glaubensbekenntnis ablegt. Es lautet: „Ich bezeuge, es gibt keinen Gott außer Gott, und Muḥammad ist der Gesandte Gottes." Der Gläubige rezitiert oft diese Formel, um immer wieder seinen Glauben zu bestätigen und seine Hingabe an Gott und seine Bindung an den Gesandten Muḥammad, an den Islam und an die Gemeinschaft der Muslime zu befestigen.

1. Wege zum Glauben

Die Glaubensformel beginnt mit dem Satz: „Ich bezeuge ..." Dieses Zeugnis ist ein Widerhall des Zeugnisses Gottes selbst, wie es der Koran bestätigt: „Gott bezeugt, daß es keinen Gott gibt außer Ihm, ebenso die Engel und diejenigen, die das Wissen besitzen" (3,18). Dieses Wissen hat nach der Vorstellung des Korans die Menschen auf zweierlei Weise erreicht: in der Urzeit durch die sogenannte Uroffenbarung (vgl. 7,172) und in der Geschichte durch die Verkündigung der Propheten (13,7; 34,24).

Um den Menschen den Zugang zum Glauben leichter zu machen, geben die Propheten einen dreifachen Hinweis auf die Wirkung Gottes und seine Präsenz in der Welt und im Leben der Menschen.

Der *erste Hinweis* bezieht sich auf die unübersehbare Macht des Schöpfers in der Natur und die unzähligen Zeichen seiner Vorsehung in der Lebensordnung der Menschen (vgl. 41,37; 45,3–5; 6,99; 2,163–165 ...). In diesem Zusammenhang ist die Stelle 30,17–25 besonders eindrucksvoll.

Der *zweite Hinweis* stellt den Ungläubigen vor Augen, wie Gott an verstockten Völkern in der Vergangenheit gehandelt hat. All diejenigen, die sich von ihren Propheten nicht mahnen ließen und sich weigerten, den Glauben anzunehmen, wurden dem Verderben preisgegeben. Solche Zeugnisse hat Gott lebendig erhalten, damit sie eine eindringliche Mahnung für spätere Völker seien. Nur völlig verstockte Herzen können sich gegenüber solchen warnenden Beispielen blind und taub stellen. Der Koran beruft sich an vielen Stellen auf dieses Zeugnis der Vergangenheit (u.a. 40,82; 36,31; 27,51–53.69; 30,9.42; 47,10). Nur einer der zahlreichen Texte soll hier zitiert werden: „Sind sie denn nicht auf der Erde umhergegangen und haben geschaut, wie das Ende derer war, die vor ihnen lebten? Sie hatten eine stärkere Kraft und hinterließen mehr Spuren auf der Erde als sie. Da ergriff sie Gott wegen ihrer Sünden. Und es gab für sie niemanden, der sie vor Gott hätte schützen können" (40,21).

Der *dritte Hinweis* konfrontiert die Ungläubigen mit der Drohung Gottes für die Zukunft, einer Drohung, die sie bestimmt treffen wird. Sie sollten deshalb sich zu Gott bekehren, bevor es zu spät ist (vgl. 10,102).

In einer Stelle spricht der Koran alle drei Hinweise an: 32,26 (Zeugnis der Vergangenheit); 32,27 (Zeugnis der Schöpfung); 32,28–29 (Androhung der Strafe in der Zukunft).

2. Bedeutung des Glaubens

2.1 Unglaube und Ungläubige

Der Koran kennt zwar das Phänomen des Atheismus nicht. Aber selbst der Polytheismus seiner Zeit scheint ihm eine besondere Art von Unglauben zu sein. Dieser Unglaube hat nach seinem Urteil angesichts der Uroffenbarung Gottes und der wiederholten Mahnungen der Propheten keine Entschuldigung.

Als Gründe für die Verstocktheit der Polytheisten nennt der Koran zunächst einmal ihren Willen, an der Tradition und am Irrglauben ihrer Väter festzuhalten (21,53; 26,74). Auch wollen sie sich von ihren wirtschaftlichen Interessen und ihren gesellschaftlichen Bindungen nicht lossagen (29,25). Als dritten Grund führt der Koran die Vorsehung Gottes an, der in seinem absoluten, nicht hinterfragbaren Willen über das Gewissen der Menschen herrscht und die einen zum Glauben und die anderen zum Unglauben leitet (u.a. 10,99; 2,6–7; 6,39).

2.2 Bedeutung des Glaubens

Die zentrale Bedeutung des Glaubens erhellt aus den Aussagen des Korans über die Folgen des Unglaubens bzw. des Abfalls vom Glauben und über die Haltung Gottes gegenüber den Gläubigen.

Ob selbstverschuldet oder von Gott bestimmt, der Unglaube bzw. der Abfall vom Glauben bringt über die Ungläubigen Unheil. Er macht ihre Werke wertlos, während der Glaube den Menschen die Zuversicht verleiht, Gottes Wohlgefallen zu erfahren. Über die Folgen des Unglaubens drückt sich der Koran unmißverständlich aus: „Das sind keine Gläubigen. Gott macht ihre Werke wertlos“ (33,19; vgl. 7,147). Der Unglaube führt daher zum Verderben und zur Höllenstrafe, dasselbe bewirkt auch der Abfall vom Glauben (2,217; 47,34). Denn der Abfall vom Glauben ist die schwerste Sünde, er stellt den Abtrünningen außerhalb des Bereichs der Barmherzigkeit Gottes und verurteilt ihn dadurch zur ewigen Verdammnis (vgl. 16,106–107; 2,217). In sehr ernsten Sätzen ermahnt der Koran diejenigen, deren Glauben gefährdet ist. Seine Warnung erinnert an den dramatischen Text des Hebräerbriefs 6,4–8; 10,26–31. Es lohnt sich hier, eine Stelle des Korans im vollen Wortlaut zu zitieren:

> *3,86–91*
> Wie sollte Gott Leute rechtleiten, die ungläubig geworden sind, nachdem sie gläubig waren und bezeugt haben, daß der Gesandte wahrhaftig ist, und nachdem die deutlichen Zeichen zu ihnen gekommen sind? Gott leitet die ungerechten Leute nicht recht. Die Vergeltung für sie ist, daß der Fluch Gottes und der Engel und der Menschen allesamt über sie kommt. Sie werden darin ewig weilen. Ihnen wird die Pein nicht erleichtert, und ihnen wird kein Aufschub gewährt, außer denen, die danach umkehren und Besserung zeigen. Denn Gott ist voller Vergebung und barmherzig. Von denen, die, nachdem sie gläubig waren, ungläubig werden und an Unglauben zunehmen, wird ihre Reue nicht angenommen werden. Das sind die, die irregehen. Von denen, die ungläubig geworden sind und als Ungläubige sterben – nicht die Erde voll Gold würde von

einem von ihnen angenommen, auch wenn er sich damit loskaufen wollte. Für sie ist eine schmerzhafte Pein bestimmt, und sie werden keine Helfer haben.

Der Islam betrachtet den Abfall vom Glauben als die absolute Sünde und ahndet ihn mit der Todesstrafe, die schon der Koran für die Heuchler, die sich von der Gemeinschaft der Gläubigen abwenden, vorgeschrieben hat (vgl. 4,88–89).

Wenn der Unglaube das Leben und die Werke des Menschen wertlos macht, so verleiht der Glaube den Muslimen die unerschütterliche Zuversicht, Gott zu gefallen. Zwar muß sich der Gläubige im Alltag bewähren, aber auch wenn das Leben des Muslims seinem Glauben nicht entspricht, so bleibt sein Glaube für ihn die Garantie dafür, daß er der göttlichen Strafe doch noch entrinnen und letztlich Einlaß ins Paradies finden wird.

Wenn man bei einseitiger Betonung eines zentralen Elements vereinfacht sprechen darf, so könnte man das Judentum als die Religion der Hoffnung, das Christentum als die Religion der Liebe und den Islam als die Religion des Glaubens bezeichnen.

3. *Theologische und juristische Streitfragen*

3.1 Glaube und Bekenntnis

Die Theologen und die Rechtsgelehrten stritten über die Frage, ob man erst beim äußeren Ablegen des Glaubensbekenntnisses gläubiger Muslim wird oder nicht. Die Theologen legen den Akzent auf die Aufrichtigkeit des Herzens und verbinden den Muslim-Status mit der inneren Annahme des Glaubens. Die Rechtsgelehrten legen den Akzent eher auf die juristische Seite der Aufnahme eines Menschen in die Glaubensgemeinschaft und fordern das feststellbare, äußere Bekenntnis des Glaubens durch das Aussprechen der oben wiedergegebenen Formel.

3.2 Glaube und Werke

Eine andere Frage lautet, ob die Werke zum Wesen des Glaubens gehören, so daß der Sünder den Glauben verliert und der Fromme seinen Glauben vermehrt. Das ist keine rein theoretische Frage, denn, wenn der Glaube verlorengehen kann und der Muslim somit von seinem Glauben abfällt, so bedeutet dies, daß er z. B. sein Amt verliert oder sich Strafen aussetzt.

Radikale Gruppen im Islam behaupten, daß die schlechten Werke und die Untreue zu den religiösen Pflichten den Glauben verzehren und ihn am Ende nichtig machen.

Unter den Sunniten, die die überwältigende Mehrheit der Muslime bilden, herrscht die Meinung vor, daß die Sünde den Glauben nicht annuliert. Ein schlechter Khalif braucht also nicht abgesetzt zu werden, solange er seine politischen Pflichten erfüllt. Erst so kann die islamische Theokratie gegen endlose Verwirrungen und harte interne Auseinandersetzungen geschützt werden. Man beruft sich auf den Koran (10,109; 7,87; vgl. 42,10; 46,35): Es wird zugewartet, bis Gott über sie entscheidet; die Angelegenheit wird also aufgeschoben, daher heißen die Vertreter dieser Meinung die Aufschiebenden (murdji'a). Im übrigen meinen diese, daß der Glaube, solange er nicht ausdrücklich abgelehnt wird, durch noch so viele schwere Sünden nicht verlorengehen kann.

Eine Mittelstellung zwischen den beiden Richtungen nimmt die Lehre der Mu'taziliten ein: Der Sünder ist weder Gläubiger noch Ungläubiger. Jedes böse Werk verringert die Substanz des Glaubens im Menschen (ohne sie jemals auszehren zu können), und jedes gute Werk läßt den Glauben zunehmen. Deswegen legen die Mu'taziliten großen Wert auf die moralische und religiöse Qualität des Menschen, vor allem des Khalifen und der übrigen Leiter in der Gemeinde.

Das Gebet

Das Gebet ist der vorzügliche Ausdruck des Glaubens. Es beinhaltet die Anerkennung der Souveränität Gottes und der Abhängigkeit des Menschen vom göttlichen Wohlwollen.

Der Islam kennt das Pflichtgebet (ṣalāt), das private Gebet (du'ā') und das mystische Gebet, Anrufung des Namens Gottes oder Gottgedenken (dhikr) genannt.

1. Die Pflicht zum Gebet

Das Pflichtgebet wird zwar vom einzelnen Muslim verrichtet, es besitzt jedoch eine einheitliche Form und erfolgt nach festen Riten, die es zu einem Ritus der Gemeinschaft machen und daher den einzelnen Gläubigen in die Solidarität der Gemeinschaft der Muslime fest einbinden. Der Koran betont die Pflicht der Muslime, das Gebet zu verrichten: „Sag zu meinen Dienern, die glauben, sie sollen das Gebet verrichten" (14, 31). „Verrichtet das Gebet", wiederholt er unzählige Male (2, 110; vgl. 73, 20; 30, 31 ...). Er bestimmt ausdrücklich: „Das Gebet ist für die Gläubigen eine für bestimmte Zeiten festgesetzte Vorschrift" (4, 103). Diese Vorschrift verpflichtet alle Erwachsenen, Männer und Frauen. Befreit von dieser Pflicht sind Kranke, Altersschwache, Geistesgestörte u. ä. Reisende werden entweder dispensiert oder dürfen in verkürztem Ritus beten (vgl. 4, 101).

Das Gebet gibt dem Tag der Muslime seinen Rahmen, denn es muß nach den Angaben des Korans und der Tradition fünfmal am Tag verrichtet werden: mittags, nachmittags, abends, in der Nacht und in der Morgendämmerung (vgl. 20, 130; 17, 78; 30, 17–18).

Zu den gegebenen Zeiten ruft der Muezzin die Gläubigen zum Gebet.

2. *Reinheitsvorschriften*

Der Muslim darf nicht unvermittelt vom täglichen Geschäft zur Verrichtung des Gebets übergehen. Er muß sich in den Zustand kultischer Reinheit versetzen.

2.1 Rituelle Waschungen

Je nach dem Grad der vorherigen Unreinheit wird eine Teilwaschung (wuḍū') oder (bei sexueller Verunreinigung) eine Ganzwaschung (ghusl) vollzogen.

Die Ganzwaschung betrifft alle Teile des Körpers. Die *Teilwaschung* wird folgendermaßen vollzogen:

- Der Muslim faßt innerlich die Absicht, sich zu reinigen.
- Er spricht die basmala: Im Namen Gottes, des Erbarmers, des Barmherzigen.
- Er wäscht sich die Hände, reinigt sich die Zähne mit einem Zahnstocher oder er putzt sich die Zähne mit einer Zahnbürste.
- Er spült sich den Mund aus und zieht Wasser aus der rechten Hand in die Nase, dann spuckt er das Wasser aus und läßt es aus der Nase in die linke Hand zurückfließen.

- Er wäscht und reibt sich das ganze Gesicht von der Haarwurzel bis zum Kinn und von einem Ohr zum anderen.
- Er streicht sich über den Kopf einschließlich der Ohren, bei diesen außen und innen. Beim Streichen über den Kopf mit Wasser beginnt er vorne, zieht es bis zum Hinterkopf und wieder zurück.
- Er wäscht sich die Füße bis zu den Knöcheln und sorgt dafür, daß das Wasser die Haut zwischen den Zehen benetzt. Er beginnt dabei mit dem rechten Fuß, dann wäscht er den linken Fuß und reibt beide Füße.
- Dies alles geschieht einmal. Wer es aber noch sorgfältiger machen will, vollzieht diese Handlungen dreimal.

Zur Waschung wird normalerweise Wasser verwendet, das übrigens in der Nähe der Moschee zu finden ist. In abgelegenen Orten, an denen kein Wasser vorhanden ist, oder wenn das vorhandene Wasser nicht benutzt werden soll bzw. darf (wegen Wassermangel und dringenden Bedarfs an Wasser, wegen Krankheit oder wegen gefährlicher Umgebung der Wasserstellen ...), darf eine Ersatzreinigung stattfinden: Der Gläubige „sucht einen sauberen Boden und streicht sich über das Gesicht und die Hände“ (4,43; 5,6).

2.2 Körper, Kleider und Gebetsort

Außer dem Körper des Betenden müssen auch seine Kleider und der Ort, an dem er betet, rein gehalten werden.

Ein solcher Ort ist vor allem die Moschee (Anbetungsort). Man kann sich aber auch einen Gebetsplatz herrichten, indem man einen Teppich oder ein Kleidungsstück oder etwas Ähnliches auf der Erde ausbreitet.

2.3 Bedeutung der Reinigungsriten

Bei den Riten zur Herstellung der kultischen Reinheit geht es dem muslimischen Gläubigen um mehr als einen Akt der äußeren Hygiene. Die Waschungen bereiten den Gläubigen auf das Gebet vor, indem sie ihm innere Ruhe verleihen und seine Aggressivität dämpfen: „Der Zorn kommt vom Satan. Der Satan wurde aus Feuer geschaffen. Das Feuer wird mit Wasser gelöscht. Wenn einer von euch in Zorn gerät, so soll er die rituellen Waschungen vollziehen“, so habe der Prophet Muḥammad empfohlen (nach der Ḥadīth-Sammlung von Abū Dāwūd). Außerdem ist die Waschung ein Mittel, das Herz des Muslims auf Gott auszurichten, seinen Glauben zu festigen, seinen Wandel zu bessern und seine Fehler zu überwinden. So ist die Waschung ein Symbol der inneren Reinheit, der Reue und der Abkehr von der Sünde: „Wenn der muslimische Diener (Gottes) sich bei den Waschungen das Gesicht wäscht, entfernt sich von seinem Gesicht mit dem Wasser bzw. mit dem letzten Wassertropfen jede Sünde, die er mit den Augen begangen hat. Und wenn er seine Hände wäscht, entfernt sich von seinen Händen mit dem Wasser bzw. mit dem letzten Wassertropfen jede Sünde, die er mit den Händen gewalttätig verübt hat. Und wenn er sich die Füße wäscht, so entfernt sich von seinen Füßen mit dem Wasser bzw. mit dem letzten Wassertropfen jede Sünde, zu der er mit seinen Füßen gelaufen ist. So kommt er (aus der Waschung) rein von der Schuld heraus" (nach der Ḥadīth-Sammlung von Muslim).

3. Vollzug des Gebets

Das rituelle Pflichtgebet besteht aus einer Anzahl von Einheiten, rakʿa = Verbeugungen genannt. Das Mittags-, das Nachmittags-, und das Nachtgebet bestehen jeweils aus vier Einheiten; das Abendgebet besteht aus drei und das Morgengebet aus nur zwei Einheiten. Im folgenden wird eine Gebetseinheit beschrieben.

Weihezustand

Der Beter muß sich mit dem Gesicht in Richtung Mekka hinstellen (Koran 2,114–145.149–150). Diese Gebetsrichtung (qibla) wird in den Moscheen durch eine Nische (miḥrāb) angezeigt. Der Beter formuliert nun seine Absicht, das Pflichtgebet zu verrichten, er tritt in den Weihezustand, indem er spricht: „Gott ist größer."

Rezitation

Stehend spricht der Beter Worte des Lobes: „Preis sei dir, mein Gott, und Lob sei dir! Gebenedeit sei dein Name, und erhaben sei deine Herrlichkeit! Es gibt keinen Gott außer dir." Er fügt hinzu: „Ich suche Zuflucht bei Gott vor dem gesteinigten Satan." Dann rezitiert er die erste Sure des Korans, *die Eröffnung* (al-Fātiḥa):

1, 1–7
Im Namen Gottes, des Erbarmers, des Barmherzigen. Lob sei Gott, dem Herrn der Welten, dem Erbarmer, dem Barmherzigen, der Verfügungsgewalt besitzt über den Tag des Gerichtes! Dir dienen wir, und Dich bitten wir um Hilfe. Führe uns den geraden Weg, den Weg derer, die Du begnadet hast, die nicht dem Zorn verfallen und nicht irregehen.

Er schließt mit: Amen.

Danach rezitiert der Gläubige weitere Stellen des Korans nach freier Wahl, z.B. 112, 1–4; 2, 255 (Thronvers); 24, 35 (Lichtvers); 59, 19–24.

Verbeugung
Der Beter verbeugt sich, legt die Hände auf seine Knie und spricht: „Gott ist größer", dann dreimal: „Preis sei meinem Herrn, dem Majestätischen!"

Er richtet sich auf und sagt: „Gott erhört den, der ihn lobt." Und: „Gott, unser Herr, Lob sei dir!"

Prostration
Als Zeichen seiner totalen Hingabe an Gott, seiner Anbetung und seiner Unterwerfung unter den Willen Gottes kniet der Beter und legt seine Stirn auf den Boden und spricht: „Gott ist größer", dann dreimal: „Preis sei meinem Herrn, dem Höchsten!"

Dann setzt er sich auf seine Fersen und spricht: „Gott ist größer", dann: „Mein Gott, vergib mir, erbarme dich meiner, leite mich recht, bewahre mich und gib mir meinen Lebensunterhalt", oder: „Mein Gott, vergib mir. Mein Gott, vergib mir."

Daraufhin wiederholt er die Prostration mit den entsprechenden Haltungen und Texten. Damit endet die erste Gebetseinheit.

Da das kürzeste Pflichtgebet (das Morgengebet) aus zwei Einheiten besteht, vollzieht der Beter wenigstens eine weitere Einheit, wie oben beschrieben. Am Ende der zweiten Einheit rezitiert er das sogenannte *Bezeugungs-Gebet* (tashahhud):

Gott gehören die Ehrerweise, die Gebete und die guten Werke. Der Friede sei über dir, o Prophet, und die Barmherzigkeit Gottes und seine Segnungen! Der Friede sei über uns und über den tugendhaften Dienern Gottes! Ich bezeuge, es gibt keinen Gott außer Gott; und ich bezeuge, Muḥammad ist der Gesandte Gottes.

Der Beter kann weitere Gebete hinzufügen, eigene oder allgemein bekannte.

Gebetsschluß

Zum Schluß richtet der Beter einen Gruß nach rechts und nach links und spricht: „Der Friede sei über euch und die Barmherzigkeit Gottes!“ Damit ist der Weihezustand aufgehoben.

4. Bedeutung der Körperhaltungen

Die Körperhaltungen, die das Rezitieren von Versen und Gebeten begleiten, sollen beim Beter eine innere Einstellung zum Ausdruck bringen, die als „Anwesenheit des Herzens“ bezeichnet wird. Wer sich zum Gebet hinstellt und sich zu Gott wendet, muß eine lautere Absicht haben, sein Gebet in Demut verrichten (vgl. 23,2; 2,45). Denn sein Leben liegt in der Hand Gottes. Das bedeutet zweierlei. Zum einen hat der Gläubige die Gewißheit, daß Gott ihm die guten Dinge beschert und sich als der gütige, huldvolle und feinfühlige Gott zeigt, dem „demütige Ergebenheit“ gebührt (2,238). Der Gläubige weiß aber auch, daß Gott der transzendente, verborgene Gott bleibt, dessen Wille unerforschlich und dessen Entscheidungen nicht hinterfragbar sind. Deswegen muß der Mensch mit Furcht beten (7,205), seine Anliegen in vertrauensvollem Verlangen und zugleich in demütiger Ehrfurcht vortragen (21,90; 7,56).

Die verschiedenen Körperhaltungen spiegeln außerdem die Bereitschaft des Gläubigen wider, Gott zu loben und anzubeten, seine Souveränität anzuerkennen und sich in seinen Willen zu ergeben.

5. Das Gemeinschaftsgebet

Neben dem Pflichtgebet der einzelnen Gläubigen gibt es das Gemeinschaftsgebet, das am Freitagmittag, zur Feier des Festes der Fastenbrechung (am Ende des Monats Ramaḍān) und des Opferfestes (zum Schluß der alljährlichen Wallfahrt nach Mekka), sowie anläßlich des Todes eines Gläubigen

(Begräbnisgebet) oder in Kriegszeiten (Gebet zur Angstzeit) oder bei großer Dürre und Trockenheit verrichtet wird.

Das Freitagsgebet als Gebet der Gemeinschaft wird im Koran als verbindliche Pflicht festgelegt: „O ihr, die ihr glaubt, wenn am Freitag zum Gebet gerufen wird, dann eilt zum Gedenken Gottes und laßt das Kaufgeschäft ruhen. Das ist besser für euch, so ihr Bescheid wißt. Wenn das Gebet beendet ist, dann breitet euch im Land aus und strebt nach etwas von der Huld Gottes. Und gedenkt Gottes viel, auf daß es euch wohl ergehe" (62,9–10).

Die Vorzüge des Gemeinschaftsgebetes werden auch in der Tradition hervorgehoben. Von Muḥammad sind folgende Aussprüche überliefert: „Wenn einer dem Freitagsgebet dreimal ohne entschuldigenden Grund fernbleibt, versiegelt Gott sein Herz" (Ḥadīth-Sammlung von Abū Dāwūd). – „Das Gebet der Gemeinschaft ist besser als das Gebet des einzelnen, und zwar siebenundzwanzigmal (besser)" (Ḥadīth-Sammlung von Bukhārī und Muslim). – „Das Gebet des Mannes mit einem (anderen) Mann ist besser als sein Gebet, wenn er allein bleibt. Sein Gebet mit zwei Männern ist besser als sein Gebet mit einem Mann. Wenn sie aber noch mehr sind, dann um so gottgefälliger" (Ḥadīth-Sammlung von Abū Dāwūd). Der Freitag ist also nicht ein Feiertag wie der Sonntag der Christen. Er ist nur der Tag, an dem sich die Muslime zum Mittagsgebet in der Moschee versammeln, um unter der Leitung eines Vorbeters (Imām) das Pflichtgebet gemeinsam zu verrichten. Verpflichtet zu diesem Gemeinschaftsgebet sind die Männer (also nicht die Frauen und Kinder), soweit sie nicht durch einen ausreichenden Grund verhindert sind. Der Vorbeter ist kein Geistlicher oder Priester, er ist nur einer, der das Gebet vorschriftsmäßig verrichten kann. Er steht vor der Gemeinde, die seine Haltungen nachvollzieht.

Vor dem Gebet findet eine feierliche Rezitation des Korans statt. Das ist eine Art Meditation des heiligen Textes, die einen starken Eindruck auf die Gläubigen macht und sie zur besseren Andacht und zur tiefen Ergebung in den Willen Gottes hinführt.

Anläßlich des Gemeinschaftsgebets wird eine Ansprache gehalten, und zwar am Freitag vor dem Gebet, an den großen Festtagen der Fastenbrechung am Ende des Monats Ramaḍān (ʿīd al-fiṭr) und des Opferfestes (ʿīd al-aḍḥā) aber nach dem Gebet.

Da der Islam eine umfassende Lebensordnung ist und alle Bereiche (das persönliche Leben, den Bereich der Familie, der Gemeinschaft und der Gesamtgesellschaft) zu erfassen trachtet, können in der Ansprache alle Probleme religiöser, sozialer, wirtschaftlicher und politischer Natur erörtert werden, die gerade die Gemeinschaft beschäftigen oder die Interessen der islamischen Welt berühren.

6. Wirksamkeit des Gebets

Der Muslim, der sich zum Gebet hinstellt, hegt die Zuversicht, daß Gott sein Gebet erhört (vgl. 2, 186), denn, so versichert der Koran, wer Gottes gedenkt, dessen gedenkt auch Gott selber (2, 153). Wer betet, darf auf die Verheißung seines Lohnes im Paradies hoffen (2, 277) und die Erfüllung seiner Anliegen auf dieser Erde erwarten. Auf das Gebet der Gläubigen hin, so erklärt der Koran, „gab ihnen Gott den Lohn des Diesseits und den schönen Lohn des Jenseits ...“ (3, 148; vgl. 8, 2–4).

Das Fasten

So wie die früheren Gemeinschaften, vor allem Juden und Christen, haben die Muslime die Pflicht zu fasten (2, 183). Diese Pflicht betrifft alle Gläubigen, die erwachsen, ihrer Sinne mächtig und sonst in der Lage sind, das Fasten zu halten. Befreit sind menstruierende, schwangere und stillende Frauen, Kranke und Altersschwache, endlich Reisende, denen das Fasten eine ungebührliche Last ist. Säumige haben die Fasttage nachzuholen, die sie nicht eingehalten haben, und darüber hinaus Sühne zu leisten (z. B. Speisung der Armen, 2, 184). Den von der Fastenpflicht befreiten wird empfohlen, nach Möglichkeit die versäumten Fasttage nachzuholen (2, 184–185).

Die Zeit des Pflichtfastens ist der Mondmonat Ramaḍān, der im Laufe der Jahre die Jahreszeiten des Sonnenkalenders durchwandert und dadurch das Fasten zu einer mehr oder weniger schweren Belastung macht. Denn der Gläubige hat sich im Monat Ramaḍān zu enthalten von Speise und Trank und von all dem, was ihnen gleichkommt bzw. ähnlich ist, von Rauchen und Geschlechtsverkehr, und dies von der Morgendämmerung bis zum Sonnenuntergang.

Gültig ist das Fasten, wenn der Muslim seine Absicht, das vorgeschriebene Fasten zu erfüllen, jeden Tag vor Tagesanbruch formuliert. Außerdem gewinnt sein Fasten seine religiöse Tiefe erst dann, wenn er zum Fasten des Leibes die Übung verschiedener Tugenden hinzunimmt: die Zügelung der Augen, die Zügelung der Zunge (Meiden von Lüge, Verleumdung, falschem Schwur ...), die Zügelung des Ohres und das Halten der Glieder unter Kontrolle. Endlich führt das Fasten die Gläubigen zur Ausübung der Geduld und stärkt ihren Willen zur Überwindung der Widerwärtigkeiten des Lebens. Es erhöht ihre geistlichen Kräfte und macht sie fähig, Gottes Wohlgefallen zu suchen und sich in seinen Willen zu ergeben. So versteht der Koran das Fasten als einen Weg und einen Ausdruck der Frömmigkeit (2,183).

So kann man feststellen, daß die Muslime den Fastenmonat zum Anlaß nehmen, sich miteinander zu versöhnen und sich der Armen anzunehmen. Die Pflicht zu einer besonderen Spende zugunsten der Armen kommt vor allem am Ende des Monats zum Ausdruck, wenn die Gläubigen das zweitgrößte Fest des Jahres feiern: das Fest der Fastenbrechung (ʿid al-fiṭr). Dieses Fest dauert drei Tage. Am ersten Tag haben die Muslime die Pflicht, eine besondere Abgabe zugunsten der Armen zu spenden. Höhepunkt des Festes ist ein feierliches Gemeinschaftsgebet, das nach Möglichkeit unter freiem Himmel verrichtet werden soll.

Der Fastenmonat Ramaḍān gilt im Islam als eine besonders gnadenvolle Zeit. Denn die koranische Offenbarung ist in einer seiner Nächte, der Nacht der Bestimmung (laylat al-qadr, 27. Ramaḍān) herabgesandt worden (97,1; 44,2–5). Von dieser Nacht sagt der Koran: „Die Nacht der Bestimmung ist besser als tausend Monate. Die Engel und der Geist kommen in ihr mit der Erlaubnis ihres Herrn herab mit jedem Anliegen. Voller Frieden ist sie bis zum Aufgehen der Morgenröte“ (97,3–5). Wer also die Fastenpflicht im Geiste der Buße und Dankbarkeit für die Offenbarung des Korans erfüllt, dem werden die Sünden und Verfehlungen vergeben. Muḥammad hat nach der Tradition dazu gesagt: „Wer im Ramaḍān fastet aus Glauben und Hoffnung auf den Lohn, dem wird vergeben, was er an Sünden vorher begangen hat" (Ḥadīth-Sammlung von Bukhārī und Muslim). Die Muslime hören gern folgende Sätze aus einer Fastenpredigt Muḥammads: „Wenn jemand im Ramaḍān eine Pflicht erfüllt, gleicht dies siebzig in anderen Monaten erfüllten Pflichten. Er ist der Monat der Geduld, und der Lohn der Geduld ist das Paradies. Er ist der Monat der Versöhnung, er ist der Monat, in dem der Lebensunterhalt des Gläubigen sich mehrt. Er ist ein Monat, dessen Beginn Barmherzigkeit, dessen Mitte Vergebung und dessen Ende Befreiung vom (Höllen)feuer ist."

Das Fasten besitzt zweifellos eine große religiöse Bedeutung im Leben der Muslime. Die Erfüllung dieser Pflicht bringt jedoch mannigfaltige Schwierigkeiten sozialer und wirtschaftlicher Natur mit sich. In den mehrheitlich islamischen Ländern spürt man dies im Bereich der Verwaltung, der Wirtschaft und der Arbeit, denn es tritt dann eine Minderung der Produktion und der Leistungsfähigkeit der Behörden ein. Im Ausland ist die Einhaltung des Fastens schwieriger, zumal die Muslime sich an den Rhythmus der Arbeitswelt anpassen müssen.

Die gesetzliche Abgabe

Neben den freiwilligen Almosen zugunsten der Armen und den Spenden zur Unterstützung der Gemeinschaft in der Erfüllung ihrer sozialen und karitativen Aufgaben kennt der Islam eine gesetzlich vorgeschriebene Abgabe. Das ist der Beitrag der Gläubigen zur Finanzierung der Aufgaben, die der solidaren Gemeinschaft der Muslime und dem islamischen Staat im allgemeinen auferlegt sind (vgl. 2,43; 58,13 ...). Der Koran findet Worte des Lobes für die Gläubigen, die bereit sind, den Armen „ein bestimmtes Recht auf ihr Vermögen einzuräumen" (70,24–25; 51,19). Wer diese Pflicht der Solidarität erfüllt, darf auf die Vergebung Gottes und auf den Lohn der Gerechten hoffen (64,17; vgl. 92,18; 13,22–23; 2,61 ...).

Die Höhe der gesetzlichen Abgabe wird den zu versteuernden Gütern, Waren und Einkünften entsprechend festgesetzt. Was den Kreis der Begünstigten bei der Vergabe der gesammelten Mittel betrifft, so waren es zur Zeit Muḥammads folgende Gruppen:

9, 60

Die Almosen sind bestimmt für die Armen, die Bedürftigen, die, die damit befaßt sind, die, deren Herzen vertraut gemacht werden sollen [16], die Gefangenen, die Verschuldeten, für den Einsatz auf dem Weg Gottes und für den Reisenden. Es ist eine Rechtspflicht von seiten Gottes. Und Gott weiß Bescheid und ist weise (vgl. 4, 36; 2, 177.215.271.273).

Die Wallfahrt nach Mekka

Mit der Wallfahrt nach Mekka wird der Muslim auf die Ursprünge des Islams verwiesen und dorthin geführt, wo die koranische Offenbarung herabgesandt worden ist. Auch der Prophet Muḥammad hat diese Pflicht erfüllt und ist im Jahre 632 nach Mekka gepilgert. Die Riten, die er bei dieser Wallfahrt vollzogen hat, gelten als verpflichtend für die muslimischen Pilger aller Zeiten. Ziel der Wallfahrt ist in erster Linie die Kaʿba. Nach dem Koran wurde dieses Heiligtum von Abraham und seinem Sohn Ismael, dem Vater der Araber, zur Anbetung Gottes gebaut (2, 124–129; vgl. 3, 96–97). So schreibt er vor: „Und Gott hat den Menschen die Pflicht zur Wallfahrt nach dem Haus auferlegt, allen, die dazu eine Möglichkeit finden" (3, 97).

Diese Pflicht muß einmal im Leben erfüllt werden, und zwar irgendwann nach der Erreichung des Erwachsenenalters (nach der Rechtsschule des Shāfiʿī) oder so bald wie möglich (nach den drei anderen Rechtsschulen, die die Erfüllung dieser Pflicht sicherstellen wollen). Betroffen davon sind die Muslime, Männer und Frauen, die erwachsen, ihrer Sinne mächtig, frei und zur Wallfahrt aus gesundheitlichen, wirtschaftlichen, sicherheitsmäßigen und organisatorischen Gründen in der Lage sind. Wer diese Pflicht nicht erfüllt hat, hinterläßt sie wie eine Schuld den Verwaltern seines Erbes, die für diese Pflicht nun aufkommen müssen. Wer aus

---

[16] D. h.: deren Herzen mit dem Islam vertraut gemacht und für die Sache der Gläubigen gewonnen werden sollen.

schwerwiegenden Gründen nicht nach Mekka pilgern kann, muß einen anderen mit der Erfüllung der Wallfahrtspflicht betrauen.

Vor dem Betreten mekkanischen Bodens muß der Pilger seine Absicht bestätigen, die vorgeschriebene Wallfahrt zu vollziehen. Dann versetzt er sich auch äußerlich in den Weihezustand, indem er Waschungen und weitere Reinigungsriten vollzieht, seine Kleider ablegt und die zwei weißen Kleiderstücke der Pilger anlegt, endlich zwei Gebetseinheiten verrichtet. Bis zum Ende der eigentlichen Wallfahrt hat der Pilger sich „des Geschlechtsumgangs, des Frevels und des Streites" zu enthalten (2, 197). Er darf keine Jagd betreiben und das Fleisch in der Jagd erlegter Tiere nicht essen (5, 1.2.95.96). Er hat auch alle Handlungen zu vermeiden, die seinen Weihezustand beeinträchtigen und aufheben könnten (andere Kleider anlegen, Haar und Nägel schneiden, sich parfümieren ...). Er darf jedoch die Pilgerkleider wechseln; er darf auch anläßlich der Wallfahrt Handelsgeschäfte abschließen (2, 198).

Im heiligen Stadtgebiet Mekkas beginnt der Pilger mit dem siebenmaligen Umlauf um die Kaʿba. Er läuft so, daß die Kaʿba auf seiner linken Seite steht und daß er sich nach Möglichkeit dem Heiligtum nähert und den in einer Ecke eingemauerten schwarzen Stein küssen kann. Sollte dies wegen der Menge nicht möglich sein, so blickt er in der Richtung des Steins und zeigt auf ihn. Nach dem Umlauf um die Kaʿba, der mit bestimmten Gebeten begleitet wird, tut der Pilger gut daran, aus dem Wasser des Zamzam-Brunnens zu trinken. Dann läuft er eiligen Fußes zwischen den zwei Hügeln Ṣafā und Marwa dreimal hin und zurück und wieder einmal hin (2, 158).

In Gruppen ziehen dann die Pilger zum Berg ʿArafāt hinaus. Sie erreichen die Stadt Minā nach Sonnenuntergang. Nach Sonnenaufgang begeben sie sich zum Berg ʿArafāt. Das Stehen dort ist der Höhepunkt der Wallfahrt. Der Gläubige tritt vor Gott, bekundet vor ihm seine völlige Ergebung und seinen totalen Gehorsam.

Nach Sonnenuntergang verlassen die Pilger ʿArafa wieder und ziehen nach Muzdalifa und von dort zurück nach Minā. Dort steinigen sie den Teufel symbolisch, indem sie sieben bzw. neunundvierzig Steinchen auf drei bekannte Säulen werfen. Dann erfolgt das Schlachten von Opfertieren (Kamel, Rind, Schaf, Ziege; vgl. 22,28.30). Das ist das in der islamischen Welt gefeierte Opferfest (ʿīd al-aḍḥā), das an das Opfer Abrahams erinnern soll (vgl. 37,102–109, vor allem 37,107; 2,124). Es findet am 10. des Monats Dhū l-Ḥidjja (Wallfahrtsmonat) statt.

Zum Schluß wird das Haar geschoren oder gestutzt und ein erneuter siebenmaliger Umlauf um die Kaʿba unternommen. Damit ist der Weihezustand aufgehoben und die offizielle Pflichtwallfahrt beendet.

Die Pilger pflegen noch ein paar Tage in Mekka zu privater Andachtsübung zu verweilen. Es wird auch empfohlen, auf der Rückreise noch Medina und das Grab des Propheten Muḥammad sowie Jerusalem mit dem Felsendom und der Aqṣā-Moschee zu besuchen.

Die Wallfahrt nach Mekka besitzt im religiösen Leben der Muslime eine große Bedeutung. In einem Spruch des Propheten Muḥammad, der über die besten Werke gefragt wurde, steht die Antwort: „Der Glaube an Gott und an seinen Gesandten; – der Einsatz auf dem Weg Gottes (für die Sache Gottes); – die lautere Wallfahrt." Die Wallfahrt wird auch als der Kampfeinsatz der Greisen, der Schwachen und der Frauen bezeichnet. Der Pilger darf auf die Vergebung seiner Sünden hoffen. Darüber hinaus erlebt er in einzigartiger Weise die grundsätzliche Gleichheit aller Gläubigen vor Gott und die wirksame Solidarität der gesamten islamischen Welt.

10. Kapitel

Islamische Feiertage

Feiertage sind Einschnitte in die Zeitdauer des Jahres. Sie sind Zeiten der besonderen Begegnung mit der Allmacht Gottes und der besonders intensiven Hoffnung auf die Entfaltung dieser Macht zugunsten der Menschen. Das Fest belebt im Menschen die Erwartung einer tiefen Erneuerung seiner Existenz und seiner Welt. Auch im Islam sind die Feste Tage, an denen Gott, nach islamischem Glauben, sich in besonderer Weise als der barmherzige und feinfühlige Gott erweist, vornehmlich im Leben seines Gesandten Muḥammad. Knüpfend an die Angaben oder Andeutungen des Korans, des Ḥadīth und der Biographie (Sīra) des Propheten hat die Tradition einige besondere Ereignisse im Leben Muḥammads hervorgehoben, sie weiter gedeutet und dadurch eine reichhaltige religiöse Grundlage für die verschiedenen Feiertage des islamischen Festkalenders geliefert.

Die wichtigsten Feiertage dieses Mondkalenders sind folgende: Geburtstag des Propheten (Maulid al-Nabī), – Himmelsreise des Propheten (Miʿrādj al-Nabī), – Nacht der Bestimmung (Laylat al-qadr), – Fest des Fastenbrechens (ʿĪd al-fiṭr), – Opferfest (ʿĪd al-aḍḥā), – Hidjra-Fest[17].

Man kann diese Feste in zwei Gruppen teilen: Die erste Gruppe umfaßt die Feste, die sich auf das Leben des Propheten Muḥammad beziehen und die man als „Muḥammad-Zyklus" nennen könnte. Die zweite Gruppe bezieht sich auf Höhepunkte des religiösen Lebens der Gemeinde: das Fasten im Ramaḍān und die Wallfahrt nach Mekka.

---

[17] Neben diesen öffentlichen Festen gibt es private Feiern der einzelnen Familien bei der Namensgebung und der Beschneidung der Kinder.

Muḥammad-Zyklus

Daß Muḥammad im Laufe der Zeit der Mittelpunkt einer Reihe von Festen geworden ist, ist das Ergebnis einer ziemlich langen Entwicklung. Der Koran ist darauf bedacht, die Gläubigen davor zu warnen, die Person Muḥammads maßlos zu verehren oder gar zu vergöttlichen. Muḥammad, so die Aussage des Korans, ist nur ein Mensch, den Gott zu einem Freudenboten und Warner gemacht hat (17,105; 25,56 ...). Gott hat ihm zwar Gnade erwiesen, ihn aus der Armut herausgeholt und ihm seine Schuld vergeben (93,5–8; 48,2), er hat jedoch weiterhin für seine Sünde um Vergebung zu bitten (40,55; 47,19), denn er ist auf Gott angewiesen, er hat seine Hilfe nötig. Aber er weiß, daß Gott ihn rechtleitet (93,7; 48,2), ihn unter seinen besonderen Schutz vor den Nachstellungen des Teufels (7,200) und vor der Irreführung durch die Menschen (4,113) stellt und für ihn das Paradies bestimmt (68,3). So ist Muḥammad in seinem Leben und in seinem Los nach dem Tod das Vorbild der Gläubigen: „Ihr habt im Gesandten Gottes ein schönes Vorbild, (und zwar) für jeden, der auf Gott und den Jüngsten Tag hofft und Gottes viel gedenkt" (33,21).

Die Muslime haben diese Aussage des Korans sehr beherzigt und die Erzählungen über den vorbildlichen Weg des Propheten im Ḥadīth gesammelt. Aber auch die Volksfrömmigkeit bemächtigte sich seiner Gestalt, die immer mehr idealisiert und manchmal ins Wundersame und Überdimensionale gerückt wurde.

1. Maulid, Geburtsfest des Propheten

Dieses Fest erinnert an die Geburt dessen, den die Tradition „den Besten in der Welt", „den Imām der Welt und die Leuchte ihrer Bewohner", „den Herrn und Propheten seines Volkes" nennt. Die Verehrung, die die Muslime bei der Erinnerung an die Geburt ihres Propheten auszudrücken suchen, findet sich wieder in den Erzählungen über die wunderbaren Zeichen, die seine Empfängnis und seine Geburt begleitet haben sollen. Als Beispiel sollen nur einige Zeilen zitiert werden. Nach Ibn ʿAbbās habe die Mutter Muḥammads, Āmina, erzählt:

Ich gebar Muḥammad, und ich wandte mich, um ihn zu betrachten, und siehe, da lag er anbetend, seine Hände gen Himmel hebend, wie einer, der demütig fleht. Dann sah ich eine Wolke, die vom Himmel her ihn bedeckte, so daß er mir unsichtbar wurde. Und ich hörte jemanden, der da rief: Führt ihn um die Erde herum im Osten und im Westen, und führt ihn zu den Meeren, daß sie ihn erkennen mit seinem Namen und seiner Gestalt und seinen Eigenschaften, und damit sie wissen, daß er in den Meeren al-Māḥī ist, denn allen Polytheismus wird er wegwischen. Dann schwand die Wolke schnell, und siehe, da lag er in ein weißes wollenes Kleid gewickelt, und unter ihm lag eine grüne Decke aus Seide. Er hielt drei Schlüssel aus weißen Perlen in der Hand, und jemand rief: Sehet, Muḥammad hält die Schlüssel des Sieges, des Schlachtens und des Prophetentums in seiner Hand[18].

2. *Miʿrādj, Himmelsreise des Propheten*

Die islamische Tradition unterstreicht, daß Gott seinen Gesandten unter vielen anderen Gnadenerweisen auch durch eine Nachtreise von Mekka nach Jerusalem und anschließend durch eine Himmelsreise ausgezeichnet und in besonderer Weise seine prophetische Sendung bestätigt hat.

Zur Nachtreise sagt der Koran: „Preis sei dem, der seinen Diener bei Nacht von der heiligen Moschee zur fernen Moschee, die Wir ringsum gesegnet haben, reisen ließ, damit Wir ihm etwas von unseren Zeichen zeigen. Er ist der, der alles hört und sieht" (17,1).

Die Zeichen Gottes habe dann der Prophet während der Himmelsreise erfahren dürfen. Nach den muslimischen Autoren hat der Koran einige Inhalte dieses Erlebnisses andeutungsweise geschildert:

53,13–18

Und er sah ihn *(Gabriel)* ein anderes Mal herabkommen, beim Zizyphusbaum am Ende des Weges, bei dem der Garten der Heimstätte ist. Als den Zizyphusbaum bedeckte,

[18] Aus: Abū Nuʿaym, Dalāʾil al-nubuwwa (Die Anzeichen des Prophetentums), Hyderabad H 1320, S. 222; zitiert nach Tor Andrae, Die Person Muhammeds in Lehre und Glauben seiner Gemeinde, Stockholm 1918, S. 63. Siehe weitere Geburts- und Kindheitsgeschichten im selben Buch, S. 28–39; 61–68.

was (ihn) bedeckte, da wich der Blick nicht ab, und er überschritt das Maß nicht. Wahrlich, er sah etwas von den größten Zeichen seines Herrn.

Die islamische Tradition hat es gewußt, diese Himmelsreise deutlicher und ausführlicher zu beschreiben[19].

Diese Himmelsreise soll in der Nacht des 27. Tages des Mondmontas Radjab stattgefunden haben. Über die Frage, ob sie eine körperliche Entrückung oder ein Traumgesicht oder gar ein Doppelerlebnis (d. h. einmal im Traum und dann noch einmal im Wachzustand) war, streiten sich die muslimischen Autoren. Sie alle betrachten jedoch dieses Erlebnis Muḥammads als eine besondere Auszeichnung von seiten Gottes.

Während der Himmelsreise habe Muḥammad die besondere Nähe Gottes erlebt. Seine geistigen Fähigkeiten hätten durch die Erhebung in die höheren Bereiche der göttlichen Wirkung eine besondere Weihe erfahren, so daß der Prophet von nun an zwar gegen die Schwierigkeiten des prophetischen Schicksals nicht gefeit, jedoch für die Erfüllung seiner Aufgabe in besonderer Weise ausgerüstet war.

Für die Muslime heute bietet die Erinnerung an die Himmelsreise Muḥammads einen Anlaß, sich auf ihre eigene religiöse, soziale und auch politische Rolle in der Gesellschaft und in der Weltgemeinschaft zu besinnen. Zu welchen Aussagen eine solche Besinnung führen kann, kann man an einer Meditation über das Fest der Himmelsreise des Propheten von Saʿad al-Dīn Farrūkh erkennen. Der Autor ruft dazu auf, sich nicht nur in Politik und Verwaltung, sondern auch in Wirtschaft, Kultur und Industrie und auf militärischem Gebiet unabhängig zu machen. Die Muslime sollen sich für die Sache des Islams einsetzen. Es sei unbegreiflich, daß angesichts des israelisch-palästinensischen Konflikts und der schrankenlosen Gier des Kolonialismus die Muslime weiterhin Wohlstand, unsittliche Gewohnheiten, Besuch fremder „Missionsschulen" bejahen und selbst pflegen. „Um uns von diesen Übeln zu befreien, feiern wir diese glorreichen Erinnerungen und die frommen Männer, die sie erlebt haben, damit sie unsere Hände, unsere Herzen und unsere Gefühle

---

[19] Siehe z.B. Hermann Stieglecker, Die Glaubenslehren des Islam, Paderborn ²1983. S. 364–366.

stärken und uns zum geraden Weg führen, zum ehrwürdigen Koran, zum Sieg. Ohne Zweifel wird uns die Rückkehr zu Gott zum verheißenen Sieg führen."[20]

3. Hidjra, Fest der Auswanderung

Das Hidjra-Fest ist das Neujahr des islamischen Kalenders und wird jedes Mondjahr am 1. Muḥarram gefeiert.

Das Hidjra-Fest erinnert an die Auswanderung des Propheten Muḥammad mit seiner bedrängten Gemeinde von Mekka nach Medina im Jahr 622. Bekämpft von den ungläubigen Mekkanern, suchte Muḥammad in Medina eine neue Umgebung und eine neue Chance für seine Botschaft und seine Gemeinde. Dort gelang es ihm, eine Gemeinschaft aufzubauen, die als Trägerin des Glaubens und als Grundlage der Ausbreitung der islamischen Lebensordnung und Herrschaft in Arabien und später im Vorderen Orient große Leistungen vollbrachte.

Es gibt Rechtsgelehrte im Islam, die den muslimischen Minderheiten in der Welt empfehlen, nach Möglichkeit dem Beispiel des Propheten zu folgen und in islamische Länder auszuwandern, um dort unter ihren Glaubensbrüdern zu leben und deren Solidarität zu erfahren. Andere dagegen sehen gerade in der Präsenz der Muslime in der westlichen Industriegesellschaft eine Chance für den Islam, neue Wege zu gehen und sich endlich auf die neue Zeit einzustellen.

Höhepunkte des Jahres

1. Laylat al-qadr, Nacht der Bestimmung

Als ein besonderer Anlaß zu tiefer Frömmigkeit und zu inniger Verbundenheit mit Gott und seiner Bestimmungsmacht gilt den gläubigen Muslimen die Nacht der Bestimmung. Das ist die Nacht des 27. Tages des Fastenmonats Ramaḍān. „Voller Frieden ist sie bis zum Aufgang der Morgenröte", sagt der Koran von ihr (97,5).

Daß in dieser Nacht eine göttliche Machtentfaltung erfolgt und eine große Huld den Menschen geschenkt wird,

---

[20] Sa'd al-Dīn Farrūkh, Min waḥy Ramaḍān (frei übersetzt: Im Geist Ramaḍāns), Beirut 1974, S. 36–37.

hängt damit zusammen, daß sie die Nacht ist, die Gott zur Herabsendung der koranischen Offenbarung erwählt hat (97, 1); daher ist sie „besser als tausend Monate“ (97, 3).

An anderer Stelle bestätigt es der Koran: „Beim deutlichen Buch! Wir haben es in einer gesegneten Nacht hinabgesandt, ... in der jede weise Angelegenheit einzeln entschieden wird als eine Angelegenheit von unserer Seite ...“ (44, 2–5).

Diese Koranaussagen veranlassen die Muslime, Gott für seine Rechtleitung zu danken und ihn um die Erhörung ihrer Anliegen zu bitten.

2. ʿĪd al-fiṭr, Fest des Fastenbrechens

Dieses Fest wird am Ende des Fastenmonats Ramaḍān gefeiert. Siehe oben S. 138.

3. ʿĪd al-aḍḥā, Opferfest

Dieses Fest, das größte im islamischen Kalenderjahr, wird anläßlich der alljährlichen Wallfahrt nach Mekka gefeiert. Siehe oben S. 142.

Außer seiner Bedeutung als Bestandteil der Wallfahrtsriten und als Erinnerung an das Opfer Abrahams ist dieses Fest ein Ausdruck der Solidarität der Muslime untereinander und ihrer Zuwendung gegenüber allen Schwachen in ihrer Umgebung, denn die Opfertiere im Gebiet Mekkas und in der Heimat werden nicht nur zum eigenen Verzehr, sondern auch zur Beköstigung der Armen und zum Beschenken der Bekannten verwendet.

11. Kapitel

Moral und sittliche Normen
Mystik

Moral und sittliche Normen

Die Moral bezieht sich auf die Normen des Guten. Was aber gut und was böse ist, so lehren die Ash'ariten als Vertreter der Orthodoxie, erkennt man nicht an einer internen Qualität der menschlichen Handlung oder durch die Heranziehung einer irgendwie gearteten objektiven, der Vernunft des Menschen einsichtigen Norm, sondern durch die Befragung des Willens Gottes. Denn Gott setzt in seiner unbedingten, nicht hinterfragbaren Freiheit die Normen des Guten fest. Die Vernunft hat dabei nur die Aufgabe, durch Erforschung der koranischen Offenbarung und ihrer offiziellen Interpretation in der legitimen Tradition den Willen Gottes und seine positiven Dekrete festzustellen, sie zu beschreiben und ihre praktischen Konsequenzen deutlich zu machen. Die Moral ist somit, wie die anderen positiven Bestimmungen des Islams, ein Teil des Gesetzes. Die Verantwortung des Menschen besteht vor allem darin, sich dem Willen Gottes in unbedingtem Gehorsam zu unterwerfen.

Die positive Feststellung der moralischen Normen ist keine Vergewaltigung der menschlichen Freiheit, sie ist im Verständnis des Islams eine sehr willkommene Stütze für den Menschen, der von sich aus nicht in der Lage ist, den rechten Weg zu finden (vgl. Koran 7,43). Um dem Bösen zu entrinnen, braucht der Mensch nur der Rechtleitung Gottes zu folgen.

Die Erfahrung lehrt aber, daß der Mensch immer wieder der Sünde verfällt. Die Geschichte der Menschheit ist vor allem die Geschichte ihres Ungehorsams und ihrer Verstokkung im Bösen. Die Sünden sind jedoch nicht alle gleich schwer. Es gibt große und kleine Sünden (vgl. 53,32; 42,37; 4,31). Am schwersten sind die Sünden gegen Gott und den Glauben. Die Sünde des Unglaubens stellt sogar den Menschen außerhalb des Bereichs der Barmherzigkeit Gottes; damit ist gesagt, daß sie nicht vergeben wird (4,168; 9,80). Unglaube ist u. a. der Polytheismus (4,48.116) und der Abfall vom islamischen Glauben (4,137 usw.). Der Koran betont sogar, daß nicht einmal die Fürbitte des Propheten Muḥammad es fertigbringen kann, Gott zur Vergebung dieser Sünden zu bewegen (63,6; 9,80). Die anderen Sünden richten sich gegen das Leben der Menschen, sie vernichten es bzw. sie beeinträchtigen es schwer (Mord, Totschlag, Verletzung, Gewaltanwendung, Unzucht, Homosexualität, Ehebruch ...), oder sie tasten das Eigentum und den Ruf anderer an und fügen ihnen Schaden zu. All diese Sünden können vergeben werden, denn Gott ist bereit, alle Sünden der Menschen zu vergeben (39,53), „wem Er will", sagt der Koran (2,284; 3,129 usw.). Die Vergebung der Sünden und Vergehen erfolgt aufgrund des Glaubens (vgl. 20,73; 26,51; 46,31), der treuen Gefolgschaft gegenüber dem Propheten (3,31) und der gläubigen Erfüllung der verschiedenen religiösen Pflichten (Gebet, Fasten, gesetzliche Abgabe, Wallfahrt nach Mekka). Dazu kommt die Reue und Umkehr des Sünders (42,25; 4,17). Die Reue drückt sich in Werken der Buße und der Sühne aus, und solche Werke versöhnen ja mit Gott (5,39). So sollen die Gläubigen Reue zeigen und Buße tun (24,31; 66,8; 5,74). Sie sollen auch Gott um Vergebung bitten. All diese Punkte werden in einer Koranstelle zusammengefaßt:

> *3,135–136*
>
> ... und die, wenn sie etwas Schändliches begangen oder sich selbst Unrecht getan haben, Gottes gedenken und um Vergebung für ihre Sünden bitten – und wer vergibt die Sünden außer Gott? – und auf dem, was sie getan haben, nicht bestehen, wo sie es doch wissen. Deren Lohn ist Vergebung von ihrem Herrn und Gärten, unter denen Bäche fließen; darin werden sie ewig weilen. Vorzüglich ist der Lohn derer, die (gut) handeln.

Die Vergebung der großen Sünden beinhaltet zugleich die Verzeihung der kleineren Vergehen. Auch die Vermeidung schwerer Schuld bringt Vergebung der kleineren Sünden

(53,32; 4,31), um so mehr bewirken die guten Taten Verzeihung von seiten Gottes (z.B. das Gebet: 11,114).

Die islamische Moral gründet auf sittlichen Werten und enthält Gebote und Verbote, die mit denen des biblischen Dekalogs vergleichbar sind (17,22–39; 6,151–153; 60,12). Folgende Ausführungen sind darauf angelegt, diese Parallelität deutlich zu zeigen.

Fundament der Moral und der sittlichen Werte ist der *Glaube* an Gott allein, der Dienst, den der Mensch Gott allein schuldet. Der Glaube und der Gehorsam drücken sich in der Erfüllung der religiösen Pflichten aus. Dem demütigen Gläubigen öffnet sich der Weg zur Vertiefung seines Glaubens (32,15). Hochmut bringt nur die Abneigung Gottes, denn er bringt den Menschen vom Glauben und vom Dienste Gottes ab (40,35). So liebt Gott die Hochmütigen nicht (16,23), er wird sie im Gegenteil mit der Hölle bestrafen (16,27; 4,172–173). Der Koran verurteilt auch die Undankbarkeit , die der Mensch immer wieder an den Tag legt. Den Dankbaren wird Belohnung von Gott verheißen (3,144). Desgleichen wird versichert, „Gott ist mit den Geduldigen" (2,153 ...), sie werden ihre Belohnung bei ihm finden (28,54; 29,59 ...).

Der Koran spricht sich gegen das leichtfertige *Schwören* beim Namen Gottes aus (2,224). Wer die Eide für Intrigen und ähnliche Handlungen mißbraucht, hat die Strafe Gottes zu erwarten (16,94). Geleistete Eide und unter Eid gegebene Versprechen müssen eingelöst werden (16,91; 5,89). Unbedachte Eide, die einen z.B. aus Sprachgewohnheit einfach überraschen, werden mit Nachsicht behandelt (2,225), aber man muß für sie Sühne leisten, indem man zehn Arme beköstigt oder drei Tage fastet (5,89).

Der Muslim ist gehalten, seine *Eltern* zu ehren, sie mit Liebe und Dankbarkeit zu behandeln und sie notfalls gut zu versorgen (2,215). Aber die Ehrfurcht vor den Eltern darf dem eigenen Glauben nicht abträglich sein, so darf man ihnen nicht gehorchen, wenn sie zur Aufgabe des Glaubens aufrufen und drängen (29,8; 31,15). Eine besonders schöne Koranstelle soll hier zitiert werden:

17,23–24

Und dein Herr hat bestimmt, daß ihr nur Ihm dienen sollt, und daß man die Eltern gut behandeln soll. Wenn eines von ihnen oder beide bei dir ein hohes Alter erreichen, so sag nicht zu ihnen: „Pfui!", und fahre sie nicht an, sondern sprich zu ihnen ehrerbietige Worte. Und senke für sie aus Barmherzigkeit den Flügel der Untergebenheit und sag: „Mein Herr, erbarme dich ihrer, wie sie mich aufgezogen haben, als ich klein war."

Der Koran tritt für den Respekt des *Lebens* ein und verbietet den unberechtigten Mord (4,29.92), denn der unberechtigte Mord ist im Grundsatz ein Angriff auf die gesamte Menschheit und bedroht daher die Existenz aller Menschen: „Wenn einer jemanden tötet, ... so ist es, als hätte er die Menschen alle getötet. Und wenn jemand ihn am Leben erhält, so ist es, als hätte er die Menschen alle am Leben erhalten" (5,32). Den Mörder erwartet der Zorn Gottes, Gott wird ihn verfluchen und der Höllenpein ausliefern (4,93). Außerdem gelten in diesem Falle die Bestimmungen, die das entsprechende Strafmaß festlegen und die sich am alten Prinzip des jus talionis orientieren (2,178). Siehe dazu die Ausführungen auf S. 177–179.

Zur Liebe und *Sexualität* nimmt der Islam eine positive bejahende Haltung ein. Denn es gehört zu den Zeichen Gottes in seiner Schöpfung, „daß Er euch aus euch selbst Gattinnen erschaffen hat, damit ihr bei ihnen wohnet. Und Er hat Liebe und Barmherzigkeit zwischen euch gemacht ..." (30,21). So gehören Mann und Frau zueinander, sie sind füreinander eine Bekleidung (2,187), die Frauen sind die Saatfelder der Männer (2,223). Nur während der Menstruation der Frau (2,222), in der Bußzeit des Fastens tagsüber (2,187) und bei der Wallfahrt für die Dauer des Weihezustandes (2,197) ist der Geschlechtsverkehr untersagt. Die Ehe ist der Ort, wo dieser Geschlechtsverkehr erlaubt ist (70,31), sonst muß man so lange Enthaltsamkeit üben, bis man verheiratet (24,33) ist. Nur die Männer haben zudem die Möglichkeit, Umgang mit ihren Sklavinnen zu unterhalten (70,29–30; 23,5–6); das entsprach den alten Bestimmungen in bezug auf die Rechte des Herrn auf seine Sklaven. Sonst ist die Keuschheit Pflicht der Frauen (24,60) und auch der Männer (70,29; 23,5; 24,30). Dies bedeutet das Verbot der Unzucht (6,151; 7,28), der Prostitution (24,33) und der Homosexualität (4,16; 7,80–81). Alle diese Sünden werden als Verbrechen betrachtet und auch entsprechend geahndet. Am schwersten gilt aber der Ehebruch, denn er verletzt die Ehre der Familie und ruft Zweifel in bezug auf die Legitimität der Kinder hervor. Zu den vorgeschrieben Strafen s.u. S. 179–181.

Die *Gerechtigkeit* soll nach dem ausdrücklichen Befehl des Korans die besondere Tugend der Muslime sein: „O ihr, die ihr glaubt, tretet für Gott ein und legt Zeugnis für die Gerechtigkeit ab. Und der Haß gegen bestimmte Leute soll euch nicht dazu verleiten, nicht gerecht zu sein. Seid gerecht, das entspricht eher der Gottesfurcht" (5,8 vgl. 7,29; 49,9). So verurteilt der Koran den Betrug und die Unehrlichkeit im Geschäftsleben. Maß und Gewicht sollen voll sein „nach Gerechtigkeit" (6,152). Zinsnehmen wird im Koran, so die Interpretation vieler Autoren, als Wucher bezeichnet und verboten: Wenn ihr Zins nehmt, „so erwartet Krieg von Gott und seinem Gesandten" (2,278–279). Das anvertraute Gut muß zur festgelegten Zeit zurückgegeben werden (70,32: 4,58). Was man versprochen hat, muß man einhalten und seine Pflichten erfüllen (2,177). Als Ausdruck der Gerechtigkeit versteht der Koran auch die rechte Behandlung der Schwachen und Schutzlosen in der Gesellschaft. Es sind vor allem die Armen und die Reisenden (30,38). Auch gegenüber friedlichen Ungläubigen gilt es, Gerechtigkeit zu üben (60,8). Die Gerechtigkeit gebietet also, den Leuten nicht das abzuzwacken, was ihnen gehört (26,183; 7,85). Ungerechtigkeiten aller Art werden vom Richter geahndet. Für den Diebstahl und die Gewalttätigkeit werden bestimmte Strafen vorgesehen (s.u. S. 181).

Der Koran legt großen Wert darauf, daß die Gläubigen „zutreffende Worte" sprechen, damit sie die Vergebung ihrer Schuld und die Gunst Gottes erfahren (33,70–71). Die Liebe zur *Wahrheit* verbietet es, das Falsche zu bezeugen (25,72), zu heucheln, unaufrichtig zu sein und sich für Dinge loben zu lassen, die man nicht getan hat (3,188). Auch unbegründete Mutmaßungen und Verdächtigungen (49,12), üble Nachrede (24,19) sowie Verleumdungen (4,112) sind verboten und setzen den Sünder der Strafe Gottes aus.

Außer diesen Verordnungen, die dem Inhalt des Dekalogs entsprechen, unterstreicht der Koran Tugenden, die das Leben der Gläubigen in der Gemeinschaft stützen und diese zum Vorbild für die Menschen machen (vgl. 2,143). Über diese sozialen Tugenden wird noch die Rede sein.

Mystik im Islam

Die Mystik ist die Suche des Menschen nach der Nähe Gottes, nach der Begegnung mit ihm bis hin zur Vereinigung mit ihm. Auch der Islam, dessen Mitte zwar die Unterwerfung vor Gott in der Haltung des Knechtes und Dieners ist, kennt die Suche nach dem Antlitz Gottes, und dies vor allem durch das Gebet und das Anrufen seines Namens (6,52; 18,28). Denn das Antlitz Gottes erfüllt das All (vgl. 2,115). „Alle Dinge werden untergehen, nur sein Antlitz nicht" (28,88). „Bleiben wird nur das Antlitz deines Herrn, das erhabene und ehrwürdige" (55,27). Aus dieser Suche hat sich eine mystische Linie entwickelt, die verschiedene Ausprägungen hervorgebracht und sehr unterschiedliche Auswirkungen gezeitigt hat.

Die Entwicklung dieser Mystik wurde durch christliche, neuplatonische, persische und indische Einflüsse gefördert, ja manchmal entscheidend geprägt. Sie blieb jedoch unverkennbar islamisch, denn sie beruft sich ausdrücklich auf den Koran und gründet auf Vorstellungen und Verhaltensweisen, die den Islam kennzeichnen. Vor allem in der ersten Periode seiner Verkündigung in Mekka betonte Muḥammad die Vergänglichkeit der Welt und die Schrecken des nahen Gerichts. Er verurteilte die Leidenschaften und die Habgier der Menschen: Die kommende Welt ist besser als diese, wiederholte er (14,3; 28,60; 29,64).

Solche Mahnungen inspirierten die frühislamische Askese, die sich in erster Linie auf die gewissenhafte Erfüllung der vorgeschriebenen Pflichten stützt. Unterstrichen wird die Notwendigkeit der lauteren Gesinnung, der aufrichtigen Absicht, der ernsthaften Reue und der wirksamen Gottesfurcht. Die Beschäftigung mit der Welt ist eine verhängnisvolle Versuchung. Der Tod rückt unausweichlich näher, und bald muß der Mensch vor Gottes Gericht erscheinen. Diese weltabgewandte Haltung drückte sich vor allem in folgenden Punkten aus. Die Reinheit wurde sehr beachtet: So enthielten sich die Asketen der Speise (Blut, Schweinefleisch) und der Getränke (Wein und Alkoholika), die verboten sind; sie lehnten alles ab, was durch Unrecht und sündhaftes Verhalten erworben wurde. Die Asketen befürworteten das Fasten als Mittel, gegen die Leidenschaften und Begierden zu kämpfen, die inneren Kräfte des Geistes freizulegen und zu stärken, endlich das Gebet und die Meditation der Koranverse zu erleichtern. Dieselben Auswirkungen erhofften sich einige Asketen vom Verzicht auf Ehe und Familie. Auch diejenigen, die verheiratet waren, unterstrichen die Vorzüge des zölibatären Lebens und dagegen die Schwierigkeiten des Familienlebens: Der Verheiratete sehe seinen inneren Frieden bedroht, und die Sorgepflicht für seine Familie erschwere ihm die Suche nach Gott. Auch die Gesellschaft der Menschen und die Geschäftigkeit des Lebens in der Welt schien den Asketen ein ernstes Hindernis auf ihrem Weg zu sein. So suchten sie in der Einsamkeit die Ruhe, die ihnen die Verrichtung ihrer religiösen und asketischen Übungen erleichterte.

Im Laufe der Zeit vertiefte sich das Gefühl, daß der Asket immer weniger sich selbst und immer mehr Gott in den Mittelpunkt seiner Bemühungen stellen sollte. Es fand eine Verinnerlichung der Suche nach Gott statt. Im Vordergrund standen nun die Gottesfurcht und das Gottvertrauen. Der Mystiker tut weiterhin Buße, er läßt sich aber dadurch nicht lähmen, denn der transzendente Gott ist zugleich der barmherzige Gott, der sich den Gläubigen in Gnade zuwendet und bei dem man Geborgenheit findet. Die Mystiker verließen sich auf Gott und erfuhren dabei inneren Frieden, unerschütterliche Ruhe des Herzens und zufriedene Gelassenheit. Im praktischen Alltag führte dieses Gottvertrauen auch zu einer Haltung, die durch folgende Grundsätze gekennzeichnet ist: Gleichgültigkeit gegenüber der Gefahr, Nichterwerb, Nicht-Aufspeichern, Reisen ohne Wegzehrung, Verzicht auf Medikamente, Standhaftigkeit in der Prüfung.

Die Mystiker wurden Ṣūfī, Wollbekleidete, genannt. Sie suchten einzeln oder in Gemeinschaft die Begegnung und die Vereinigung mit Gott, und zwar, wie auch bei den Mystikern anderer Religionen, auf dem Weg der Erkenntnis und auf dem Weg der Liebe.

Die erste Stufe der Erkenntnis ist die Erkenntnis des Glaubens. Die mystische Erkenntnis steht auf der zweiten Stufe, sie ist vor allem affektiv, wenn sie von der Liebe her inspiriert ist, und intuitiv, wenn sie auf der Meditation gründet. Wenn sich der Mystiker auf Gott konzentriert, so beseitigt er alles, was zwischen ihm und Gott liegt: die Welt, die Gesellschaft und schließlich auch sich selbst, d. h. seine Eigenschaften, seinen Willen, seine Vernunft und sein Denken. Durch dieses äußerste „Entwerden" hofft der Mystiker bis zum verborgenen Geheimnis Gottes vorzustoßen und das göttliche Wesen intuitiv und direkt zu erkennen. In den Stadien seiner Meditation erlebt der Mystiker geistliche Zustände, die die unsagbare Nähe Gottes andeuten. Gott bleibt jedoch in seiner Transzendenz weiterhin „hinter einem Vorhang" (Koran 42,51). Diese unüberbrückbare Ferne Gottes und das Erwachen nach der mystischen Versenkung bereiten den Mystikern immer neue schmerzliche Erfahrungen.

Auf dem Weg der Liebe durchschreitet der Mystiker mehrere Stufen und erlebt verschiedene geistliche Zustände: die totale Konzentration des Herzens und der Gefühle auf Gott allein, das ständige Gedenken Gottes, das eine tiefe Zuneigung erzeugt; – die Sehnsucht nach Gott; – die Vertrautheit in Gottes Nähe; – die leidenschaftliche Liebe und das Erleben der göttlichen Zuwendung; – die Entwerdung, so daß Bewußtsein und Herz nur noch von Gott allein erfüllt sind; – die Vereinigung mit Gott, so daß nur noch Gott besteht und der Mystiker das Erlebnis des Aufgehens in Gott hat; – den Rausch der Vereinigung mit Gott und die Ekstase; – dann wieder das schmerzliche Erwachen und die Ernüchterung im Erlebnis der Ferne Gottes, der sich dem Mystiker entzieht; damit verbunden ist die stille Ergebung in den Willen Gottes und das Warten auf das erneute Geschenk seiner beglückenden Nähe.

Die Mystiker fanden in der islamischen Welt ein sehr unterschiedliches Echo. Politische, soziale und religiöse Gründe führten zum Konflikt zwischen den Mystikern und den Vertretern der Orthodoxie. Den Mystikern wurde vorgeworfen, sie würden den Häretikern, den Shīʿiten und aufständischen Gruppen Sympathie entgegenbringen und Unterstützung gewähren. Auch übten die Mystiker an der unwirksam gewordenen offiziellen Lehre, die sich mehr um Rechtsfragen als um die Anliegen der Frömmigkeit kümmerte, harte Kritik. Die orthodoxen Theologen ihrerseits warfen den Mystikern vor, die Erfüllung der vorgeschriebenen religiösen Pflichten zugunsten ihrer eigenen Andachtsübungen und ihrer Meditation zu vernachlässigen und eine Art Heiligenverehrung ihrer eigenen Person zuzulassen, ihre eigenen Erlebnisse und die mystische Erkenntnis höher einzustufen als den Glauben, endlich durch ihre Betonung der Liebesvereinigung mit Gott Gott und den Menschen auf die gleiche Ebene zu stellen und damit die Transzendenz Gottes zu verleugnen. Gott bleibe, so die orthodoxe Lehre, unerreichbar, und es gebe keine Gemeinschaft zwischen dem Geschöpf und dem Schöpfer, zwischen dem Knecht und dem Herrn; es gebe keine Liebe der Gleichen zwischen Gott und dem Menschen, sondern nur eine Liebe der Ungleichen: Die Liebe des Menschen bedeute Gehorsam und Ehrfurcht, die Liebe Gottes drücke seine Barmherzigkeit aus. Somit sei jeder Gefahr, den Pantheismus in den Islam hineinzutragen, vorgebeugt.

Der Theologe al-Ghazzālī (1058–1111) unternahm es, die Orthodoxie mit der Mystik zu versöhnen, indem er die Grundsätze der islamischen Lehre und die Äußerungen der Mystiker in einem abgestuften System unterbrachte. Die Mystiker dürfen die intuitive Gotteserkenntnis suchen, aber die Erkenntnis steht nicht höher als die prophetische Erkenntnis; die Liebe zu Gott ist legitim, aber sie tut der Transzendenz Gottes keinen Abbruch; der Mystiker darf seiner Meditation nachgehen, er hat jedoch die religiösen Pflichten der Gläubigen zu erfüllen.

Unter dem Druck der argwöhnischen Orthodoxie flüchteten sich die Mystiker zunehmend in esoterische Lehren für eingeweihte Kreise.

Es bildeten sich auch Bruderschaften, die sich der Pflege der mystischen Suche nach Gott widmeten.

12. Kapitel

Ehe und Familie

Der Islam bejaht mit Entschiedenheit die Institution der Ehe und Familie. Als Ort der Entfaltung der einzelnen Partner sowie der harmonischen Beziehungen zwischen Eltern und Kindern ist die Familie das vorzügliche Mittel, ein erfülltes Leben zu erzielen. So wird die Familie im Koran unter den vielen guten Dingen, die Gott den Menschen beschert hat, besonders hervorgehoben: „Und Gott hat euch aus euch selbst Gattinnen gemacht, und von euren Gattinnen Söhne und Enkel gemacht ..." (16,72).

Zweck der Ehe

Die Ehe und die Familie erfüllen in der Schöpfungsordnung einen vielfachen positiven Zweck für die einzelnen und für die Gesellschaft.

1. Zunächst einmal ist die Ehe der natürliche Weg zur Zeugung von *Nachkommenschaft.* Erwachsene Menschen spüren eine in ihnen tief verankerte Neigung, Kinder zu bekommen. Auch die Gesellschaft meldet ihr Interesse daran, daß eine ausreichende Nachkommenschaft heranwächst und die Zukunft der Gemeinschaft sichert. Außerdem entspricht die Zeugung von Kindern in den Augen des Islams dem Willen Gottes, der ja selbst der eigentliche Schöpfer der gezeugten Kinder ist (vgl. Koran 86,5–7; 75,36–39; 23,12–14 usw.). So habe Muḥammad, der Verkünder des Islams, betont, die Erzielung von Nachkommenschaft sei ein Hauptzweck der Ehe. Die Tradition hat von ihm folgenden Spruch überliefert: „Heiratet und mehrt euch, denn am Jüngsten Tag will ich vor den übrigen Völkern mit euch Staat machen!" Und:

„Eine häßliche (wörtlich: schwarze) Frau, die viele Kinder zur Welt bringt, ist besser als eine schöne, die keine bekommt" (zitiert nach Ghazzālī).

2. Einen zweiten Hauptzweck erfüllt die Familie dadurch, daß sie der Ort einer echten *Lebensgemeinschaft* zwischen Ehepartnern auf der einen sowie zwischen Eltern und Kindern auf der anderen Seite ist.

Die islamische Familie gründet nämlich nach der Vorstellung des Korans auf der gegenseitigen Zuneigung und Liebe von Mann und Frau. Diese tiefe Bindung der Ehepartner aneinander bewertet der Koran als eines der Zeichen Gottes in seiner Schöpfung: „Und es gehört zu seinen Zeichen, daß Er euch aus euch selbst Gattinnen erschaffen hat, damit ihr bei ihnen wohnet" (30,21).

Darüber hinaus bietet die Familie den einzelnen Mitgliedern Geborgenheit und Sicherheit. Der Ehemann ist verpflichtet, seine Frau und seine Kinder mit einem ausreichenden Lebensunterhalt zu versorgen. Die Ehefrau hat die Aufgabe, den Haushalt zu führen und die Erziehung der Kleinkinder zu übernehmen. Damit erweist sich die Familie zunächst einmal als der Ort einer geordneten Lebensführung und einer partnerschaftlichen Arbeitsteilung. In der Familie entwickeln Eltern und Kinder außerdem ihren Gemeinschaftssinn und ihre Bereitschaft, selbstlos für die anderen dazusein, ihnen in Liebe und Hingabe zu begegnen. Dies erlaubt ihnen, sich in der Gesellschaft so zu verhalten, daß die Menschen sich als eine Gemeinschaft und eine Familie fühlen. Denn, so die Aussage des Korans, die Menschheit ist eigentlich eine große Familie, alle Männer und Frauen stammen ja aus einem Menschenpaar (vgl. 7,189; 4,1).

3. Ein dritter Zweck der Ehe ist die *Befriedigung des Geschlechtstriebs* sowie die Institutionalisierung und damit auch die Kanalisierung des Geschlechtsverkehrs, was die Möglichkeit bietet, den Geschlechtsumgang einer gewissen Kontrolle zu unterziehen, den wilden Verkehr zu unterbinden und eine unverantwortliche Zeugung von Kindern zu verhindern. Der Koran spricht sich ausdrücklich gegen den außerehelichen Geschlechtsverkehr aus (vgl. 70,31).

Wer, ob Mann oder Frau, unverheiratet ist, „soll keusch

bleiben“ (24,33). Zwar hatten die Männer damals nach den Bestimmungen des antiken Sklavenrechts die Freiheit, außerhalb der Ehe Umgang mit Konkubinen aus den Reihen ihrer Sklavinnen zu haben (vgl. 70,29–30; 23,5–6). Im Normalfall besteht jedoch der Koran darauf, daß alle Unverheirateten keusch leben müssen, gleich ob es Männer (70,29; 23,5; 24,33) oder Frauen (24,33) sind.

Die Tradition hat von Muḥammad einen Spruch überliefert, der die Ehe als einen wirksamen Schutz gegen Unzucht und sexuelle Gefährdung der Menschen beschreibt: „O ihr jungen Männer, wer von euch heiraten kann, der heirate; so bewahrt er am besten seine Augen vor unlauteren Blicken und seinen Körper vor Ausschweifung“ (Ḥadīth-Sammlung von Bukhārī).

Auch die Gesellschaft mißt der Institutionalisierung und der Kontrolle der Sexualität eine besondere Bedeutung zu. Denn ein wilder Geschlechtsverkehr hätte gravierende Konsequenzen für die Feststellung der Vaterschaft und damit für die Zusammengehörigkeit und den Zusammenhalt der Familie sowie für die Regelung der Erbfolge. Auch kann dadurch eine ordentliche Erziehung der Kinder zu nützlichen Mitgliedern der Gemeinschaft in besonderem Maße erschwert werden.

Pflicht zur Ehe

1. Koran und Tradition

Der Islam befürwortet die Ehe und meldet Bedenken gegen den Zölibat (zur Ehelosigkeit der christlichen Mönche vgl. 57,27). Die Haltung des Korans ist deutlich: „Und verheiratet die Ledigen unter euch und die Rechtschaffenen von euren Sklaven und euren Sklavinnen.“ Im selben Vers antwortet er auf einen geläufigen Einwand: „Wenn sie arm sind, wird Gott sie durch seine Huld reich machen. Und Gott umfaßt und weiß alles“ (24,32). Als Beispiel für die Gläubigen könnten die Propheten angeführt werden, von denen der Koran bezeugt, daß sie geheiratet und Nachkommenschaft gezeugt haben (13,38).

Auch Muḥammad, der vom Koran als Vorbild für die Gläubigen bezeichnet wird (33,21), hat geheiratet und hat die Ehe zu einem Bestandteil seines Weges, d. h. der von ihm sanktionierten Tradition, erklärt: „Es gehört zu meinem Weg (sunna) zu heiraten." Muḥammad habe auch den Muslimen eingeschärft: „Heiratet und mehrt euch! ..." Er habe diejenigen Männer und Frauen verflucht, die erklärten: Wir heiraten nicht. In einem Fall habe er einen Mann getadelt, der unverheiratet war und keine Gründe zur Rechtfertigung seines Standes anführen konnte: „Dann bist du nicht von unserer Gemeinde, dann bist du ein Bruder des Teufels." Muḥammad habe nach einer anderen Überlieferung auch einmal gesagt: „Verhängt selbst keine Erschwernisse über euch selbst, damit euch keine schweren Lasten aufgebürdet werden. Denn andere Völker haben dies getan, und es ist ihnen schwer gemacht worden. Ihre Spuren sind in den Zellen und den Klöstern (der Mönche). Sie haben sie selbst ersonnen, wir haben sie ihnen nicht vorgeschrieben (vgl. auch Koran 57,27).

2. Rechtsschulen

Die Rechtsschulen des Islams haben diese Aussagen des Korans und der Tradition nicht als ein absolutes Gebot und eine in jedem Fall bindende Pflicht zur Ehe gedeutet. Im folgenden soll die Interpretation der Rechtsschule der Ḥanafiten wiedergegeben werden.

Geboten ist die Ehe für jeden, der sich vor Ausschweifungen, Unzucht, Ehebruch usw. schützen muß und ansonsten die Pflichten eines Ehepartners erfüllen kann.

Für den, der zwar auch ohne Heirat keusch leben kann, aber in der Lage ist, eine Ehe und ein ordentliches Familienleben zu führen, ist der Ehestand empfehlenswert. Die Vorteile, die damit verbunden sind, sind das verdienstvolle Handeln im Sinne des Korans und der Tradition, die Stärkung der islamischen Gemeinschaft durch Zeugung von Nachkommenschaft und islamische Erziehung der Kinder, die sittliche Festigung der Frau in der Geborgenheit eines geregelten Sexuallebens und einer geordneten Familienstruktur, die gegenseitige Fürsorge der Ehepartner füreinander und ihre gemeinsame Bemühung um das Wohl ihrer Kinder. Wer ohne einsichtige Gründe auf all diese Vorteile verzichtet, handelt nicht im Geiste des Islams.

Die Autoren berücksichtigen jedoch Einzelfälle, bei denen

eine Heirat eher Schaden als Vorteil bringt. Für solche Fälle ist eine Eheschließung verboten. Dies gilt z.B., wenn der Mann zum Geschlechtsverkehr unfähig ist oder nicht imstande ist, seiner Frau und seiner Familie den angemessenen Lebensunterhalt zu sichern. Wer also aus irgendeinem Grund die Pflichten, die aus einer Ehe entstehen, nicht zu erfüllen vermag, darf nicht heiraten.

Eheschließung

Die Familie hat im Islam ihre in Altarabien herrschende patriarchalische Gestalt beibehalten. Der Mann ist Vorstand des Haushaltes, Hausvater und Vertreter der Familie im öffentlichen Leben. Er ergreift die Initiative bei der Brautsuche und hat die Mittel zusammenzubringen, die eine Eheschließung ermöglichen und das Leben der Familie später sichern. Er besitzt das Recht, ohne gerichtliche Feststellung seine Frau bzw. eine seiner Frauen zu entlassen. Er ist aber auch der Beschützer seiner Frau(en) und seiner Familie.

Der Koran erlaubt die Polygamie und hat die Zahl der legitimen Frauen, die ein Mann gleichzeitig haben darf, auf vier beschränkt (4,3). Er bestimmt jedoch, daß der Mann dann seine Frauen alle gleich und gerecht zu behandeln hat. Die Vorschrift bezieht sich auf das Eheleben, die Unterbringung und den Lebensunterhalt. Sollte aus irgendeinem Grund diese gerechte Behandlung der Frauen nicht zu verwirklichen sein, so darf der muslimische Mann nur eine Frau auf einmal heiraten. Unbenommen bleibt das Recht, sich uneingeschränkt Frauen aus den Reihen der Sklavinnen zu nehmen (4,3). In einem späteren Vers derselben Sure 4,129 stellt der Koran doch wieder fest: „Und ihr werdet es nicht schaffen, die Frauen gleich zu behandeln, ihr mögt euch noch so sehr bemühen . . .“ In dieser Anmerkung sehen die Muslime heute einen Hinweis auf die Bevorzugung der Einehe durch den Koran, ohne daß dadurch der Grundsatz der Polygamie aufgegeben wird.

Die Ehehindernisse rühren hauptsächlich aus den Verwandtschaftsverhältnissen her. Ein Muslim darf also Verwandte nicht heiraten: Mutter, Tochter, Schwester, Tante, Nichte, Nährmutter, Schwiegermutter, Stieftochter von

Frauen, mit denen der Geschlechtsverkehr schon vollzogen wurde, Schwiegertochter, Schwester der eigenen Frauen (4,22–23). Mit Polytheisten darf der Muslim bzw. die Muslimin die Ehe nicht eingehen, und dies wegen der Unvereinbarkeit zwischen dem Islam und dem Unglauben der Polytheisten (2,221; 60,10). Eine muslimische Frau, so die traditionelle Lehre, darf auch keinen Christen und keinen Juden heiraten, um ihren Glauben nicht zu gefährden, da ja der Mann über seine Frau wacht und die Gestalt des Familienlebens bestimmt. Darüber hinaus wird als unannehmbar betrachtet, daß die Kinder der muslimischen Frau dem Glauben des nichtmuslimischen Vaters folgen. Die Ehe einer muslimischen Frau mit einem Christen muß daher sofort für ungültig erklärt und geschieden werden, die Frau muß sich unverzüglich vom Mann trennen oder sie muß umgehend durch Intervention des Gerichts von ihm getrennt werden, es sei denn, der Mann tritt zum Islam über, dann wird die Ehe als gültig erklärt und bestätigt. Ein muslimischer Mann darf ohne weiteres eine Christin oder eine Jüdin heiraten und die Ehe vor dem muslimischen Standesbeamten schließen (5,5). In diesem Fall sieht der Islam keine Gefährdung des Glaubens des Mannes als gegeben an.

Auflösung der Ehe

Die Ehe ist automatisch aufgelöst, wenn ein Ehepartner zum Heiden wird (Gläubige dürfen ja keinen heidnischen Partner heiraten), oder wenn der Ehemann vom Islam abfällt (eine muslimische Frau darf keinen Nicht-Muslim heiraten).

Der Mann kann auch einseitig die Ehe auflösen, wenn er seine Frau entläßt bzw. verstößt (ṭalāq). Widerruflich bleibt die Entlassung, solange sie nicht dreimal bestätigt wurde. Eine dreimal bekräftigte Verstoßung der Frau ist endgültig, und die Ehe gilt als rechtskräftig geschieden. In diesem Fall darf der Mann die entlassene Frau nicht wieder zu sich nehmen, bis sie einen anderen geheiratet hat und von diesem rechtskräftig entlassen worden ist (vgl. 2,229–230).

Das islamische Recht kennt auch die Auflösung der Ehe durch beiderseitiges Einverständnis der Ehepartner und nennt sie einvernehmliche Trennung (khalʿ, oder: khulʿ).

Endlich kann die Ehe durch einen Richterspruch aufgelöst werden, auch auf Verlangen und Antrag der Frau. Die Gründe, die zur Anrufung des Gerichtes berechtigen, sind unter anderen eine unheilbare Krankheit des Mannes, – die Tatsache, daß der Mann keinen Unterhalt mehr zahlt, – die Impotenz des Mannes, von der die Frau vor der Eheschließung nichts gewußt hat oder die erst nach der Heirat eintrat, – die Tatsache, daß der Mann seine Ehepflicht nicht erfüllt, – die zu lange Abwesenheit des Mannes, – die unerträgliche Behandlung der Frau durch den Mann.

Wenn die Auflösung der Ehe erfolgt, dann hat die geschiedene Frau ein Recht auf eine ausreichende finanzielle Entschädigung und Absicherung, damit sie mit Anstand leben kann (2,241). Außerdem darf sie nicht sofort aus dem Haus weggeschickt werden, es sei denn, sie wurde wegen Unzucht verstoßen (65,1). Im Normalfall muß eine Wartezeit eingelegt werden, damit eine eventuelle Schwangerschaft festgestellt werden kann (2,228; 65,1). Diese Frist beträgt drei Menstruationsperioden. Während dieser Frist hat der Mann die Frau mit Anstand und Güte zu behandeln (65,2.6).

Im Fall einer Trennung der Eltern wird das Sorgerecht für die Kinder im allgemeinen dem Vater und nach ihm dem nächsten männlichen Verwandten zuerkannt. Kleinkinder, Knaben bis zum 7. und Mädchen bis zum 9. Lebensjahr, werden vorerst der Mutter anvertraut.

Gestalt des Ehelebens und Stellung der Frau

Zur Stellung der Frau in der Gesellschaft kann man kurz folgendes ausführen. In der islamischen Familie steht der Mann nach dem Koran (2,228) eine Stufe höher als die Frau, und dies aufgrund einer natürlichen Auszeichnung von seiten Gottes und wegen der Pflichten, die er gegenüber den Frauen und den Kindern zu übernehmen und zu erfüllen hat (4,34). So ist der Mann das Haupt der Familie und darf von seinen Frauen Gehorsam verlangen. Wenn diese sich auflehnen, dann darf der Mann sie ermahnen und auch im Eheverkehr und durch Züchtigung und Schläge bestrafen (4,34). Der Mann darf jedoch nicht seine Frau wie sein Eigentum behandeln und sie, wie in Altarabien, zu seiner Erbmasse rechnen (4, 19). Diese Rangordnung zwischen Mann und Frau bedeutet jedoch nicht, daß das Eheleben in der islamischen Familie unerträglich ist. Grundsätzlich ist das Eheleben der Ausdruck gegenseitiger Liebe und Zuneigung, und gerade dies wird im Koran als ein Zeichen Gottes, ein Zeichen seiner Vorsehung und seiner Barmherzigkeit gegenüber den Menschen verstanden (30, 21). So stehen den Frauen im großen und ganzen in der Ehe dieselben Rechte wie den Männern zu (2, 228). Wenn der Umgang der Eheleute „auf rechtliche Weise" (2, 228; 4, 19) erfolgt, dann werden die Männer sich reiflich überlegen, ob sie ihre Frauen in Stunden des Zorns entlassen: „So ist es euch vielleicht etwas zuwider, während Gott viel Gutes in es hineinlegt" (4, 19).

In der Gesellschaft hat die islamische Frau nach dem Verständnis der Tradition ihre vornehmste Aufgabe darin, die Partnerin des Mannes, die gute Hausfrau, die Mutter und Erzieherin der Kinder zu sein. Nur in ihrem Haus und vor ihren nächsten Angehörigen darf sie sich frei bewegen (24, 31; 4, 34). Draußen und vor unbefugten Augen hat sie ihre Reize zu bedecken, um sich keinen Belästigungen auszusetzen. Dies erklärt die Sitte, daß die Frauen verschleiert ausgehen. Im Zusammenhang mit dieser Auffassung steht die geringe Rolle im öffentlichen Leben, die die Tradition der Frau zugedacht hat.

Restaurative Strömungen in den Kreisen der aktiven Traditionalisten und der kämpferischen Fundamentalisten setzen heute ihren Einfluß ein, um diese geschichtsbedingten Vorstellungen und die Sitten und Bräuche, die in der Vergangenheit hier und da entwickelt und befolgt wurden, wiederherzustellen und für alle verpflichtend zu machen. Dagegen kämpfen nicht nur verschiedene Frauenbewegungen in der islamischen Welt an, sondern auch all diejenigen, die eine aktive Rolle der Frau in der Gestaltung des sozialen und politischen Lebens als angemessen und unentbehrlich betrachten und daher eine breitere Beteiligung der Frauen am Leben der Gesellschaft fordern.

13. Kapitel

Die islamische Gemeinschaft

Der Koran bezeichnet die islamische Gemeinschaft als die „beste Gemeinschaft“ in der Welt, weil die Gläubigen das Rechte gebieten und das Verwerfliche verbieten, weil sie an Gott glauben und seine Befehle befolgen (vgl. 3, 110). Im folgenden sollen die Grundanliegen dieser Gemeinschaft deutlich gemacht und die Merkmale ihrer idealen Gestalt dargelegt werden.

Grundanliegen der Gemeinschaft

Die konstitutiven Elemente der islamischen Gemeinschaft sind nach dem Koran der Glaube und der Gehorsam gegen den Willen Gottes, wie er in seiner Offenbarung und in der Tradition des von ihm autorisierten Propheten zum Ausdruck kommt. Alle Muslime glauben einmütig an den einen, einzigen Gott. Sie glauben alle an seinen Gesandten Muḥammad. Sie haben alle eine gemeinsame Religion, die es im Leben zu verwirklichen gilt. Gerade dieser gemeinsame Glaube und diese gemeinsame Religion konstituiert die Muslime als Gemeinschaft, mehr: als eine von Gott direkt rechtgeleitete und vom Propheten Muḥammad direkt rechtgeführte Gemeinschaft.

So bemüht sich der Koran immer wieder um die Gestalt dieser Gemeinschaft, die auf der Wahrheit des Wortes Gottes gründet und das richtige Verhalten findet. „Die Sorge um die wahre Religion und das richtige Verhalten versteht sich u. a. aus der Notwendigkeit, in der sich der Prophet Muḥammad und seine Gemeinde befanden, ihre religiöse Identität gegenüber Juden und Christen abzugrenzen. Diese Suche nach der eigenen Identität tritt in den Versen zutage, in denen der Koran ein neues Kennzeichen der entdeckten und behaupteten Identität der islamischen Gemeinschaft bestätigt und gegen die Kritik der Gegner durchsetzt. Durch die Festsetzung der Gebetsrichtung nach Mekka wurde die Gemeinde ihrer eigenen Selbständigkeit bewußt und gewann gegenüber Juden und Christen ihre Bewegungs- und Handlungsfreiheit (vgl. 2,135–152)."[21]

Das zweite Grundanliegen des Korans in bezug auf die islamische Gemeinschaft ist die Wahrung der Einheit der Gemeinde. Diese Einheit wird nach dem Koran durch den ungeteilten Gehorsam der Gläubigen und durch die Gestaltung ihres gemeinsamen Lebens nach den Verordnungen des Gesetzes Gottes erreicht und gefördert. Denn schon am Anfang, in den frühen Generationen der Menschheit, hatten der eine gemeinsame Glaube und der eine gemeinsame Gehorsam die Menschen zu einer geeinten Gemeinde zusammengeschlossen. Erst der Unglaube und die Selbstsucht der Menschen spaltete die ursprüngliche Gemeinschaft in verschiedene Gruppen und Konfessionen, Richtungen und Parteien. Die Menschen vertraten nunmehr verschiedene Meinungen und gingen ihre eigenen Wege, sie bekämpften sich sogar gegenseitig. Das Gesetz Gottes wurde ihnen immer dunkler. Eine der Aufgaben der Propheten in jeder Periode besteht darin, nach Möglichkeit diese ursprüngliche Einheit wiederherzustellen, die Meinungsverschiedenheiten zu beseitigen, Klarheit über strittige Fragen zu bringen und die Menschen zum Gehorsam gegen Gott und seinen Willen zurückzuführen:

> *2,213*
> Die Menschen waren eine einzige Gemeinschaft. Dann ließ Gott die Propheten als Freudenboten und Warner erstehen, Er sandte mit ihnen das Buch mit der Wahrheit herab, damit es zwischen den Menschen über das urteile, worüber sie uneins waren ... (vgl. 10,19).

Der Koran weiß aber, daß es den Propheten nicht immer gelingt, Spaltung, Unglauben und Frevel bei ihren Landsleuten zu überwinden. Im Gegenteil, die Geschichte der Propheten

---

[21] Aus meinem Beitrag: „Zur Theologie des Gesetzes im Koran", in: Mensch, Welt, Staat im Islam, hrsg. M. Fitzgerald / A. Khoury / W. Wanzura (Islam und westliche Welt 2), Graz/Wien/Köln 1977, S. 76–77.

zeigt, daß diese immer wieder auf den Widerstand der Menschen gestoßen sind. Viele von ihnen mußten Verfolgung und Schmähung erleiden. So muß Muḥammad die Lehre daraus ziehen und sich bemühen, die Einheit seiner Gemeinde zu wahren: „Und dies ist mein Weg, er ist gerade. Folgt ihm. Und folgt nicht den verschiedenen Wegen, daß sie euch nicht in verschiedene Richtungen wegführen. Dies hat Er euch aufgetragen, auf daß ihr gottesfürchtig werdet“ (6,153).

Diese Einheit hat Muḥammad auch durch sein Verhalten zu gewährleisten und vor Angriffen und Gefahren zu schützen, auch wenn er weiß, daß dies in erster Linie vom Willen Gottes abhängt: „Und wenn Gott gewollt hätte, hätte Er euch zu einer einzigen Gemeinschaft gemacht. Doch will Er euch prüfen in dem, was Er euch hat zukommen lassen. So eilt zu den guten Dingen um die Wette“ (5,48).

Wettstreit bedeutet jedoch nicht, daß der Koran die Andersgläubigen – und noch weniger die Ungläubigen – als gleichberechtigt neben der islamischen Religionsgemeinschaft gelten läßt. Die Einheit und die Vorrangstellung der Religion Gottes muß gegen den Einfluß der Heuchler und Zauderer in den eigenen Reihen und gegen den Einfluß der Nicht-Muslime von außen verteidigt werden. Es gilt hierbei zwei Grundsätze zu beachten. Der erste definiert den Zustand, den die Gemeinschaft auf jeden Fall vermeiden soll:

30,31–32

... Und ihr sollt nicht zu den Polytheisten gehören, zu denen, die ihre Religion spalteten und zu Parteien wurden, wobei jede Partei froh ist über das, was sie hat (vgl. 6,159; 3,103.105).

Der zweite Grundsatz definiert das Ziel, das Gott für die Bemühungen der Gemeinschaft gesetzt hat:

9,33

Er ist es, der seinen Gesandten mit der Rechtleitung und der Religion der Wahrheit gesandt hat, um ihr die Oberhand zu verleihen über alle Religion, auch wenn es den Polytheisten zuwider ist (vgl. 48,28; 61,9).

Zwar gilt weiterhin die Feststellung, daß alle Menschen als Geschöpfe Gottes irgendwie zusammengehören. Der Plan Gottes sah folgendes vor: „O ihr Menschen, Wir haben euch von einem männlichen und einem weiblichen Wesen erschaffen, und Wir haben euch zu Verbänden und Stämmen gemacht, damit ihr einander kennenlernt. Der Angesehenste von euch bei Gott, das ist der Gottesfürchtigste von euch. Gott weiß Bescheid und hat Kenntnis von allem" (49,13).

In der konkreten Geschichte der Menschen ist die islamische Gemeinschaft die Trägerin des Glaubens und des Guten: „Ihr seid die beste Gemeinschaft, die je unter den Menschen hervorgebracht worden ist. Ihr gebietet das Rechte und verbietet das Verwerfliche und glaubt an Gott" (3,110).

Zusammenfassend kann man folgende Feststellung treffen: Der Glaube ist die Mitte des Islams, das Band der Einheit der Gemeinschaft, der wirksame Faktor der Zusammengehörigkeit der Gläubigen sowie die Grundlage der Vollwertigkeit der Muslime im Staat. So wird in bezug auf die Gesellschaft folgende Unterscheidung getroffen: Es gibt eine Art abgestufte Zusammengehörigkeit der Menschen untereinander, eine abgestufte Verbundenheit und Solidarität der Muslime mit den anderen Menschen. Konkret heißt das: Es gibt keine Solidarität mit den Ungläubigen und Abtrünnigen; nur eine Teil-Solidarität mit den Andersgläubigen, wie Juden und Christen, welche man ja als Teil-Gläubige/Teil-Ungläubige bezeichnen kann; eine volle Solidarität und Verbundenheit nur mit den Glaubensgenossen.

Merkmale der Gemeinschaft

1. Die Muslime haben eine volle Gemeinschaft untereinander zu pflegen. Diese Gemeinschaft gründet auf der Feststellung und Verordnung des Korans: „Die Gläubigen sind ja Brüder" (49,10); – „Die gläubigen Männer und Frauen sind untereinander Freunde" (9,71). Das Band ihrer Einheit, das Fundament ihrer Brüderlichkeit und die Grundlage ihrer vollen *Solidarität* ist nicht mehr wie in früheren Zeiten die Blutsverwandtschaft und die gleiche Stammeszugehörigkeit, sondern der gemeinsame Glaube. Durch diesen gemeinsamen Glauben sind sie von Feinden zu Freunden, ja zu Brüdern geworden (3,103). Das will besagen, daß jenseits aller Nationalismen und aller verschiedenen Interessen der Gruppen, der Völker und der Staaten die Muslime sich zu einem Universa-

lismus des Islams bekennen, der im Endeffekt für sie wichtiger als alle Partikularismen sein soll.

Im sozialen Bereich zeigt sich die Solidarität der Muslime darin, daß der Muslim den anderen, vor allem den Armen, das Recht einräumt, an seinem eigenen Vermögen Anteil zu erhalten, und deswegen unter anderem die gesetzliche Abgabe entrichtet (vgl. 70,24–25; 51,19). Nicht nur sollen die Muslime der Gemeinschaft und dem Staat ermöglichen, seine sozialen Aufgaben zu erfüllen. Sie persönlich sollen auch sich um die Schwachen, um die Bedürftigen und die Waisen kümmern, sie versorgen und ihnen Essen und jegliche Unterstützung geben (vgl. 107,1–2; 89,17–19 usw.). Eher als die strenge Befolgung ritueller Vorschriften ist diese Zuwendung zu den Armen ein vorzügliches Zeichen der echten Frömmigkeit:

> *2,177*
> Frömmigkeit besteht nicht darin, daß ihr euer Gesicht nach Osten oder Westen wendet. Frömmigkeit besteht darin, daß man an Gott, den Jüngsten Tag, die Engel, das Buch und die Propheten glaubt, daß man, aus Liebe zu Ihm[22], den Verwandten, den Waisen, den Bedürftigen, dem Reisenden und den Bettlern Geld zukommen läßt und es für den Loskauf der Sklaven und Gefangenen ausgibt, und daß man das Gebet verrichtet und die Abgabe entrichtet ...

Solidarität und Brüderlichkeit empfehlen den Gläubigen: „Vergeßt die Großmut untereinander nicht" (2,237). Diese Großmut veranlaßt die Gläubigen, den verletzenden Spott zu meiden: „O ihr, die ihr glaubt, die einen sollen nicht die anderen verhöhnen, vielleicht sind diese eben besser als sie. Auch sollen nicht Frauen andere Frauen verhöhnen, vielleicht sind diese eben besser als sie. Und nörgelt nicht untereinander und gebt einander keine Schimpfnamen ..." (49,11).

Die Muslime dürfen zwar erlittene Verletzungen nach strengem Recht vergelten und Böses mit Bösem zurückweisen. Es ist jedoch besser zu verzeihen, denn, „wenn ihr verzeiht, nachsichtig seid und vergebt, so ist Gott voller Vergebung und barmherzig" (64,14). – „Sie sollen verzeihen

---

[22] Zu Gott – oder: trotz seiner Liebe zu ihm, d.h. zum Geld.

und nachlassen. Liebt ihr es nicht, daß Gott euch vergibt? Gott ist voller Vergebung und barmherzig" (24,22). Auch in Todesfällen, in denen den Gläubigen zugestanden wird, den Mörder hinrichten zu lassen, bzw. Blutrache zu üben, empfiehlt der Koran, darauf zu verzichten und sich mit einer Wiedergutmachung in Form eines Blutgeldes zu begnügen (2,178). Die beste Form der Bereitschaft zur Versöhnung ist wohl, daß der Gläubige das Böse mit Gutem vergilt, denn damit kann er seinen Widersacher zu einem Freund machen: „Nicht gleich sind die gute und die schlechte Tat. Wehre ab mit einer Tat, die besser ist, da wird der, zwischen dem und dir eine Feindschaft besteht, so, als wäre er ein warmherziger Freund" (41,34; vgl. 23,96; 13,22).

Die brüderliche Solidarität der Muslime verpflichtet sie auch, zwischen streitenden Parteien Frieden zu stiften, notfalls durch die Niederkämpfung der Partei, die ungerechterweise die andere angreift und ihr Gewalt antut (49,9).

Daß die Versöhnung ein besonders wichtiges Anliegen des Islams ist, zeigt sich in manchen Aussprüchen, die die islamische Tradition dem Propheten Muḥammad zuschreibt[23]. Hier sei eine dieser Erzählungen wiedergegeben:

> Die Pforten des Paradieses werden montags und donnerstags geöffnet, und es wird einem jeden vergeben, der ihm *(Gott)* nichts anderes beigesellt, nur einem Mann nicht, der im Streit liegt mit seinem Bruder. Es wird gesagt: Laßt diese zwei warten, bis sie sich versöhnen. Laßt diese zwei warten, bis sie sich versöhnen. Laßt diese zwei warten, bis sie sich versöhnen (Ḥadīth-Sammlung von *Muslim*).

In anderen Erzählungen wird der Akzent in eindringlicher Weise auf die gegenseitige Liebe gesetzt, die zwischen den Muslimen herrschen soll:

> Ein Mann ging einen Bruder in einem Dorf besuchen. Gott schickte ihm einen Engel den Weg entgegen. Als er ihm begegnete, sagte er: Wohin gehst du?
>
> Er sagte: Ich möchte einen Bruder von mir in diesem Dorf besuchen.

---

[23] Eine umfangreiche Sammlung von Texten aus der islamischen Tradition findet sich in meinem Buch: So sprach der Prophet. Worte aus der islamischen Überlieferung (GTB 785), Gütersloh 1988.

Er sagte: Ist er dir etwas schuldig, so daß du von ihm die Schuld zurückfordern willst?
Er sagte: Nein, nur daß ich ihn um Gottes willen liebe.
Er sagte: Ich bin der Sendbote Gottes, der zu dir mit der Botschaft kommt, daß Gott dich so liebt, wie du ihn *(den Bruder)* um Gottes willen liebst. *(Muslim)*

Eine andere Erzählung, die an das Evangelium nach Matthäus, Kapitel 25, erinnert, soll diesen Abschnitt schließen:

Gott, der Hohe und Erhabene, wird am Tag der Auferstehung sagen: O Kind Adams, ich bin krank gewesen, und du hast mich nicht besucht.
Er wird sagen: O mein Herr, wie kann ich dich besuchen, wo du doch der Herr der Welten bist?
Er wird sagen: Wußtest du nicht, daß mein Diener Soundso krank war, und du hast ihn nicht besucht. Hättest du ihn besucht, hättest du mich bei ihm gefunden; wußtest du es nicht?
– O Kind Adams, ich habe dich um etwas zu essen gebeten, und du hast mir nicht zu essen gegeben.
Er wird sagen: O mein Herr, wie kann ich dir zu essen geben, wo du doch der Herr der Welten bist?
Er wird sagen: Wußtest du nicht, daß mein Diener Soundso dich um etwas zu essen gebeten hat, und du hast ihm nicht zu essen gegeben. Hättest du ihm zu essen gegeben, hättest du es bei mir gefunden; wußtest du es nicht?
– O Kind Adams, ich habe dich um etwas zu trinken gebeten, und du hast mir nicht zu trinken gegeben.
Er wird sagen: O mein Herr, wie kann ich dir zu trinken geben, wo du doch der Herr der Welten bist?
Er wird sagen: Mein Diener Soundso hat dich um etwas zu trinken gebeten, und du hast ihm nicht zu trinken gegeben. Hättest du ihm zu trinken gegeben, hättest du es bei mir gefunden; wußtest du es nicht? *(Muslim)*

2. Neben der Solidarität besteht die *Gerechtigkeit* als die zweite Hauptstütze der islamischen Gemeinschaft. Um diese Gerechtigkeit für alle Mitglieder der Gemeinschaft gelten zu lassen, hat das islamische Gesetz eine genaue Liste der Verbrechen und Vergehen aufgestellt, die gegen das Recht anderer verstoßen und somit eine entsprechende Strafe nach sich

ziehen. Darüber wird noch unter dem Titel: Rechtsprechung und Strafrecht berichtet, S. 181.

3. Das dritte Hauptmerkmal der islamischen Gemeinschaft zeichnet diese aus als eine egalitäre, *nicht hierarchisch* strukturierte Gemeinschaft, in der also alle Mitglieder gleichgestellt sind und alle Ämter, mit Ausnahme des höchsten Amtes der Führung der gesamten Gemeinschaft (Khalifat) allen dazu fähigen Gläubigen (genauer: gläubigen Männern) zugänglich sind.

14. Kapitel

Der islamische Staat

Die islamische Gemeinschaft als politisches Gebilde steht unter dem Gesetz Gottes, das als Richtschnur der Tätigkeit der Regierung und als Maßstab zur Bestätigung ihrer Autorität oder zur Verurteilung ihrer Willkür dient. Das Gesetz des Korans ist auch die Grundlage der Rechtsprechung und der Ausübung der öffentlichen Ämter. Aufgrund dieser Bindung des politischen Lebens in der islamischen Gesellschaft an das von Gott in seiner Offenbarung erlassene Gesetz wird der islamische Staat als Theokratie bezeichnet.

Ziel der politischen Struktur des islamischen Staates ist, die Rechte Gottes zur Geltung zu bringen und die Rechte und Interessen der Muslime zu sichern, aber auch von den Untertanen Gehorsam gegen das Gesetz Gottes zu fordern und dies auch im praktischen Leben durchzusetzen. Den Regierenden ist Autorität und Vollmacht gegeben, um die Herrschaft Gottes und die Vorherrschaft des Islams zu festigen und auszudehnen.

Struktur des Staates

An der Spitze des islamischen Staates steht der Khalif, der Imām oder der Sulṭān, je nach dem jeweiligen Sprachgebrauch und je nach der geschichtlichen Epoche und Situation. Zum Amt des Khalifen im engen Sinn des Wortes wären besondere Ausführungen nötig, um die genauen Voraussetzungen zu erwähnen, die mit diesem höchsten Amt verbunden sind. Es sollen hier jedoch nur die allgemeinen Bestimmungen erörtert werden, die mit der Leitung des islamischen Staates zusammenhängen.

Grundsätzlich darf der Regierungschef eines islamischen

Staates den Anspruch auf den Gehorsam der Gläubigen und die Loyalität aller Untertanen erheben. Er muß aber selbst bestimmte Bedingungen erfüllen, um dem Staat vorstehen und die Gläubigen führen zu können. Er muß vor allem die Vorschriften des Korans und die gesetzlichen Verordnungen kennen oder sich dieses Wissen bei fachkundigen Rechtsgelehrten holen. Aber auch bei den verschiedenen Entscheidungen, die das Leben und die Interessen der Gemeinschaft betreffen, ist der Regierungschef verpflichtet, andere Mitglieder der Gemeinschaft zu Rate zu ziehen (vgl. 3,159; 42,38). Der Koran präzisiert nicht, wie er sich diese Beratung vorstellt, und schreibt daher keine näher bestimmte Staatsform vor. Jede Staatsform, die mit den Grundsätzen des Korans vereinbar ist und sich bereit erklärt, das koranische Gesetz und die von der Tradition festgesetzten Bestimmungen anzuwenden, ist denkbar und annehmbar.

Zur Unterstützung der Regierung (Exekutive) bestehen im islamischen Staat verschiedene Ämter. Die wichtigsten sind der Marktüberwacher, der für ein geordnetes wirtschaftliches Leben sorgt, die Polizei, der Rechtsgelehrte und der Richter.

Der Rechtsgelehrte berät die Regierung in Fragen, die mit der legislativen Funktion zusammenhängen. Die Rolle der Legislative übernimmt, wie schon erwähnt, das koranische Gesetz und der von der Tradition gezeichnete Weg. Der Rechtsgelehrte (faqīh; ʿālim, pl. ʿulāmāʾ) kennt eben dieses Gesetz und diesen Weg und besitzt zudem die Urteilskraft, Möglichkeit und Modalität der Anwendung dieses Gesetzes auf die konkreten Fälle zu erkennen und offiziell festzustellen. Die Richter und die einzelnen Gläubigen holen verschiedene Rechtsgutachten (fatwā) beim beamteten Rechtsgelehrten (muftī) ein.

Rechtsprechung und Strafrecht

Die Rechtsprechung liegt in der Zuständigkeit des Richters (qāḍī). Die islamische Tradition kennt eigentlich nur den Einzelrichter. In seinem Urteil stützt sich der Richter auf das Rechtsgutachten des Rechtsgelehrten. Er stellt den Tatbestand aufgrund glaubwürdiger Aussagen von Zeugen oder des Geständnisses des Angeklagten selber fest. Sein Urteil stellt das Recht wieder her; die rechthabende Partei bekommt das zurück, worauf sie legitim Anspruch erhebt. Auch in den Anliegen der Nicht-Muslime kann der muslimische Richter angerufen werden, dann muß er nach den Bestimmungen des islamischen Gesetzes das Recht sprechen.

In Strafsachen orientiert er sich an den Angaben des Korans und den Regeln, die in der Tradition festgelegt wurden. So gibt es eine Kategorie von Straftaten, die besonders schwer sind und die vom Koran als Verbrechen bezeichnet werden. Für diese Verbrechen sind besonders harte Strafen vorgesehen. Wenn das koranische Gesetz eine bestimmte Strafe für ein Verbrechen festlegt, dann muß die Strafe verhängt und vollzogen werden, und es steht dem Richter und dem Staat nicht zu, sie dem Schuldigen zu erlassen. Manchmal sieht der Koran vor, daß eine verhängte Strafe auf Wunsch der Person, der Recht gesprochen bzw. erkannt wird, umgewandelt, vermindert oder gar erlassen wird. Manchmal gibt es Strafen, die im Ermessen des Richters selbst liegen. Im folgenden sollen einige schwerwiegende Verbrechen und deren entsprechende Strafen erwähnt werden.

1. Der *Abfall vom Glauben* kann im Islam nicht durch Berufung auf die Religionsfreiheit geduldet werden. Wer einmal Muslim geworden ist, hat kein Recht mehr darauf, seinen Glauben wieder abzulegen, denn er würde sich damit aus dem Bereich der Barmherzigkeit Gottes ausschließen, seine Werke würden wertlos werden wie die der Ungläubigen, und er hätte im Jenseits die Höllenstrafe zu erwarten. Der Koran sieht allerdings nur im Falle der Heuchler, die als Gefahr für die Gemeinschaft gelten, die Regelung vor, daß die Gläubigen sie, wenn sie sich abwenden, ergreifen und töten sollen (4, 88–89). Die Rechtsgelehrten wenden diese Regelung auf den Abfall vom Glauben allgemein an und setzen dafür die Todesstrafe fest. Muḥammad habe im übrigen selbst gesagt: „Wer seine Religion wechselt, den tötet!“ (bei Bukhārī und Abu Dāwūd).

2. Der Koran hält das Leben des Menschen für unantastbar und verbietet den *Mord.* Der Mörder wird der Vergeltung durch die Verwandten des Ermordeten freigegeben, jedoch

erst nach Feststellung des Tatbestandes durch den Richter oder seinen Stellvertreter. Das Strafmaß entspricht der Straftat selbst: Der Mörder erleidet die Todesstrafe. Diese Strafe trifft jedoch nur den Täter selbst, nicht seine Familie, seine Sippe oder seinen Stamm. Die Angehörigen des Ermordeten dürfen von ihrem strikten Recht ablassen (dies gilt als Erleichterung des strengen jus talionis) und Blutgeld verlangen (2,178). Der Richter oder die Regierung darf in diesem Fall den Angehörigen ihre Entscheidung nicht diktieren. Nur im Falle des Verzichtes auf die Hinrichtung des Mörders von seiten der Verwandten darf die Regierung gefährliche Mörder weiterhin festhalten und unter Arrest stellen.

Im Falle eines aus Versehen verübten Totschlags darf der Täter nicht mit dem Tod bestraft werden. Er muß für seine Tat Sühne leisten: Blutgeld, Befreiung eines Sklaven oder Fasten während zwei aufeinanderfolgender Monate (4,92). Bei Verletzungen und ähnlichen Vergehen kommt wiederum das jus talionis zur Anwendung: Auge um Auge usw. Der Verletzte darf jedoch auf die Bestrafung des Täters verzichten und dafür eine Entschädigung verlangen, deren Höhe in den Gesetzbüchern festgesetzt wird. In diesem Zusammenhang verbietet der Koran die Gewalttätigkeit. Es lohnt sich hier, den koranischen Text im Wortlaut zu zitieren, und dies wegen seiner heute geläufigen Anwendung in manchen islamischen Staaten (vermutlich auch bei politischen Prozessen): „Die Vergeltung für die, die gegen Gott und seinen Gesandten Krieg führen und auf der Erde umherreisen, um Unheil zu stiften, soll dies sein, daß sie getötet oder gekreuzigt werden oder daß ihnen Hände und Füße wechselseitig abgehackt werden, oder daß sie aus dem Land verbannt werden ..." (5,33). Die Rechtslehre des Islams hat aus diesem Vers folgende Konsequenz gezogen. Gewalttäter, wie Räuber und ähnliche Personen, die einen Mord begangen haben, werden hingerichtet. Wenn sie gemordet und geraubt haben, werden sie gekreuzigt und getötet (die Rechtsgelehrten sind sich jedoch über die Kreuzigung nicht einig). Wenn sie nur rauben, ohne zu morden, so werden ihnen wechselweise Hand und Fuß (d.h. rechte Hand und linker Fuß) abgehauen. Wenn sie die Menschen nur terrorisiert haben, ohne zu morden und ohne zu rauben, so werden sie in die Verbannung geschickt oder, nach einigen Rechtsgelehrten, ins Gefängnis geworfen.

Nur wer in Reue umkehrt, bevor der Richter den Tatbestand festgestellt und das Strafmaß verhängt hat, kann der Strafe entkommen. Er muß jedoch die legitimen Forderungen der von ihm Beschädigten erfüllen. Er hat Wiedergutmachung zu leisten, und er wird, wenn er gemordet hat, der Strafe für Mord ausgesetzt, d.h., er wird hingerichtet, oder es wird nach Wunsch der Angehörigen ihm verziehen und von ihm ein Blutgeld verlangt.

Was die *Abtreibung* anbelangt, so stellen die klassischen Rechtsschulen folgendes fest: Vor dem Einhauchen der Seele, d.h., wie es damals angenommen wurde, vor dem 4. Monat, ist die Abtreibung erlaubt (so ein Teil der Ḥanafiten und der Shāfiʿīten), verpönt, jedoch aus triftigem Grund erlaubt (so die Ḥanafiten und ein Teil der Shāfiʿīten), ausnahmslos verpönt (so ein Teil der Mālikiten), oder verboten (so die offizielle Meinung der Mālikiten). – Einigkeit besteht darin, daß die Abtreibung nach dem Einhauchen der Seele, also ab dem 4. Monat, unzulässig ist. Sie zieht sonst eine Sanktion in Form einer Geldstrafe nach sich. – Die Ḥanbaliten halten die Abtreibung nach dem 40. Tag für verboten.

Heute wird die Notwendigkeit, das Leben vom Zeitpunkt der Empfängnis an zu schützen, betont, denn es ist von Anfang an Schöpfung Gottes (vgl. Koran 23,12–14; 56,57–59). Und jeder Mensch, auch in diesem Stadium des Wachsens, ist nicht der Verfügungsgewalt der Menschen, nicht einmal der Eltern, unterworfen. Er ist Diener Gottes (19,93) und Eigentum seines Schöpfers (10,68). Daher besitzt niemand das Recht, ihn unberechtigterweise zu töten (vgl. 17,33). Eine Schwangerschaftsunterbrechung ist also nur dann zulässig, wenn es mit Sicherheit feststeht, daß das Leben der Mutter in Gefahr ist, daß keine andere Möglichkeit besteht, das Leben der Mutter zu retten, als die Abtreibung, und endlich daß der Eingriff nach ärztlicher Erfahrung auch den gewünschten Erfolg bringt. Der Grund für diese Ausnahme ist, daß man von zwei Übeln das geringere zu wählen hat.

3. Der Koran verurteilt die Unzucht, den Ehebruch, die Homosexualität und die Prostitution. *Sexuelle Verbrechen* werden hart bestraft.

Die Strafe der *Unzucht* für Unverheiratete, ob Mann oder Frau, wird im Koran auf hundert Peitschenhiebe festgesetzt.

Außerdem darf ein solcher Mann bzw. eine solche Frau keinen guten und gläubigen Partner mehr heiraten (24, 2–3).

Die Strafe für den *Ehebruch* wird erst verhängt, wenn das Verbrechen festgestellt wurde. Der Tatbestand wird durch die Aussage von vier glaubwürdigen Zeugen oder durch das Geständnis des Täters bestätigt. Wenn es aber der Ehemann selbst ist, der seine Frau des Ehebruchs bezichtigt, so braucht er keine zusätzlichen Zeugen heranzuziehen, die seine Aussage bestätigen. Er muß seine Beschuldigung viermal wiederholen und sich beim fünften Mal dem Fluch Gottes ausliefern, falls er lügen sollte. Die beschuldigte Frau kann aber auch vor dem Richter die Vorwürfe zurückweisen, indem sie ihre Unschuld viermal beteuert und sich beim fünftenmal dem Fluch Gottes aussetzt, falls ihr Ehemann recht haben sollte (vgl. zum ganzen 24, 4–9).

Die Rechtsgelehrten bemerken dazu, daß eigentlich nur durch Geständnis des Sünders eine einwandfreie Feststellung des Verbrechens möglich ist. Denn es wird von den Zeugen verlangt, daß sie nur über das aussagen, was sie tatsächlich gesehen haben, was im Fall des Ehebruchs ziemlich undenkbar, wenn nicht unmöglich ist. Man berichtet auch, daß der Prophet Muḥammad selbst nur das Geständnis des Sünders als ausreichenden Beweis akzeptierte und daß er auch im Fall eines geständigen Schuldigen diesen immer wieder nach Umständen fragte, die zu einem eventuellen Freispruch hätten führen können.

Wird aber der Ehebruch festgestellt, so steht darauf die Todesstrafe. Dies habe Muḥammad selbst festgesetzt. Wenn aber die Frau nur durch das Zeugnis von vier Zeugen belastet wird, so bestimmt der Koran, diese im Haus festzuhalten, „bis der Tod sie abberuft oder Gott ihr einen Ausweg verschafft“ (4, 15), z. B. dadurch, daß sich das Zeugnis als falsch erweist.

Diese letzte Strafe trifft auch die unverheiratete Frau, die mit einem verheirateten Mann Unzucht treibt. Der unverheiratete Mann, der mit einer verheirateten Frau Unzucht treibt, wird für die Dauer eines Jahres verbannt. Darüber hinaus trifft die unverheirateten Schuldigen die Strafe für Unzucht, d. h. hundert Peitschenhiebe.

Die *Homosexualität* wird nach einigen Rechtsgelehrten wie die Unzucht bzw. der Ehebruch bestraft. Andere Rechtsgelehrte meinen, der jeweilige Richter dürfe die Strafe verhängen, die er für angebracht hält, um das allgemeine Wohl zu fördern und die Menschen von diesem abscheulichen Verbrechen abzuhalten. Andere endlich sprechen sich für die Hinrichtung der beiden Schuldigen aus.

Der Koran hat auch die Strafe festgesetzt, die solche Zeugen treffen soll, die *falsche Beschuldigungen* gegen gläubige Ehefrauen erheben und sie in Verruf bringen. Man muß sie mit achtzig Hieben geißeln und nie mehr eine Zeugenaussage von ihnen annehmen (24, 4). Die Rechtsgelehrten bemerken dazu, daß dies auch das Zeugnis betrifft, durch das gläubige Ehemänner beschuldigt werden. Es spielt also in diesem Fall keine Rolle, ob die Zeugen oder die Beschuldigten Männer oder Frauen sind. Voraussetzung für die Verhängung der Strafe gegen die falschen Zeugen ist, daß die falsch beschuldigte Person Muslim, erwachsen, ihrer Sinne mächtig und frei ist und sich bislang keiner Unzucht schuldig gemacht hat.

4. Der Koran betont die zentrale Bedeutung der Gerechtigkeit und erhebt sie zu einer besonderen Tugend der Muslime. Die Strafe des Raubmordes und des gewaltsamen Raubes wurde oben schon erwähnt. Der einfache *Diebstahl* wird durch Abhacken der Hand geahndet (5, 38), wenn folgende Bedingungen erfüllt sind: daß der Dieb erwachsen und seiner Sinne mächtig ist (das Kind wird nur gezüchtigt, und sein Vormund ist gehalten, Wiedergutmachung zu leisten); daß der Dieb das nimmt, woran er keinen Anteil bzw. worauf er kein Teilrecht hat (die Veruntreuung gemeinsamer Güter wird durch andere Strafen geahndet); daß der Dieb gut erkennbares und behütetes Gut stiehlt (also nicht Fundsachen, Obst von Bäumen, die nicht umzäunt sind, usw.); daß die gestohlene Menge erheblich ist, d. h. nach der Tradition mindestens ein Viertel Dinar erreicht, und tatsächlich weggenommen wurde (sonst reicht eine Züchtigungs- bzw. Gefängnisstrafe aus); endlich, daß der Diebstahl nicht aus Not wie z. B. aus Hunger begangen wurde (in diesem Fall reicht eine mildere Strafe aus).

5. Das Gesetz enthält auch Bestimmungen über die für einige Vergehen zu verhängenden Strafen. Für die Übertretung des *Weinverbots* z. B. sind vierzig Peitschenhiebe vorgesehen. Die Strafe kann aber auch bis zu achtzig Hiebe erhöht werden. Wenn in der Tradition des Propheten Muḥammad und seiner ersten Nachfolger nichts bestimmt wurde, so ist es dem jeweiligen Richter überlassen, in seinem freien Ermessen das angebrachte Strafmaß festzulegen. Er muß dabei die Natur des Vergehens und den Zweck der Bestrafung (Besserung des Schuldigen und Abschreckung anderer Täter) berücksichtigen.

Manche Bestimmungen des islamischen Strafgesetzes mögen hart und nicht mehr zeitgemäß erscheinen. Für den gläubigen Muslim sind sie oft Bestandteil seiner Religion, und er weiß nichts Besseres, als den Verordnungen dieses Gesetzes zu folgen. „Dieser Koran leitet zu dem, was richtiger ist" (17,9). Das gilt für den Muslim, auch wenn er nicht immer imstande ist, das Gute in den erlassenen Vorschriften und Verordnungen unmittelbar zu erkennen. Er hat auf Gottes Weisheit und Barmherzigkeit zu vertrauen, der seine Befehle der schwachen Natur des Menschen angepaßt und als Hilfe zur Sicherung der heilsamen Rechtleitung der Gemeinschaft erlassen hat. Der gläubige Muslim muß an folgende Ermahnung des Korans immer wieder denken: „Vielleicht ist euch etwas zuwider, während es gut für euch ist. Und vielleicht liebt ihr etwas, während es schlecht für euch ist" (2,216). So heißt die endgültige Anweisung: „Fürchtet Gott, ... hört zu und gehorcht" (64,16).

15. Kapitel

Grundlagen einer islamischen Wirtschaftsordnung

Die Entwicklung und Ausgestaltung einer islamischen Wirtschaftsordnung beschäftigt heute viele muslimische Denker und Wirtschaftsexperten. Es ist noch zu früh, von einer ausgestalteten islamischen Wirtschaftslehre zu sprechen. Gleichwohl kann man bereits die Grundsätze einer solchen Lehre erkennen.

Grundaussagen des Korans

In den ersten Etappen seines prophetischen Auftretens in Mekka und auch in Medina betonte Muḥammad die Vergänglichkeit der Welt und geißelte die Habgier seiner Landsleute: „Ihr hegt für den Besitz eine allzu große Liebe" (89, 20). Er wies sie darauf hin, daß die kommende Welt besser und beständiger ist (u. a. 28, 60; 14, 3; 40, 39). Der irdische Reichtum ist eine Versuchung, der viele erliegen und die sie der Strafe Gottes aussetzt (vgl. 64, 15–16; 11, 15–16). Der Reiche wird übermütig und lehnt sich gegen Gott auf, er vertraut auf sein Geld und verläßt sich auf sein Vermögen; er hat ein bitteres Ende zu erwarten (92, 8–11; 96, 6–7; 104, 1–4; 3, 10).

Nach der Auswanderung nach Medina und den ersten Erfolgen gegen seine Widersacher wertete Muḥammad die Kriegsbeute als Belohnung der Gläubigen für ihren Einsatz und ihren Glauben (vgl. 48, 20). Aber auch in dieser Periode betont der Prophet den nur relativen Wert des Reichtums. Die Gläubigen haben ein legitimes Recht auf Eigentum, aber sie dürfen deswegen nicht das Jenseits vergessen (vgl. 8, 67). Sie dürfen vor allem nicht „im Trachten nach den Gütern des diesseitigen Lebens“ den Menschen Unrecht antun (4,94).

So wird das Recht auf Privateigentum im Islam bejaht. Dieses Recht ist jedoch nicht absolut, es hat seine Grenzen dort, wo die Rechte Gottes und die Rechte der anderen innerhalb der solidarischen Gemeinschaft bestehen. Denn Gott hat den Menschen Reichtum und Eigentum gegeben, um sie auf die Probe zu stellen (18,7), d.h. um festzustellen, ob sie damit richtig umgehen und ihr Vermögen richtig einsetzen. Die legitime Verwendung des Reichtums bezieht sich nicht nur auf den eigenen Lebensunterhalt und den der eigenen Familie, sondern auch auf die Pflichtspenden für die Sache Gottes (u.a. 47,38) und auf die gesetzliche Abgabe zugunsten der karitativen und öffentlichen Aufgaben (2,43; 58,13). In diesem Zusammenhang erinnert der Koran die Gläubigen daran, daß sie nur von dem spenden, was Gott ihnen erst beschert hat (14,31; 2,3). Reichtum und Vermögen sind also den Menschen anvertraut, damit sie ihre Pflichten erfüllen.

Der freudige Spender darf erwarten, daß Gott ihm Wohlwollen zeigt, Vergebung und Belohnung zusichert (64,17; 57,18; 9,99; – 7,156). Der Koran erteilt Ratschläge über die Art und Weise, wie der Gläubige seine Spenden geben soll. Er soll geben um Gottes willen (2,264; 4,38) und dabei die goldene Mitte zwischen Verschwendung und Geiz halten (25,67).

Das Eigentum wird als gerecht und legitim betrachtet, wenn es mit legitimen Mitteln erworben wurde. Diese Mittel sind Erbschaft, Kauf, Kriegsbeute, vor allem aber die Arbeit. Der Koran bejaht die Haltung derer, „die im Land herumwandern im Streben nach der Huld Gottes ...“ (73,20). Auch Muḥammad habe gesagt: „Keiner hat je eine bessere Nahrung gegessen, als wenn er vom Werk seiner Hand ißt“ (bei Bukhārī). Die islamische Tradition hat eine ausgeprägte Abneigung gegen den Erwerb von Eigentum bzw. Geld entwikkelt, der ohne persönliche Beteiligung des Menschen erfolgt. So findet man bei einigen Rechtsgelehrten Vorbehalte sogar gegen die Verpachtung von Ländereien, da der Eigentümer nicht selbst mitarbeitet. Deutlich wird diese Tendenz im Verbot des Zinsnehmens. Abgesehen vom Fehlen der eigenen Beteiligung verstößt das Zinsnehmen gegen die Brüderlichkeit.

So bezeichnet es der Koran als Wucher und schreibt vor, es abzuschaffen bzw. zu unterlassen: „... Laßt künftig, was an Zinsnehmen anfällt ..." (2,278; 3,130).

Die Universelle Islamische Deklaration

Die Universelle Islamische Deklaration vom April 1980 versucht, das islamische Lebensmodell in seinen vielfältigen Dimensionen darzulegen. Manche Teile dieser Erklärung beziehen sich auf die Wirtschafslehre des Islams. Sie sollen hier thematisch zusammengestellt und wiedergegeben werden[24].

1. Legitimität des Eigentums
„Der Islam betont, daß der Mensch als Gottes Stellvertreter (Koran 2,30) geschaffen worden ist, und daß alles, was existiert, zu seinem *Gebrauch* da ist. Gott hat ihn mit großen Möglichkeiten ausgestattet und alles, was er benötigt, ihm in der Welt zur Verfügung gestellt.

Der Mensch bedarf jedoch der göttlichen Leitung, um den besten Gebrauch von Gottes Gaben zu machen. Gott hat für diese Leitung in ihrer abschließenden Form durch den Koran und die Tradition des Propheten Muḥammad (Sunna) gesorgt. Diese Führung ist eine unfehlbare Anleitung zum Erfolg in dieser Welt und im Jenseits" (2: S. 5–6).

Dieses Eigentumsrecht ist ein *Nutzungsrecht.* Unumstritten im Islam ist, daß das Nutzungsrecht des einzelnen sich auf das erstreckt, was zur Befriedigung seiner legitimen Bedürfnisse dient und auch auf legitime Weise erworben worden ist. Ob dieses Nutzungsrecht sich auch auf die Produktionsmittel, den Boden und die Bodenschätze erstreckt, ist zwischen Sozialisten (die dieses Recht verneinen) und der Mehrheit der muslimischen Rechtsgelehrten (die ein individuelles Nutzungsrecht auf Produktionsmittel bejahen) umstritten. Die letzten betonen jedoch auch hier die „Sozialverpflichtung", die dem Eigentum im allgemeinen auferlegt ist.

Zu den Rohstoffen sagt die Islamische Deklaration:

---

[24] Übersetzung nach der CIBEDO-Ausgabe: Texte, Nr. 4, Köln, 15. Juli 1980.

„Alle natürlichen Rohstoffe sind von Gott anvertrautes Gut, und der Mensch ist persönlich und kollektiv der Hüter dieser Rohstoffe. Des Menschen wirtschaftliche Leistung und ihre Belohnung ergeben sich aus der Natur dieses Sachverhaltes“ (4.2.1: S. 13).

2. Legitimer Erwerb des Eigentums
„Reichtum muß durch Leistung und auf gesetzliche Weise erworben werden“ (4.2.2: S. 13).

Als Leistung gilt vor allem die Arbeit: „Jeder Arbeiter hat das Recht auf eine gerechte Entlohnung für seine Arbeit. Es darf kein Unterschied gemacht werden, der auf Rasse, Farbe, Religion oder Geschlecht beruht“ (4.2.6: S. 13).

„Die Erwerbung von Reichtum und die Produktion von Gütern muß rechtens sein entsprechend den Vorschriften der Sharīʿa“ (4.2.7: S. 13).

Rechtens nach dem Koran und dem islamischen Gesetz ist auch der Erwerb von Eigentum durch Vererbung.

Dagegen sind „Geldverleihung gegen Zinsen, Glückspiel, Horten usw. als Erwerbsquellen nicht erlaubt“ (4.2.7: S. 13).

3. Gebrauch des Eigentums
„Reichtum ... sollte bewahrt und nur entsprechend den Vorschriften Gottes und seines Propheten eingesetzt werden“ (4.2.2: S. 13).

„Alle materiellen Güter, die dem Menschen im allgemeinen und der Gemeinschaft (Umma) im besonderen zur Verfügung stehen, müssen immer auf die beste Weise verwendet werden. Niemand hat das Recht, sie zu horten oder brachliegen zu lassen; oder sie zu vergeuden; oder sie in frivoler Weise zur Schau zu stellen, sei es als Person, Gemeinschaft oder Staat“ (4.2.4: S. 13).

„Reichtum soll gerecht verteilt werden. Wenn persönlicher Reichtum die legitimen Bedürfnisse seines Besitzers befriedigt hat, sollte der Überschuß für die Befriedigung der Bedürfnisse anderer Menschen verwendet werden“ (4.2.3: S. 13).

„Die Grundsätze von Gleichheit und Brüderlichkeit erfordern eine gerechte Teilung des vorhandenen Reichtums in guten wie in schlechten Zeiten. Sozialabgabe (Zakāt), Almosen, Wohltätigkeit und Vererbung sind einige der Wege, die für ausgeglichene Verteilung von Reichtum und Besitz in der Gesellschaft in Frage kommen" (4.2.8: S. 13).

Aber nicht nur die Teilung des vorhandenen Besitzes ist ein Ausdruck des guten Gebrauches von Eigentum, sondern man muß sich bemühen, das Eigentum zu mehren: „Entwicklung ist ein wesentlicher Bestandteil wirtschaftlicher Tätigkeit. Teilnahme an ihr ist für jeden Muslim verpflichtend. Er muß hart arbeiten und immer versuchen, mehr zu produzieren, als er für sich persönlich nötig hat, denn nur dann kann er seiner Verpflichtung zur Sozialabgabe, dem Beitrag zum Wohl der anderen, nachkommen" (4.2.5: S. 13).

„Personen, die infolge von dauernder oder zeitweiser Behinderung unfähig sind, für ihr eigenes Wohlergehen zu sorgen, haben gerechten Anspruch auf den Reichtum der Gesellschaft. Die Gesellschaft trägt für sie die Verantwortung und muß sich darum kümmern, daß die grundlegenden Notwendigkeiten des Lebens wie Nahrung, Kleidung, Wohnung, Erziehung und Gesundheitsfürsorge ohne Rücksicht auf ihr Alter, Geschlecht, Hautfarbe oder *Religion* ausreichend zur Verfügung stehen" (4.2.9: S. 14).

4. Wirtschaftliches System im Staat

„Das islamische ökonomische System ruht auf sozialer Gerechtigkeit, Gleichheit, Maßhalten und ausgewogenen Beziehungen. Es ist ein universelles System, das ewige Werte enthält, die des Menschen Rechte gewährleisten und ihn ständig an seine Verpflichtungen gegenüber sich selbst und der Gesellschaft erinnern. Es verbietet jede Form der Ausbeutung, ehrt die Arbeit und ermutigt den Menschen, seinen Lebensunterhalt auf ehrliche Weise zu verdienen und sein Einkommen auf vernünftige Art zu gebrauchen" (4.2: S. 12).

„Die wirtschaftliche Macht der Gemeinschaft (Umma) soll so strukturiert sein, daß Kooperation und Teilen innerhalb der Gemeinschaft mit einem Maximum an Selbstvertrauen und Eigenhilfe verbunden ist" (4.2.10: S. 14).

Islamisches Bankwesen

Das von Muslimen geforderte wirtschaftliche System beruht vorerst auf einer Finanzordnung auf der Grundlage der gesetzlichen Abgabe (zakāt), welche eine Grundpflicht der Muslime darstellt (siehe oben S. 139–140), und auf einem Bankwesen ohne Zinsnehmen. Im folgenden soll kurz dargestellt werden, wie dieses Bankwesen begründet und auf welche Grundlage es gestellt werden soll.

1. Aussagen des Korans

Die Verse, die sich auf das Zinsnehmen beziehen, sollen hier nach der wahrscheinlichen Chronologie ihrer Verkündigung wiedergegeben werden:

> *30, 39*
>
> Und was ihr auf Zins ausleiht, damit es sich aus dem Vermögen der Menschen vermehre, es vermehrt sich bei Gott nicht. Und was ihr an Almosen gebt in der Suche nach dem Antlitz Gottes ... – das sind die, die das Doppelte erzielen.
>
> *2, 275*
>
> Diejenigen, die den Zins verzehren, werden nur so aufstehen, wie der aufsteht, den der Satan packt und zu Boden schlägt. Dies, weil sie sagen: Das Verkaufen ist gleich dem Zinsnehmen. Aber Gott hat das Verkaufen erlaubt und das Zinsnehmen verboten ...
>
> *2, 278–280*
>
> O ihr, die ihr glaubt, fürchtet Gott und laßt künftig, was an Zinsnehmen anfällt, bleiben, so ihr gläubig seid. Wenn ihr es nicht tut, so erwartet Krieg von Gott und seinem Gesandten. Wenn ihr umkehrt, steht euch euer Kapital zu; so tut ihr kein Unrecht, und es wird euch kein Unrecht getan. Und wenn ein Schuldner in Bedrängnis ist, dann gewährt ihm Aufschub, bis sich bei ihm Erleichterung einstellt. Wenn ihr es ihm aber als Almosen erlaßt, ist es besser für euch, so ihr Bescheid wißt.

3, 130

O ihr, die ihr glaubt, verzehrt nicht den Zins in mehrfach verdoppelten Beträgen und fürchtet Gott, auf daß es euch wohl ergehe.

Da der Koran von mehrfach verdoppelten Beträgen spricht, vertreten moderne Autoren die Meinung, daß der Koran nur den Wucher, nicht aber das einfache Zinsnehmen verbietet. Die Mehrheit der Rechtsgelehrten versteht jedoch das koranische Verbot als auf das Zinsnehmen allgemein bezogen, denn der Koran betont, daß der Eigentümer Recht auf sein ausgeliehenes Kapital hat (2, 279).

2. Aussagen des Ḥadīth

Der wichtigste Ausspruch Muḥammads in diesem Zusammenhang lautet: „Gold für Gold, Silber für Silber, Weizen für Weizen, Gerste für Gerste, Datteln für Datteln, Salz für Salz, und (zwar) dasselbe für dasselbe, Gleiches für Gleiches, Zug um Zug; wenn diese Arten aber verschieden sind, so verkauft sie, wie ihr wollt, wenn es (nur) Zug um Zug geschieht.“ [25]

Dieser Ḥadīth spricht sich gegen einen Aufschlag bei *Kaufgeschäften* aus. Über das Zinsnehmen bei Darlehn äußert sich ein anderer Ausspruch: „Zins gibt es nur bei Darlehn.“

3. Stellungnahme muslimischer Autoren

Gegen das westliche Bankwesen, das auf Zinsnehmen beruht, sprechen sich muslimische Autoren mit folgenden kritischen Stellungnahmen aus:

„Der Hauptgrund für das Zinsverbot im Islam sei, daß Zinsnehmen eine besondere Form der Ausbeutung darstelle.

Ausbeuterischer Zins bei Konsumentenkrediten sei Ausdruck seines Verstoßes gegen die grundlegenden Funktionen, die nach Allahs Willen Reichtum und Vermögen zu erfüllen haben, nämlich die freiwillige und unentgeltliche Unterstützung der Bedürftigen durch die, die einen Vermögensüberschuß besitzen.

Bei Produktivkrediten sei eine fest vereinbarte Vergütung

[25] Vgl. Joseph Schacht, „Ribā“, in: Enzyklopädie des Islam, Bd. III, Leiden 1936, S. 1240.

für den Kapitalgeber angesichts der Unsicherheit der unternehmerischen Gewinne ungerecht.

Durch Zins werde Vermögen von den Armen zu den Reichen übertragen, verschlechtere sich die Vermögensverteilung. Durch den Zins entstehe eine Klasse von reichen Müßiggängern, die allein aus Zinseinkünften leben.

Der Zins erhöhe die Produktionskosten und damit die Güterpreise.

Der Zins verhindere, daß Kapital in sozial erwünschten, aber wenig gewinnbringenden Projekten eingesetzt wird.

Der Zins sei Ursache für Instabilitäten und Konjunkturschwankungen im ‚kapitalistischen System'."[26]

4. „Kniffe" zur Umgehung des Zinsverbotes

In der Rechtstradition des Islams ist eine Gattung von Maßnahmen und Konstruktionen bekannt, die man „die Wissenschaft von den Rechtskniffen" (ʿilm al-ḥiyal) nennt. In Anwendung ähnlich gelagerter Konstruktionen versuchen einige Autoren, in der Wirtschaft die gewohnten Ergebnisse zu erzielen, ohne jedoch formaljuristisch gegen das Zinsverbot zu verstoßen.

Ein Beispiel: Doppelter Kaufvertrag (Bayʿ al-ʿīna): Der Geldgeber „verkauft an jemand, der Geld auf Zinsen leihen will, einen Gegenstand gegen die Summe von Kapital und Zinsen, die auf einen bestimmten Termin gestundet werden, und kauft den Gegenstand gleichzeitig gegen das sofort fällige Kapital zurück"[27].

5. Zulässige Typen von Geschäftspartnerschaft

Zwischen einem Unternehmer und der geldgebenden Bank kann man nach islamischen Vorstellungen verschiedene Typen von Geschäftspartnerschaftsverträgen schließen. Zum Beispiel:

---

[26] Volker Nienhaus, Islam und moderne Wirtschaft (Islam und westliche Welt 6), Graz 1982, S. 217–220. Siehe dort den kompetenten kritischen Kommentar des Autors zu den Anmerkungen der muslimischen Autoren.

[27] J. Schacht, „Ribā", op. cit., S. 1242.

5.1 Gründung einer gemeinsamen Gesellschaft mit unbegrenzter Haftung, in der Unternehmer und Bank gleichermaßen voll geschäftsführungsberechtigt und unbeschränkt haften.

5.2 Gründung einer Gesellschaft mit begrenzter Haftung (mushāraka). Bank und Unternehmer setzen jeweils Kapital (oder Kapital und bereits existierendes Unternehmen) ein. Die Gewinne werden unter beiden Partnern nach einem frei zu vereinbarenden Prozentsatz verteilt. Die Verluste verteilen sich im Verhältnis der Anteile des eingesetzten Kapitals. Hier wird im allgemeinen die Geschäftsführung dem Unternehmer überlassen.

5.3 Bei einer „stillen Partnerschaft" der Bank (muḍāraba) setzt die Bank das Kapital ein, und der Unternehmer ist mit der Geschäftsführung beauftragt. Der Gewinn wird zwischen den Partnern entsprechend einem vereinbarten Prozentsatz aufgeteilt. Im Verlustfall trägt der Kapitalgeber den Verlust, während der Geschäftsführer keine Vergütung für seine Tätigkeit erhält.

Die Geschäftsführung islamischer Banken wendet solche Typen von Verträgen an. Sie entwickeln auch andere Praktiken, um Kredite zu gewähren, Finanzierungsmöglichkeiten zu schaffen und Gelder bereitzustellen, ohne das Zinsverbot zu mißachten[28].

[28] Nähere Informationen bei Volker Nienhaus, Islam und moderne Wirtschaft, S. 249–266.

16. Kapitel

Universalanspruch des Islams

Der Anspruch des Islams, „die beste Gemeinschaft unter den Menschen“ (Koran 3,110) hervorzubringen und den Gottesstaat auf Erden zu errichten, hat zur Gestaltung einer Lebensordnung geführt, in der die Autorität Gottes konkrete Institutionen und konkrete Entscheidungen sanktioniert.

Darüber hinaus wirkt sich der Universalanspruch des Islams auf die Beziehungen des islamischen Staates zu anderen Staaten aus. Kraft dieses Anspruchs proklamiert der Islam seine Lebensordnung als universal gültig und als im Grundsatz verbindlich für alle Gemeinschaften und Staaten. So fühlt sich der Islam dazu aufgerufen, den Herrschaftsbereich des islamischen Staates auszudehnen, die Normen der islamischen Gesellschaftsordnung zu universaler Geltung zu bringen, die Institutionen der politischen Struktur des Islams überall in der Welt zu errichten und somit eine einheitliche Gesellschaft unter islamischem Gottesrecht zu bilden, die möglichst alle Menschen umgreift.

Dieser Universalanspruch wird heute im Zuge der islamischen Wiedererweckungsbewegung ausdrücklich proklamiert. Die traditionelle Maxime lautet ja: „Der Islam herrscht, er wird nicht beherrscht.“ Was diese Haltung für Folgen hat in bezug auf Frieden, Toleranz und universale Solidarität, soll im folgenden knapp ausgeführt werden.

Frieden oder „heiliger Krieg“?

Es gibt heute in der islamischen Welt Rechtsgelehrte und militante Gruppen, die sich den Bestimmungen des klassischen Rechtssystems des Islam im Mittelalter verpflichtet fühlen. Es gibt aber auch muslimische Gelehrte und Persönlichkeiten des öffentlichen Lebens, die die Akzente neu setzen und auf Aspekte des Islams hinweisen, die im Koran ihren Ausdruck haben, die jedoch im Laufe der Zeit unter den damaligen historischen Gegebenheiten immer mehr übersehen wurden. Und gerade diese Aspekte der islamischen Botschaft würden den Friedenswillen des Islams unterstreichen.

1. *Das klassische Rechtssystem und der „heilige Krieg"*

1.1 Die Bestimmungen des *Korans* in bezug auf den „heiligen Krieg" stammen aus der Medina-Periode der Predigt Muḥammads, d.h. in der Zeit zwischen 622 und 632. Muḥammad nimmt gegenüber den Widersachern, die die Muslime mit ihrer Feindseligkeit verfolgen, ihnen den Zugang zu der heiligen Stätte zu Mekka verwehren und sonst keine Abmachungen mit ihnen respektieren, eine härtere Haltung ein. Nach einer Zeit, in der der Koran nur einen bedingten Defensivkrieg gegen die Feinde vorschrieb, erklärte er dann doch den totalen Krieg gegen die unerbittlichen Gegner der islamischen Gemeinde. Die Muslime, so der Koran, sollen in den Kampf ziehen und für ihr Leben (vgl. 8,30), für ihren Glauben (61,8) und für die Einheit ihrer Gemeinschaft (2,217) streiten. „Und kämpft gegen sie, bis es keine Verführung mehr gibt und bis die Religion gänzlich nur noch Gott gehört" (8,39; vgl. 2,193). Denjenigen, die durch ihre Beteiligung am Kampf ihre Glaubenstreue und ihren Gehorsam unter Beweis gestellt haben, wird der Lohn bei Gott verheißen (vgl. 4,74). Der Endzweck des Kampfes wird erst erreicht und der Friede wird erst dann einkehren und herrschen, wenn die Ungläubigen endlich den Islam annehmen (vgl. 48,16) und wenn der Islam den Sieg davonträgt (vgl. 9,33). Bis dahin gilt der totale Krieg: „Und kämpft gegen die Polytheisten allesamt, wie sie gegen euch allesamt kämpfen ..." (9,36). Auf diese Weise werden die Muslime die ihnen von ihren Feinden angetane Gewalt zurückschlagen und die Bestrafung der Ungläubigen selbst vornehmen, so erfüllen sie ihre Pflicht, sich für die Rechte Gottes und für die Sicherung der Vorherrschaft des Islams einzusetzen. Dieser Einsatz ist von großer Bedeutung, denn er dient zugleich der Wahrung und Festigung der Einheit der islamischen Gemeinschaft und der Wahrung und Ausbreitung der islamischen Lebensordnung, so daß am Ende nur noch eine Gemeinschaft in der Welt besteht, oder wenigstens der Islam allein die Oberhoheit über alle übrigen Religionen und Gemeinschaften erlangt (vgl. Koran 9,33; 61,9; 48,28).

Auf diesen koranischen Bestimmungen und Zielsetzungen beruhen die Angaben des islamischen Rechtssystems in der klassischen Zeit zum heiligen Krieg.

Dieses *Rechtssystem* kennt eine Aufteilung der Welt in zwei Gebiete: das Gebiet des Islams und das Gebiet des Krieges. Das Gebiet des Islams ist Gottes Staat, das Reich des Friedens, in dem das islamische Gesetz und die vom Islam festgelegte Gesellschaftsordnung und politische Struktur herrschen. Das Gebiet der Nicht-Muslime wird grundsätzlich als das Gebiet des Krieges bezeichnet. Darin herrscht das Gesetz der Ungläubigen und der Nicht-Muslime vor, das in einigen oder gar zahlreichen Punkten den Bestimmungen des göttlichen Gesetzes widerspricht. Die Muslime haben die Pflicht, ihr eigenes Gebiet gegen die Angriffe der Feinde zu verteidigen. Darüber hinaus haben sie sich aktiv einzusetzen, um auch im Gebiet der Nicht-Muslime dem Gesetz Gottes zum Sieg zu verhelfen und die Rechte Gottes zur Geltung zu bringen.

Wenn das islamische Gebiet sich gegen einen massiven Angriff verteidigen muß, um seine Existenz zu sichern, dann sind alle Muslime gerufen, zum Schutz ihres Gebiets zu kämpfen und sich so für die Sache Gottes einzusetzen. In weniger dramatischen Situationen geht man davon aus, daß die Pflicht zum heiligen Krieg dem Staat und der Gemeinschaft als solcher obliegt und daß dieser Pflicht Genüge getan wird, wenn an einem Ort, irgendwo in der Welt, Bemühungen um die Ausbreitung des Machtbereichs des Islams unternommen werden.

Diese Pflicht der Gemeinschaft ist eine ständige Pflicht. Der Einsatz für den Islam hört grundsätzlich erst dann auf, wenn alle Menschen den Glauben an Gott angenommen oder gar sich zum Islam bekehrt haben. Das Endziel des Kampfes „auf dem Weg Gottes“, wie sich der Koran ausdrückt (z.B. 2,190 usw.), wird erst erreicht, wenn auch das Gebiet der Feinde dem Gebiet des Islams angegliedert wird, wenn der Unglaube endgültig ausgerottet ist, wenn die Nicht-Muslime sich der Oberherrschaft des Islams unterworfen haben. Solange die alleinige Herrschaft des Islams nicht die ganze Welt umfaßt hat, bleibt der heilige Krieg ein Dauerzustand, und zwar ein solcher, der entweder durch militärische Aktionen oder wenigstens durch politische Versuche oder auf irgendeine Weise erfolgen muß.

1.2 Friedenszeiten

Was den Frieden betrifft, so ist er nach der Intention des islamischen Gesetzes der zu erreichende Endzustand der Auseinandersetzung zwischen dem islamischen Staat und den nicht-muslimischen Gemeinschaften. Denn der heilige Krieg wird geführt, damit die Menschen allesamt als Muslime oder wenigstens als tolerierte Enklaven von Schutzbefohlenen (Dhimmī) in den Grenzen und unter der Vorherrschaft des islamischen Staates in Frieden und Gottesfurcht leben können. Der Friede wird erst erreicht und gilt erst als endgültig, wenn die Grenzen des islamischen Staates bis an die Grenzen der Erde gelangen, wenn also nur noch ein Staat bestehen bleibt: der islamische Staat. Solange dieses Ziel nicht erreicht ist, lebt der islamische Gottesstaat in einem ständigen Konfliktzustand mit den nicht-islamischen Staaten; seine Beziehungen zu den fremden Ländern bleiben die der legalen Auseinandersetzung. Dieser Zustand bedeutet jedoch nicht, daß der Islam sich in ständigem aktivem Kampf gegen die Nicht-Muslime befindet oder einen heiligen Dauerkrieg gegen die fremden Völker führen muß. Das bedeutet auch nicht, daß der islamische Staat keine Beziehungen irgendwelcher Art mit ihnen unterhalten darf. Verträge und Abkommen dürfen geschlossen, Vereinbarungen getroffen und kulturelle und wirtschaftliche Beziehungen aufgenommen und gepflegt werden. Aber diese Kontakte und Beziehungen beinhalten in der Einschätzung des klassischen Rechtssystems des Islams keineswegs die Anerkennung der Legitimität der fremden Staaten. Mit der Aufnahme solcher Beziehungen wird lediglich die Tatsache anerkannt, daß auch in den nicht-islamischen Staaten, solange sie bestehen, eine gewisse Autorität und eine gewisse soziale und politische Ordnung notwendig sind. So ist man bereit, die bestehende Obrigkeit und die herrschende Gesellschaftsordnung sowie die staatlichen Institutionen zur Kenntnis zu nehmen und mit der jeweiligen Regierung im Interesse der Muslime in Kontakt zu treten und vorübergehend friedliche Beziehungen zu vereinbaren.

Diese friedlichen Beziehungen heben aber die grundsätzliche Aufteilung der Welt in ein „Gebiet des Islams“ und ein „Gebiet des Krieges“ nicht auf. Für die Dauer der Friedenszeit bezeichnen Rechtsgelehrte das Gebiet des Krieges als „Gebiet des Friedens“ oder „Gebiet des Vertrags“. Betont wird jedoch, daß die Zulässigkeit ausgehandelter Verträge und vereinbarter Friedenszeiten nicht die Gleichstellung nicht-islamischer Länder mit dem islamischen Staat bedeutet. Vorübergehende und befristete Friedenszeiten sind nur eine Pause auf dem Weg zur Islamisierung der ganzen Welt. Dieses Ziel ist zwar schwer zu erreichen und muß in der Alltagspraxis ein frommer Wunsch bleiben, und man muß davon ausgehen, daß im Normalfall der „heilige Krieg“ in seinem aktiven Ausdruck nur zu einer ruhenden, also nicht positiv betriebenen und erfüllten Pflicht wird. Aber die theoretische Zielsetzung bleibt bestehen und konfrontiert die Praxis immer wieder mit dem von Gott gewollten Idealzustand und Ziel.

Man kann die Vorstellungen des islamischen Rechtssystems der klassischen Zeit in bezug auf den „heiligen Krieg“ und die heute noch, bzw. wieder von militanten Gruppen in der islamischen Welt vertretene Lehre wie folgt zusammenfassen: Friede ist der Zustand innerer Ordnung des Staates, wenn dieser nach den Gesetzen Gottes regiert wird und Ungläubigen, Abtrünnigen, Aufständischen und ähnlichen existenzgefährdenden Gruppen keinen Freiraum gibt, sondern sie ausrottet oder bekehrt. Nach außen hin bedeutet Frieden den Endzustand, der nach der siegreichen Bekämpfung und Niederwerfung der nicht-muslimischen Gemeinschaften erreicht wird, so daß nur noch der islamische Staat besteht, in dem Nicht-Muslime, wenn sie nur Anhänger einer vom Islam anerkannten Offenbarungsreligion und Besitzer heiliger Schriften sind, den Rechtsstatus von Schutzbefohlenen des Islams haben. Damit erfüllt die politische Gemeinschaft der Muslime (*Umma* genannt) ihre Aufgabe, Trägerin und Wahrerin der Rechte Gottes und Hüterin der nach Maßgabe der Rechte Gottes festgesetzten Rechte der Menschen zu sein.

2. Stimmen für den Frieden

Gegenüber dieser klassischen Position betonen andere Denker in der islamischen Welt die Priorität des Friedens, nicht nur als Endzustand, sondern als normalen Zustand der Beziehungen der Menschen und der Gemeinschaften zueinander.

2.1 Die Vertreter dieser Position verweisen gerne auf die Umdeutung der Pflicht zum heiligen Krieg, die bereits im Mittelalter stattgefunden hat. Theologen, geistliche Lehrer und sogar manche Rechtsgelehrte bezeichneten damals den Krieg als den „kleinen Einsatz". Der „große Einsatz" sei geistlicher Natur und bestehe in einer dreifachen Anstrengung: im Einsatz des Herzens, d. h. in der täglichen Bemühung um einen aufrichtigen Glauben und einen treueren Gehorsam; – im Einsatz der Zunge, d. h. in der Ermunterung der Guten und der Zurechtweisung der Bösen; – endlich im Einsatz der Hand, d. h. im sozialen Dienst und in der sozialen Wohltätigkeit. Schließlich sei die friedliche Verkündigungs- und Missionstätigkeit ein vorzügliches Mittel, den Islam in der Welt zu verbreiten.

2.2 Aber auch die Theorie des heiligen Krieges selbst enthält Momente, die die Priorität des Friedens betonen. Auch inmitten der bewaffneten Auseinandersetzung sollen die Muslime bereit zur Versöhnung sein, sobald ihre Feinde mit ihrem gottlosen Treiben aufhören (Koran 2,193; 8,39). Der Koran macht deutlich, daß ihm der Friede als das eigentliche Ziel des Einsatzes für die Sache Gottes und seiner Religion erscheint: „Und wenn sie *(= die Feinde)* sich dem Frieden zuneigen, denn neige auch du dich ihm zu" (8,61). Das Halten des Friedens ist geboten, wenn die Gegner von ihren Übergriffen ablassen und umkehren (5,34). „Wenn sie sich von euch fernhalten und nicht gegen euch kämpfen und euch Frieden anbieten, dann erlaubt euch Gott nicht, gegen sie vorzugehen" (4,90; vgl. 4,94). Der Friede ist zugleich die Chance der Nicht-Muslime und die Chance des Islams selbst. Denn es geht darum, Gottes Botschaft zu Gehör zu bringen und lernwilligen und bekehrungsfähigen Feinden immer eine Möglichkeit bereitzuhalten, diese Botschaft zu hören, sich eventuell zu bekehren und in die volle Gemeinschaft der

Muslime aufgenommen zu werden: „Und wenn einer von den Polytheisten dich um Schutz bittet, so gewähre ihm Schutz, bis er das Wort Gottes hört. Danach laß ihn den Ort erreichen, in dem er in Sicherheit ist ..." (9,6). – „Wenn sie umkehren, das Gebet verrichten und die Abgabe entrichten, dann sind sie eure Brüder in der Religion" (9,11; vgl. 9,5).

2.3 Die Vertreter dieser Position betonen, daß es zwar Umstände geben kann, die die bewaffnete Auseinandersetzung zu einem legitimen Krieg der Muslime machen können. Gründe, die die Muslime zur Führung eines gerechten Krieges ermächtigen, sind folgende: Zurückweisung feindlicher Angriffe (defensiver Krieg), gleich ob diese Feindseligkeiten sich in einem Feldzug (vgl. Koran 2,190), in der Mißachtung vertraglicher Vereinbarungen (vgl. 9,12) oder in der Planung eines Angriffes gegen die Muslime äußern. In diesem letzten Falle dürfen die Muslime ihren Feinden zuvorkommen und ihnen mit einem Präventivschlag begegnen.

Über den Verteidigungskrieg hinaus dürfen die Muslime eingreifen, um zu verhindern, daß ihre Glaubensbrüder in fremden Ländern verfolgt, unterdrückt oder gar verführt werden (vgl. Koran 2,193; 8,39; 4,75). Auch dürfen die Muslime sich dafür einsetzen, daß die Verkündigungsarbeit des Islams sich ungehindert entfalten kann.

Aber – das unterstreichen die Autoren – Eingreifen, Verteidigung, Präventivschlag und allgemein legitimer Krieg dürfen im Sinne des Korans nur „auf dem Weg Gottes" erfolgen, d.h. nicht zu Expansionszwecken, aus Rache oder in der Suche nach Kriegsbeute.

2.4 Eigentlich sollten die Muslime, so die Haltung derjenigen, die dem Frieden den Vorrang einräumen, sich heute an der Lehre des Korans orientieren, die in den mekkanischen Friedensperioden vorherrschte.

In seinen *Beziehungen zu den Polytheisten* unter den Mekkanern war Muḥammad in diesen Perioden darauf bedacht, sich in keinen Streit hineinziehen zu lassen und jede Aggressivität zu meiden. Sein Aufruf, den Glauben anzunehmen, appelliert an die Selbstverantwortung der Menschen und an das richtige Verständnis ihrer eigenen Interessen. „Sprich: O ihr Menschen, zu euch ist die Wahrheit von eurem Herrn gekommen. Wer der Rechtleitung folgt, folgt ihr zu seinem eigenen Vorteil. Und wer irregeht, geht irre zu seinem eigenen Schaden. Und ich bin nicht euer Sachwalter" (Koran 10,108).

Seine Sendung beinhaltet in dieser Zeit nicht die Aufgabe, die Menschen zur Rechenschaft über ihren Unglauben zu ziehen: Von dieser Haltung bezeugen eine Reihe von Koranversen, z.B. folgende: „Ihr habt eure Religion, und ich habe meine Religion" (109,6; vgl. 11,93.121). – Am Tag der Auferstehung „kommt mir mein Tun zu und euch euer Tun. Ihr seid unschuldig an dem, was ich tue; und ich bin unschuldig an dem, was ihr tut" (10,41; vgl. 26,216). – „Gott ist unser Herr und euer Herr. Wir haben unsere Werke, und ihr habt eure Werke (zu verantworten). Es gibt keinen Streitgrund zwischen uns und euch. Gott wird uns zusammenbringen. Und zu Ihm führt der Lebensweg" (42,15; vgl. 34,25).

Der Koran empfiehlt Muḥammad: „Nimm das Gute und Leichte[29], gebiete das Rechte und wende dich von den Törichten ab" (7,199; vgl. 15,85; 43,89).

Auch *gegenüber Juden und Christen* ist der Ton des Korans in dieser Periode friedvoll. Er versichert dem Verkünder Muḥammad: „Gott wird dich vor ihnen schützen ... Sprich: Was streitet ihr mit uns über Gott, wo Er unser Herr und euer Herr ist? Wir haben unsere Werke, und ihr habt eure Werke (zu verantworten)" (2,137.139). Auch hier soll Muḥammad Neid und Mißgunst mit Nachsicht, Verzeihung und Warten auf die Entscheidung Gottes beantworten (2,109).

Muḥammad soll aber nicht immer die *Diskussion mit den Nicht-Muslimen* ausschlagen. Aber diese Diskussion soll sich nicht wie ein aggressiver Streit gestalten, sondern sie soll in erster Linie ein Aufruf zum Glauben sein: „Ruf zum Weg deines Herrn mit Weisheit und schöner Ermahnung, und streite mit ihnen auf die beste Art" (Koran 16,125). Für das Verhalten gegenüber streitsüchtigen Gegnern gibt der Koran einige Regeln. Die Muslime sollen sich nicht in eine Diskussion mit denen verwickeln lassen, die mit den Versen Gottes ihren Spott treiben wollen, bis sie ein anderes Thema ansprechen

---

[29] Oder: Nimm (als Abgabe) das Entbehrliche (vgl. 2,219); oder: Übe Nachsicht.

(6,68; 4,140). Sonst soll man sie stehen lassen (6,70). Wenn aber die Gegner die harte Diskussion suchen und die Wahrheit der islamischen Botschaft in Zweifel ziehen wollen, dann soll der Prophet Muḥammad solche unnütze Dispute vermeiden. Gott gehört die letzte Entscheidung über die Angelegenheiten der Menschen am Tag der allgemeinen Abrechnung (vgl. 22,67–69). Gott allein besitzt auch die Macht, die Menschen rechtzuleiten: „Willst du denn die Tauben hören lassen oder die Blinden und die, die sich in einem offenkundigen Irrtum befinden, rechtleiten?" (43,40). – „Du kannst nicht rechtleiten, wen du gern möchtest. Gott ist es, der rechtleitet, wen Er will ..." (28,56).

Zu dieser Haltung gehört die *Anerkennung des religiösen Pluralismus* durch den Koran im Hinblick auf die Existenzberechtigung der Offenbarungsreligionen, d.h. hauptsächlich in bezug auf das Judentum und das Christentum. Zwar hat Gott, so die Aussage des Korans, seine verschiedenen Propheten mit derselben Grundbotschaft des monotheistischen Glaubens gesandt (vgl. 21,25; 3,84), aber er hat auch selbst bestimmt, daß die großen Gesandten: Mose, Jesus und zuletzt Muḥammad, Gesetze erlassen, die in manchen Punkten voneinander abweichen. Der Koran erkennt die Gültigkeit und die Heilswirksamkeit dieser verschiedenen religiösen Wege an: „Diejenigen, die glauben, und diejenigen, die Juden sind, und die Christen und die Ṣābier[30], all die, die an Gott und den Jüngsten Tag glauben und Gutes tun, erhalten ihren Lohn bei ihrem Herrn, sie haben nichts zu befürchten, und sie werden nicht traurig sein" (2,62; vgl. 5,69). Die verschiedenen Gemeinschaften sollen also miteinander nicht über ihr jeweiliges Gesetz (22,67) streiten, sondern im Guten wetteifern: „Jeder hat eine Richtung, zu der er sich wendet. So eilt zu den guten Dingen um die Wette ..." (2,148; vgl. 5,48).

Die besondere Rolle der Muslime besteht nach dem Koran darin, als „eine in der Mitte stehende Gemeinschaft ... Zeugen über die Menschen" zu sein (2,143; vgl. 22,78). Dies bedeutet jedoch nicht, daß alle Religionen gleichwertig sind, denn der Islam bleibt die alleinige wahre Religion (3,19), und es gilt weiterhin der Grundsatz: „Wer eine andere Religion

---

[30] Wahrscheinlich eine Täufergemeinde wie die Mandäer.

als den Islam sucht, von dem wird es nicht angenommen werden" (3, 85).

Daß aber die Anerkennung des praktisch nicht aufhebbaren religiösen Pluralismus nicht nur eine Erscheinung der früheren Perioden der koranischen Botschaft ist, bezeugt ihre Bestätigung durch die späten Verse des Korans selbst (5, 43.44: Judentum; 5, 46–47: Christentum; 5, 48: Islam). An alle wendet sich der Koran mit den Worten: „Für jeden von euch haben Wir eine Richtung und einen Weg festgelegt. Und wenn Gott gewollt hätte, hätte Er euch zu einer einzigen Gemeinschaft gemacht. Doch will Er euch prüfen in dem, was Er euch hat zukommen lassen. So eilt zu den guten Dingen um die Wette ..." (5, 48).

Am Ende dieser Ausführungen soll noch eine Stellungnahme des Kongresses der Islamischen Welt (Generalsekretariat in Karachi/Pakistan) aus den ersten Monaten des Jahres 1983 wiedergegeben werden. Der Kongreß betont darin „die wichtige Rolle der Erziehung bei den Bemühungen um die Verwirklichung des von allen Menschen ersehnten Weltfriedens ... Voraussetzung für die Schaffung einer dauerhaften Friedensordnung seien vor allem Verständigungsbereitschaft und Toleranz sowie Fähigkeit der Menschen und der Völker, sich gegenseitig zu respektieren und anzuerkennen. So gesehen erhalte die Erziehung ‚eine internationale Dimension als Botschafter einer neuen und modernen Ethik, in deren Mitte freie, würdige und verantwortungsbewußte Menschen stehen als Angehörige von Völkern, die sich als gleichberechtigte Partner verstehen und die entschlossen sind, die Zukunft der Menschheit gemeinsam und solidarisch zu gestalten'. Eine auf diese Ziele ausgerichtete Erziehung kann nach Auffassung des Islamkongresses zur Erneuerung der menschlichen Werte führen und zur Überwindung des zerstörerischen Rivalitätsdenkens, von Mißtrauen und Diskriminierung durch ein Klima des Vertrauens, der Zusammenarbeit und der Brüderlichkeit."[31]

---

[31] M. S. Abdullah, Deutsche Welle, Kirchenfunk / Nr. 22/13, 21. Mai 1983.

Islam und Toleranz

Die Frage nach Toleranz ist die Frage nach der jeweiligen Staatsstruktur und nach dem Rechtsstatus, der den Minderheiten in diesem Staat zugestanden wird. Die Haltung des islamischen Staates diesbezüglich ist mit seinem klassischen Rechtssystem eng verbunden. Dieses System geht von einer einheitlichen Gesellschaft aus, der Gesellschaft der Muslime, welche ihre Beziehungen zu den Minderheiten aufgrund von geschlossenen Verträgen regelt. Der Rechtsstatus der Minderheiten beruht hier auf einem Vertrag zwischen Eroberern und Unterworfenen, zwischen Siegern und Besiegten, einem Vertrag, der aus den Muslimen die eigentlichen vollen Bürger des Landes und aus den anderen nur „Schutzbefohlene" macht.

Das Schutzabkommen beinhaltet hauptsächlich die Pflicht der Schutzbefohlenen, der islamischen Obrigkeit, die das Land nach islamischem Recht und Gesetz regiert, untertan zu sein, sich dem islamischen Staat gegenüber loyal zu verhalten und die vereinbarten Tribute und Abgaben, Eigentums- und Kopfsteuern, zu entrichten. Im Gegenzug dazu verpflichtet sich der islamische Staat, das Leben der Schutzbefohlenen und die ihnen zugestandenen Rechte zu schützen.

Im folgenden sollen nun die wichtigsten Punkte angesprochen werden, die die rechtliche Stellung der Schutzbefohlenen, vornehmlich Christen und Juden, deutlich machen.

1. Die Religionsfreiheit

Zwar versteht sich der Islam als die letzte, endgültige Form der von Gott offenbarten Religion und daher als Fortsetzung und zugleich Überbietung und Aufhebung von Judentum und Christentum. Zwar verbietet der Islam unter Androhung der Todesstrafe den Abfall vom islamischen Glauben. Gleichwohl respektiert er die Gewissensfreiheit der Schutzbefohlenen und garantiert ihnen ihre Religionsfreiheit. „Es gibt keinen Zwang in der Religion", proklamiert der Koran (2,256). So dürfen die Schutzbefohlenen nicht dazu gezwungen werden, ihre eigene Religion zu verlassen und den Islam anzunehmen. Darüber hinaus beinhaltet die Religions- und Kultfreiheit der Schutzbefohlenen das Recht, ihre Kinder und ihre Glaubensgenossen in der eigenen Religion bzw. Konfession zu unterweisen. Auch steht ihnen das Recht zu, die Kulthandlungen ihrer Religion zu vollziehen. Der Staat erlegt ihnen jedoch die Einschränkung auf, die Zeremonien ihres Kultes nur innerhalb der Kultgebäude und in einer Weise zu vollziehen, die dem religiösen Empfinden und dem Überlegenheitsgefühl der Muslime nicht widerstrebt.

Die Bestimmungen in bezug auf die Kultgebäude selbst sehen folgende Regelung vor. Wo das Interesse der islamischen Gemeinschaft keine andere, entgegenkommende Maßnahme empfiehlt, wird den Schutzbefohlenen verboten, in größeren Ortschaften und in deren nahem Umland neue Kultgebäude zu errichten. Was die Renovierung und Restaurierung bestehender Kultgebäude und den Wiederaufbau zerfallener Kirchen und Synagogen betrifft, so wurden sie von den Gründern der großen Rechtsschulen erlaubt. Spätere Juristen treten für harte Maßnahmen ein. Sie würden am liebsten jede Restaurierung bestehender Kirchen überhaupt nicht zulassen. Wo sich dies aber nicht durchsetzen läßt, stellen sie fest, daß die Instandsetzung der jüdischen bzw. christlichen Kultgebäude wie Synagogen, Kirchen, Klöster, Privatkapellen, Einsiedeleien nicht der Anlaß werden darf, den Altbau zu erweitern. Es darf nur der alte Zustand wiederhergestellt werden, und zwar ohne die kleinste Änderung.

2. Mischehen zwischen Schutzbefohlenen und Muslimen

Ein Schutzbefohlener darf keine muslimische Frau heiraten, denn im Verständnis der Rechtsgelehrten birgt eine solche Ehe die direkte Gefährdung des Glaubens der muslimischen Frau in sich. Eine solche Ehe, die irrtümlich zustande kommt, muß aufgelöst werden. Ein Schutzbefohlener, der im Wissen um die Rechtslage und das bestehende Verbot, dennoch eine muslimische Frau heiratet, muß bestraft werden.

Ein Schutzbefohlener darf auch nicht die Formalitäten für die Heirat einer muslimischen Frau erledigen, wäre diese auch seine Verwandte oder gar seine Schwester.

Ein Muslim darf eine freie Frau aus den Reihen der Leute des Buches, wie Juden und Christen im Koran bezeichnet werden, heiraten, so bestimmt es der Koran selbst (5,5). Ein Spruch des Propheten Muḥammad sagt jedoch von den Zarathustrianern: „Heiratet ihre Frauen nicht und eßt ihre Opfergaben nicht." Solche Ehen werden jedoch von den Rechtsgelehrten nicht empfohlen. Es sprächen viele Gründe dagegen. Z. B. darf die nicht-muslimische Frau Dinge tun, die für einen Muslim verboten sind: Sie darf die Kirche besuchen, Wein trinken, Schweinefleisch essen. Dadurch wird sie zu einem ständigen Herd der Verunreinigung für ihren Mann, mit dem sie lebt und Geschlechtsverkehr hat und auch für ihre Kinder, die sie stillt bzw. ernährt, ganz abgesehen davon, daß sie für die religiöse Erziehung der Kinder nicht geeignet ist. Sollte sie sogar aus dem Gebiet der Feinde stammen, dann besteht immer wieder die Gefahr, daß ihre Kinder dazu neigen, zu den Feinden überzulaufen oder zumindest ihre Bindungen an die islamische Gemeinschaft lascher zu gestalten.

Der eine Vorteil solcher Ehen besteht darin, daß die Frau sich eventuell veranlaßt fühlt, den Islam anzunehmen ...

Die Jüdin bzw. die Christin, die einen Muslim heiratet, genießt die Rechte einer muslimischen Frau.

Im übrigen genießt sie die Freiheiten, die ihr von ihrer Religion her zustehen. Eine Christin darf z. B. weiterhin alkoholische Getränke zu sich nehmen, Schweinefleisch essen und die Kirche zum Gebet besuchen, so die Lehre der Rechtsschulgründer Abū Ḥanīfa und Mālik. Die Schule der Shāfi'īten verbietet ihr das Essen von Schweinefleisch. Der Meister der Ḥanbaliten, Aḥmad ibn Ḥanbal, lehrt, daß ihr Mann ihr verbieten darf, die Kirche und den Gottesdienst zu besuchen.

3. Prozeßrecht und Rechtsprechung

Die juristische Tradition des Islams stellt im allgemeinen fest, daß die jeweilige Religionsgemeinschaft innere Verwaltungsautonomie genießt und für die Rechtsprechung in den Anliegen ihrer Angehörigen zuständig ist. Dennoch bleibt die allgemeine Zuständigkeit der islamischen Richter bestehen. Die Fälle, die unter ihre ausschließliche Zuständigkeit fallen, sind die, bei denen die Parteien verschiedenen Konfessionen angehören. Auch in Streitsachen zwischen einem Muslim und einem Schutzbefohlenen und in strafrechtlichen Sachen, bei denen die staatliche Oberhoheit vorausgesetzt wird, ist der muslimische Richter die einzig zuständige Instanz. Endlich hat der muslimische Richter das Interesse des Staates und der islamischen Gemeinschaft in allen Fällen zu schützen, in denen die allgemeine Ordnung des Staates gestört oder gefährdet wird. In all diesen Fällen hat der muslimische Richter immer nach den Bestimmungen des islamischen Gesetzes zu entscheiden. Denn nur das islamische Recht als Grundlage der staatlichen Gesetze gilt im gesamten Gebiet des Islams, während die Gesetze der jeweiligen Religionsgemeinschaften sich auf ihre eigenen Mitglieder beschränken.

Der muslimische Richter, der von sich aus tätig wird oder der in einer Sache angerufen wird, muß die streitenden Parteien, auch wenn ein Muslim im Streit mit einem Schutzbefohlenen liegt, gleich gerecht behandeln. Dennoch gilt das Zeugnis von Schutzbefohlenen als wenig aussagekräftig. Denn, so der Koran, „Wir erregten unter ihnen Feindschaft und Haß bis zum Tag der Auferstehung" (5,14), was den Wert ihres Zeugnisses mindert. Auf jeden Fall darf das Zeugnis von Schutzbefohlenen gegen einen Muslim nicht angenommen werden, es sei denn, die Umstände des Verfahrens und der Gegenstand des Streitfalles lassen es angezeigt erscheinen, eine andere Gewichtung vorzunehmen. Wenn z. B. ein Schutzbefohlener stirbt und einer seiner Söhne, der Muslim ist, gegen seinen Bruder, der Schutzbefohlener ist, behauptet, der Vater habe sich vor seinem Tod zum Islam bekehrt, so braucht das Zeugnis des Muslims hier nicht ohne weitere bestätigende Tatsachen gegen seinen Bruder zu gelten. Das islamische Recht bestimmt nämlich, daß nur ein Muslim einen Muslim beerben darf; dieser Umstand erweckt den berechtigten Verdacht, daß das Zeugnis des muslimischen Sohnes vom eigenen Interesse beeinflußt sein könnte.

In Strafsachen gilt oft eine Ungleichwertigkeit von Muslimen und Schutzbefohlenen. Am Beispiel der Strafe für Mord und Totschlag soll dies verdeutlicht werden. Der Koran schreibt im Fall des Tötens folgende Regelung vor: „O ihr, die ihr glaubt, vorgeschrieben ist euch bei Totschlag die Wiedervergeltung: der Freie für den Freien, der Sklave für den Sklaven, das Weib für das Weib. Wenn einem von seinem Bruder etwas nachgelassen wird, dann soll die Beitreibung *(des Blutgeldes)* auf rechtliche Weise und die Leistung an ihn auf gute Weise erfolgen" (2,178). Angenommen, ein Muslim ermordet einen Schutzbefohlenen: In diesem Fall plädiert Abū Ḥanīfa für die Hinrichtung des Schuldigen. Die anderen Schulgründer meinen, daß der vorhin zitierte Koranvers hier keine Anwendung findet, denn Gerechtigkeit bedeutet die Gleichheit der beiden Parteien bei der Wiedervergeltung, was von einem Muslim und einem Schutzbefohlenen nicht behauptet werden kann.

4. Die wirtschaftliche Stellung der Schutzbefohlenen

Das islamische Rechtssystem garantiert den Schutzbefohlenen die Unverletzbarkeit ihres Eigentums und räumt ihnen die Freiheit ein, Handel zu betreiben und unternehmerische Tätigkeiten zu entfalten.

Das Recht auf Eigentum wird durch die gleichen Sanktionen geschützt wie das Eigentumsrecht der Muslime selbst. Eigentum und Erwerbstätigkeit der Schutzbefohlenen werden nur dort Einschränkungen unterworfen, wo sie im Widerspruch zum islamischen Gesetz stehen. So dürfen Schutzbefohlene kein Exemplar des Korans besitzen, denn nur die Reinen dürfen den Koran berühren (vgl. Koran 56,79), und die Schutzbefohlenen gehören nicht immer eindeutig zu dieser Kategorie von Personen.

Ähnliche Einschränkungen sind vorgesehen bei der Ausübung kaufmännischer Tätigkeiten und Abwicklung von Handelsgeschäften.

In Verlängerung ihres Eigentumsrechtes haben die Schutzbefohlenen die Möglichkeit, mit den Muslimen Geschäftsverträge zu schließen, deren Gültigkeit und Verbindlichkeit nicht angezweifelt wird.

Im Falle partnerschaftlicher Geschäftsbeziehungen zwischen einem Muslim und einem Schutzbefohlenen gehen die Rechtsgelehrten davon aus, daß der Muslim die Leitung des Betriebs übernimmt oder wenigstens an allen wichtigen Entscheidungen und praktischen Maßnahmen beteiligt wird.

Wenn aber der Schutzbefohlene die Geschäftsführung übernimmt, so erheben die Rechtschulgründer Abū Ḥanīfa und Shāfiʿī keine Einwände dagegen. Sie raten jedoch davon ab, weil es nicht eindeutig garantiert ist, daß der Schutzbefohlene mit dem Geld des Muslims nicht gegen das islamische Gesetz verstößt (z.B. Handel mit Wein, Schweinen; Zinsnehmen: vgl. Koran 30,39; 2,275.276.278–279; 3,130; 4,161). Gerade aus diesem Grund verbieten die anderen Rechtsschulen die Beteiligung eines Muslims an den Geschäften eines Schutzbefohlenen.

Die Rechtsgelehrten stellen auch fest, daß ein Muslim im allgemeinen die Dienste eines Schutzbefohlenen gegen Zahlung des entsprechenden Lohnes annehmen darf. Auch darf ein Schutzbefohlener die Dienste eines Muslims gegen Zahlung seines Lohnes beanspruchen. Die Gelehrten bezeichnen diese Arbeitsbeziehungen zwar als zulässig, aber nicht empfehlenswert.

5. Rechtsstellung der Schutzbefohlenen im politischen Bereich

Die Ungleichheit der Bewohner des Landes aufgrund ihrer Religionszugehörigkeit tritt am deutlichsten im politischen Bereich zutage. Denn es geht hier um die Ausübung der Macht im Staat, und diese ist nach islamischem Recht ausschließlich den Muslimen vorbehalten. So sind sich die muslimischen Rechtsgelehrten darüber einig, daß der Zugang zu hohen Ämtern im Staat den Schutzbefohlenen verwehrt werden muß. Denn, so lauten ihre Argumente, der Koran verbietet es, die Nicht-Muslime, wenigstens in empfindlichen Bereichen des öffentlichen Lebens, zu Freunden zu nehmen und ihnen den Vorzug vor den Gläubigen zu geben (vgl. 3,28.118; 4,115.144; 60,1; 5,51.57). Auch betont er: „Gott wird nie den Ungläubigen eine Möglichkeit geben, gegen die Gläubigen vorzugehen" (4,141). Und nach der Überlieferung des Ḥadīth habe Muḥammad unterstrichen: „Der Islam herrscht, er wird nicht beherrscht" (bei Bukhārī). Der Zugang zu hohen Ämtern würde in Widerspruch stehen zur niedrigen Stellung im Staat, die den Schutzbefohlenen zukommt.

Zusammenfassend kann man feststellen, daß das klassische Rechtssystem des Islams die Bildung einer Gesellschaft mit zwei Klassen von Bürgern vorsieht. Die einen, die Muslime, sind die eigentlichen Bürger; die anderen werden toleriert, ihnen wird ein Lebensraum verschafft, aber ihre Rechte sind nur die, die ihnen der islamische Staat gewährt. Und diese gewährten Rechte gehen von einer grundsätzlichen Ungleichheit und Ungleichwertigkeit von Muslimen und Schutzbefohlenen aus. Muslime und Nicht-Muslime sind ja nicht gleichberechtigt im Staat, sie sind nicht alle Träger der gleichen Grundrechte und der gleichen Grundpflichten. Sie sind auch nicht grundsätzlich gleichgestellt vor dem Gesetz. Die Nicht-Muslime sind zwar in den Augen des Islams nicht recht- und schutzlos, sie werden nicht den Muslimen als freie Beute preisgegeben. Dennoch werden sie im eigenen Land als Bürger zweiter Klasse behandelt. Diese Mischung von Toleranz und Intoleranz, diese relative Integration der Nicht-Muslime im Staat und ihr Verweisen in einen Rechtsstatus von Fremden wird nicht nur in den spekulativen Ausführungen des islamischen Rechtssystems sanktioniert, sie fand immer wieder in der Praxis – wenn auch nicht mit derselben Strenge – ihren Niederschlag und machte die Lebensgeschichte der Schutzbefohlenen, Juden und Christen, unter dem Druck der islamischen Mehrheit oft und immer wieder zu einer Leidensgeschichte.

Es stellt sich also die Frage, ob es heute tragbar ist, einen Staat nach diesem Modell wiederzuerrichten. Erforderlich ist eher eine Struktur, die den Gemeinschaften und allen Bürgern ermöglicht, loyal zum gemeinsamen Land zu leben und den unabweisbaren Anspruch zu erheben, in diesem ihrem Land als gleichberechtigte Bürger zu gelten und die gleichen Grundrechte und Grundpflichten zuerkannt zu bekommen. So kann verhindert werden, daß die einen den Staat für sich konfiszieren und die anderen zu Schutzbefohlenen deklassiert werden, welche dann dem Willen und Entgegenkommen wie auch der Willkür und dem Gutdünken der Mehrheit ausgeliefert sind. Und so kann verhindert werden, daß die „nur tolerierten“ Bewohner Angst haben müssen, eine Leidensgeschichte zu durchleben, die immer wieder hereinzubrechen droht.

Vielleicht ist es doch nicht vermessen zu hoffen, daß der zeitgenössische Islam eine Gesellschafts- und Staatsstruktur findet, durch die er ohne Identitätsverlust seine wahre Rolle in der Welt erfüllen kann, als ‚Zeuge für die Gerechtigkeit‘ (Koran 5, 8) und als mitwirkender Faktor bei der Verwirklichung der universalen Solidarität der Menschen und bei der Herstellung einer Gesellschaftsordnung, in der alle Bürger vor dem Gesetz grundsätzlich gleichgestellt und im praktischen Leben gleichberechtigt sind, in der über eine geschenkte Toleranz hinaus die unverzichtbaren Menschenrechte für alle vorbehaltlos anerkannt werden.

17. Kapitel

Muslime als Minderheit

Außerhalb der Länder der islamischen Welt leben Millionen von Muslimen, etwa 2 Millionen allein in der Bundesrepublik Deutschland. In einigen Städten sind sie in Gemeinden organisiert. Aber der Umstand, daß sie nur eine Minderheit bilden, konfrontiert sie mit verschiedenartigen Problemen. Diese Probleme hängen mit dem Leben in einer Industriegesellschaft zusammen, einer Industriegesellschaft, die zudem aus einer anderen, nämlich christlichen Tradition erwachsen und immer noch von den Normen dieser Tradition zu einem beträchtlichen Teil geprägt ist. So stellt sich diesen Muslimen die Frage nach ihrer eigenen Identität inmitten einer nicht-islamischen Gesellschaft mit zunehmender Schärfe.

Lage der Minderheiten

Je nach der Situation, dem Bildungsstand und der persönlichen Neigung der Betroffenen treten bei ihnen verschiedene Reaktionen zutage. Zwischen der Gleichgültigkeit und der Loslösung von der heimatlichen Tradition bei den einen und der Entwicklung fanatischer Ablehnungshaltungen bei den anderen gibt es alle Schattierungen der Entfremdung gegenüber dem eigenen Normensystem oder der Auflehnung gegen die Gesellschaft, in der sie gezwungen sind zu leben.

Diese Situation verschärft sich bei den Muslimen, die in ihrer heimatlichen Gemeinde Halt gefunden hatten und eine solche Gemeinde in der Fremde nicht wiederfinden oder nicht mehr wiederaufbauen können. Da die islamische Gemeinschaft nicht hierarchisch – wie die christlichen Kirchen – strukturiert ist, kein Lehramt und keine Gemeindeleitung im christlichen Sinn kennt, fällt es frommen Muslimen schwer, einen Ersatz für die Gemeinde der Heimat zu finden, welche als Trägerin des religiösen und sozialen Lebens eine zentrale Rolle spielte.

Außerdem hat der Islam in seiner Rechtstradition und in seiner politischen Praxis hauptsächlich nur ein Modell des Zusammenlebens von Muslimen und Nicht-Muslimen ausgearbeitet. Dieses traditionelle Modell geht davon aus, daß die Muslime die Mehrheit bilden und die Herrschaft in Gesellschaft und Staat ausüben, die Gesetzgebung gestalten und die Rechtsprechung nach islamischem Recht und Gesetz besorgen. In den europäischen Industriestaaten erleben die Muslime dagegen eine andere, bislang ungewohnte Welt. Hier bilden sie nur eine Minderheit, deren Einfluß in der Gesellschaft verschwindend gering und deren Machtstellung unbedeutend ist. Sie bilden eine Minderheit, die sogar von den mächtigeren Gruppen argwöhnisch beobachtet wird und die alle Mühe hat, sich zu behaupten und ihre eigene Identität zu wahren.

Aus dieser Situation erwächst den Muslimen eine Unsicherheit in der Einschätzung ihres Rechtsstatus aus islamischer Sicht und in der Bewertung ihrer Rolle in der neuen Gesellschaft. Sie fühlen sich ziemlich ratlos vor der Notwendigkeit, umfassende Normen für ihr Zusammenleben mit Nicht-Muslimen zu entwickeln.

Wenn man darüber hinaus bedenkt, daß die meisten islamischen Gemeinden, soweit sich Gemeinden gebildet haben, nicht von ausreichend qualifizierten Gemeindeleitern geführt werden, kann man die Not erkennen, die für viele Muslime die neu entstandene Situation in der Fremde mit sich bringt.

Angesichts dieser Lage ist es nicht verwunderlich, daß die Muslime sich an Richtungen, Bewegungen, Gruppierungen, Vorstellungen und Verhaltensmustern orientieren, die sie in ihren Heimatländern kannten. Dies geschieht in zunehmendem Maße. So erlebt die islamische Bevölkerung in der Bundesrepublik Deutschland die Bildung von Gruppen und Bewegungen, die im Streit miteinander liegen, wie in den Herkunftsländern der verschiedenen Gemeinden. Jede von ihnen sucht mit Nachdruck zu bestimmen, was islamischer Glaube sei und wie islamisches Leben in der neuen Umgebung auszusehen habe. Damit ist gesagt, daß die Muslime in der Fremde dieselben Richtungskämpfe erleben, die in den übrigen Ländern der islamischen Welt ausgetragen werden.

Richtungen und Gruppen

Eine dieser Richtungen setzt auf die vollständige Islamisierung der Gesellschaft und des Staatswesens. Sie lehnt jede Gesellschaftsordnung ab, die nicht islamische ist. Sie akzeptiert nur eine politische Ordnung, die den Muslimen die absoluten Rechte der Mehrheit sichert, während die übrigen Bürger den Rechtsstatus von Schutzbefohlenen einzunehmen haben. Eine Integration islamischer Minderheiten in eine nicht-islamische Gesellschaft wird abgelehnt, denn sie würde letztlich eine Gleichstellung von Muslimen und Nicht-Muslimen bedeuten. Diese Haltung verstärkt sich bei den Gruppen, die ihre Hoffnung auf die heutige Renaissance des Islams setzen und deren Hauptziele vorbehaltlos übernehmen (siehe oben S. 26–31).

Andere gehen vom Totalitätsanspruch des Islams aus und unterstreichen die unmittelbare Einflußnahme des Islams auf die Rechtsnormen und Gesetze, die sich auf Familie, Gesellschaft und Staat beziehen. Daher weisen sie jeden laizistischen Versuch zurück, den Islam aus der Gesellschaft und dem Staat zu verdrängen. Auch tun sie sich deshalb mit den demokratischen Vorstellungen der pluralistischen Gesellschaft des Westens schwer, da der Islam traditionell von einer einheitlichen Gesellschaft ausgeht und darauf besteht, die islamischen Werte und Verordnungen als höchsten Maßstab im ganzen Leben zur Anwendung zu bringen. Traditionsgebundene Muslime, die solchen Vorstellungen weiterhin undifferenziert anhängen, sehen es als ein unüberwindbares Problem, für sich und ihre Gemeinschaft einen rechten Platz in einer Gesellschaft zu finden, deren Mehrheit und Ordnungsvorstellungen nicht islamisch sind.

Gegenüber solchen Gruppen und Bewegungen, die sich zur Zeit im Aufwind befinden, gibt es eine andere Richtung, die heute hoffnungslos in der Minderheit steht oder sich nicht mehr deutlich zu äußern wagt. Diese Richtung will dem Islam im Kontext der Verhältnisse in der Weltgemeinschaft einen Weg eröffnen, der sich mit einer teilweisen Säkularisierung des Gemeinwesens verträgt. Die Verfechter dieser politischen Ansicht sind Personen und Gruppen, die mit der westlichen Kultur und Zivilisation nicht in Konflikt stehen, sondern sie in ihrer Grundgestalt als ein erwägenswertes Modell auch für muslimische Gemeinschaften betrachten.

Im Mittelfeld zwischen den Anhängern einer militanten Islamisierung und den Befürwortern einer säkularisierten Gesellschaftsordnung gibt es gemäßigte Richtungen, die zwar eine islamische Gestaltung des Lebens in der Gemeinschaft wünschen, jedoch offen sind für Kompromisse, die ihr Leben in der Diaspora nötig macht und die für ein gedeihliches Zusammenleben mit den anderen unumgänglich erscheinen.

Die überwiegende Mehrheit der Muslime in der Bundesrepublik Deutschland fühlt sich hin- und hergerissen zwischen diesen verschiedenen Richtungen und sucht oft in ratloser Unsicherheit ihren Weg in eine ungewisse Zukunft.

Die Ungewißheit über ihre Zukunft verstärkt sich bei den ausländischen Muslimen dadurch, daß sie nicht überschauen, was in bezug auf ihren Aufenthalt, ihre Beschäftigung und Aufstiegschancen auf sie zukommt. Weitere Probleme betreffen den Rechtsstatus ihrer Religionsgemeinschaft, denn es ist bislang nicht gelungen, die Frage nach der Anerkennung des Islams als Körperschaft des öffentlichen Rechts voranzubringen. Auch ist es immer noch nicht überall gesichert, daß die muslimischen Kinder eine islamische Unterweisung im Glauben und in den sittlichen Normen ihrer Religion erhalten durch die Einführung des islamischen Religionsunterrichts als ordentliches Fach in den Schulen.

Der Sorge um die Zukunft der Gemeinschaft und der Kinder gesellt sich die Sorge der Muslime um die Erhaltung einigermaßen guter Beziehungen zu ihren Nachbarn. Denn die zunehmende Ausländerfeindlichkeit läßt das mühsam gewonnene Vertrauen dahinschwinden, verstärkt die Abwehrreaktion bei den Betroffenen und die Neigung zur Abkapselung und letztlich zur Ghetto-Bildung.

Chancen der islamischen Diaspora

Trotz all dieser Schwierigkeiten hat die islamische Diaspora eine echte Chance, eine für sich günstige und für den Islam im allgemeinen wegweisende Richtung zu finden und einzuschlagen. Diese Chance besteht aber nur, wenn die Muslime die Herausforderung, die ihr Leben in der Fremde bedeutet, annehmen. Sie dürfen ihre für sie bislang ungewohnte Situation nicht als Alibi nehmen und ihr Heil in der Flucht in extremistische Bewegungen und in radikale Haltungen suchen. Sie müssen den Mut haben, ein Leben als Minderheit zu akzeptieren und nach einer geeigneten Form des Zusammenlebens mit der Mehrheit einer Gesellschaft suchen, deren Wertsystem zwar christlich geprägt ist, die sich aber nicht mehr bewußt und betont an religiösen Vorstellungen und Normen orientiert.

Um ihre Chance in der Diaspora wahrnehmen zu können, muß die islamische Gemeinschaft das Land, in dem sie lebt und ihr Glaubenszeugnis gibt, im Grundsatz bejahen und nicht als Feindesgebiet betrachten. Das klassische Rechtssystem des Islams, wie es sich im Mittelalter gebildet hat, macht bereits die Unterscheidung zwischen dem Gebiet des Islams und dem Feindesgebiet davon abhängig, ob das islamische Gesetz in einem bestimmten Land Gültigkeit erlangt hat, wenigstens für die dort lebenden Muslime. Wo also das islamische Gesetz befolgt wird, wenn auch von nur wenigen Muslimen, dort darf das betreffende Land nicht als islamfeindliches Gebiet bezeichnet und behandelt werden. Dies gilt, meinen einige Rechtsgelehrte ausdrücklich, auch wenn die Regierenden keine Muslime sind und auch wenn das islamische Gesetz nicht in der Gesamtheit seiner Bestimmungen und Vorschriften beobachtet wird. Als Kriterium der Unterscheidung wird von der Mehrheit der Muslime folgende Feststellung gemacht: „Wenn ein Muslim in einem nicht-islamischen Land lebt und dort Rechtssicherheit genießt und seinen Glauben frei bekennen kann, dann ist das Land nicht islamfeindlich ..."[32]

So brauchen die Muslime z.B. in der Bundesrepublik

---

[32] M. S. Abdullah, Die Präsenz des Islam in der Bundesrepublik Deutschland, CIBEDO-Dokumentation 1, Köln 1978, S. 12.

Deutschland sich nicht in eine abwehrende und verschlossene Haltung zu begeben, die ihnen die Entfaltung ihres islamischen Glaubens besonders erschwert.

Diese Entfaltung des islamischen Glaubens und des islamischen Lebens in einer nicht-islamischen Gesellschaft muß auf Lösungen beruhen, die die Diaspora-Situation der Muslime berücksichtigt. Da gilt es festzustellen, daß das islamische Rechtssystem, auch in seiner klassischen Gestalt, eine von vielen verkannte Flexibilität und Offenheit aufweist. Gerade die Handhabung des Gesetzes im Sinne seiner Flexibilität und Offenheit bietet der islamischen Diaspora eine bislang unbenutzt gebliebene Chance. Diese Flexibilität und Offenheit zeigt sich z. B. in folgenden Punkten: Die Koranexegese ist nicht so steif, wie man sie oft darstellt. Die muslimischen Interpreten weisen darauf hin, daß die rechtlichen Bestimmungen, die sich auf gesellschaftliche Verhaltensregeln beziehen, offensichtlich durch die Umstände der damaligen Zeit bedingt sind und daher auch relativiert werden dürfen. Das bedeutet, daß sie in manchen Punkten anpassungsbedürftig sind, wenn neue Lebensumstände neue Lösungen erfordern. Die Rechtsgelehrten unterstreichen in diesem Zusammenhang die sogenannten „Anlässe der Offenbarung", ihren Sitz im Leben. Außerdem, so betonen einige Autoren, muß immer darauf geachtet werden, welcher eigentliche und tiefe Grund hinter den Vorschriften steckt. Es ist diese Intention der koranischen Bestimmungen, die es zu beachten und zu erfüllen gilt, und zwar manchmal über die konkreten Maßnahmen der Tradition hinaus. Endlich zeigt eine aufmerksame Lektüre des Korans, daß seine Bestimmungen aus verschiedenen Epochen stammen und eine Reaktion auf sehr unterschiedliche Situationen darstellen. Beim Eintreten neuer Situationen dürfen sich die Muslime wohl am Geist der koranischen Freiheit orientieren und sich das Lebensmodell entwerfen, das der koranischen Intention entspricht und sie in der Freiheit des Gottesglaubens bestärkt.

Dieselbe Flexibilität zeigt sich in der Anwendung der Überlieferungen, die auf Muḥammad, den Verkünder des Islams, zurückgehen. Die Autoren unterscheiden zwischen drei Kategorien von Traditionen, die nicht alle die gleiche Beweiskraft besitzen. Daher ist ihre Verbindlichkeit in vielen

Fragen des modernen Lebens nicht solcherart, daß sie flexible Entscheidungen unmöglich macht.

Auch das Rechtssystem, das auf Koran und Überlieferung baut, weist dieselbe Flexibilität auf. Durch die Anwendung der Analogie, die Berücksichtigung des Gewohnheitsrechtes, die Bejahung des eigenen Urteils qualifizierter Gelehrter besitzen die Muslime einen ziemlich breiten Raum für neue Lösungen. Die Dimension dieses Freiraumes wird deutlicher, wenn man die geltenden Grundsätze für die Bildung des eigenen Urteils berücksichtigt.

Neben den Grundsätzen des Glaubens und der gesunden Tradition darf der Rechtsgelehrte sich an folgenden Gesichtspunkten orientieren: das Interesse der Gläubigen, die Rechtssicherheit bei nicht eindeutiger Situation, sein Für-gut-Halten einer Lösung, die Billigkeit und die Gerechtigkeit in den Entscheidungen, die Absicht des Gesetzes, Erleichterung für die Menschen zu bringen.

Um aber die Hilfen, die ihnen Koran, Tradition und klassisches Rechtssystem bieten, in rechter Weise in Anspruch nehmen zu können, brauchen die Muslime in der Diaspora die Unterstützung ausgebildeter Gelehrter, die sie der Gefahr der Ghettoisierung entreißen und ihnen ein Gefühl der Sicherheit vermitteln. Diese Gelehrten dürfen nicht Lösungen, die in ihren Heimatländern entwickelt wurden und dort ihre Gültigkeit haben, unverändert importieren. Sie müßten sich der Aufgabe stellen, für die islamische Diaspora das Modell zu entwerfen, das zu ihrer konkreten Lebenssituation paßt. Dazu müßten sie selbst das Leben der Diaspora teilen oder wenigstens es sehr gut kennen.

Die Bildung eines Rechtsgelehrten-Rates für Europa, als Hilfe für die Muslime in den europäischen Ländern gedacht, ist grundsätzlich zu begrüßen. Ob dieser Rat auch die nötige Hilfe bringt, bleibt abzuwarten. Das Gelingen seiner Tätigkeit wird davon abhängen, ob seine Mitglieder über die konkreten Lösungen für die Probleme des Alltags hinaus auch die grundsätzlichen Richtlinien zu erkennen und zu formulieren vermögen, die für die Muslime in der Fremde erst eine echte Hilfe sind.

Außerdem wird die Haltung dieser Gelehrten selbst zur Diaspora-Situation und zur Verbindlichkeit der traditionellen Formen und Lösungen eine bedeutende Rolle spielen.

Denn die islamischen Gemeinden in der Diaspora, in Europa und in der westlichen Welt, brauchen die Unterstützung einsichtiger und treuer Kenner der Tradition, der Identitätsmerkmale des Islams und der Entfaltungsmöglichkeiten seiner Lebensordnung.

Erst dann wird die islamische Diaspora ihre Unsicherheit abstreifen, ihren Glauben entfalten, die Freude und Freiheit erleben, die ihnen die Zusicherung des Wohlwollens des barmherzigen Gottes verheißt.

18. Kapitel

Christen und Muslime

Die Beziehungen zwischen Christen und Muslimen sind, so will es scheinen, in eine Phase getreten, die man als Versuch der Bewältigung der Vergangenheit bezeichnen möchte. Was die Muslime vom Christentum und von den Christen bis in unsere Tage hinein halten, ist schon im Koran in den Grundzügen ausgedrückt worden. Das Urteil der Christen über den Islam und die Muslime hat sich erst in der neuesten Zeit auf breiterer Basis gewandelt. Die folgenden Ausführungen wollen Auskunft über diese zwei Themenkomplexe geben. Sie enthalten auch eine Übersicht über die heutige Situation und über die Möglichkeiten des Dialogs und der Zusammenarbeit zwischen Christen und Muslimen in unserer enger zusammenrückenden Welt.

Haltung des Korans zu den Christen

Die Muslime fühlen sich den Christen sehr nahe und zugleich sehr fern. Dieses Gefühl entspricht den verschiedenen Aussagen des Korans über die Christen und der praktischen Haltung Muḥammads ihren Gemeinschaften gegenüber.

Die Haltung Muḥammads gegenüber den Christen war lange Zeit die der Sympathie und des Wohlwollens. Gewiß enthält der Koran Angriffe gegen die Christen und manche ihrer Lehren, aber diese Angriffe waren nie so heftig, daß sie die friedlichen, ja freundschaftlichen Beziehungen tiefgreifend erschütterten, die zwischen Muḥammad und den Christen seiner Umgebung herrschten. Erst in einer späteren Phase führten die politischen Umstände dazu, daß Muḥammad gegen Ende seines Lebens eine härtere Einstellung gegenüber den Christen einnahm. Es war sein großer Wunsch, dem Islam zur alleinigen Herrschaft auf der Arabischen Halbinsel zu verhelfen. Dazu dienten nach und nach die Beseitigung des Einflusses der jüdischen Stämme und die Neutralisierung etwaiger Wirkungsmöglichkeiten der Christen. Schließlich kam die entscheidende Anweisung, Juden und Christen zu unterwerfen und sie unter den Schutz der islamischen Gemeinschaft zu stellen (9,29), die die unbestrittene Oberherrschaft innehaben soll.

Man kann im Koran Aussagen finden, die die verschiedenen Etappen dieser Entwicklung bezeugen.

In der mekkanischen Periode der Verkündigung Muḥammads erinnert seine Botschaft an die Themen und die Art der christlichen Prediger. Man gewinnt sogar den Eindruck, daß sich Muḥammad den Christen sehr nahe fühlte. Er schickte einen Teil seiner ersten Anhänger nach dem christlichen Abessinien, als die frühislamische Gemeinde unter dem wachsenden Druck der polytheistischen Mekkaner zu leiden hatte (im Jahr 615). Als Botschaft an den dortigen Kaiser übergab er den Muslimen den ersten Teil der Sure 19 über Maria, die Mutter Jesu (19,16–34). Das war wie eine Zugehörigkeits- bzw. eine Verwandtschaftserklärung. Auch stellt sich der Koran auf die Seite der Christen und nennt die Märtyrer Nadjrāns im Jemen die „Gläubigen", die „an Gott glauben" (85,7–8); er greift auch die Partei der christlichen Byzantiner gegen die heidnischen Perser (30,2–5). Bayḍāwī erklärt in seinem Korankommentar (Istanbul 1296 H., II, 240) diese Stelle folgendermaßen: „Es wird berichtet, daß die Perser die Byzantiner angriffen. Sie trafen auf sie in Adhruʿāt und Buṣrā und besiegten sie. Diese Nachricht verbreitete sich in Mekka. Die Polytheisten freuten sich darüber und machten sich über die Muslime lustig: Ihr und die Christen, so spotteten sie, seid Besitzer einer Schrift; wir und die Perser sind Heiden. Unsere Brüder haben eure Brüder besiegt. Und sicherlich werden wir es ebenso tun." Der Koran nahm daraufhin Stellung zugunsten der Byzantiner (Rūm).

Im Laufe der Zeit und je nach den Umständen seines Kampfes um die Anerkennung seiner prophetischen Sendung und um die Sicherung der Existenz seiner Gemeinschaft vertrat Muḥammad den Christen gegenüber eine differenziertere Meinung und nahm eine jeweils andere Haltung ein. Man kann die Angaben des Korans in diesem Zusammenhang wie folgt zusammenfassen. Für den Koran gibt es zwei Kategorien von Christen; die guten und die schlechten. Die guten Christen stehen dem Islam ziemlich nahe, die schlechten dagegen haben sich von der wahren Botschaft Christi entfernt, ja sie in grundlegenden Punkten verfälscht oder zumindest falsch interpretiert; sie verdienen daher Tadel und Verurteilung.

Zu den guten Christen (die in manchen Aussagen als die Christen allgemein bezeichnet werden) sagt der Koran, daß sie an Jesus Christus geglaubt haben, ihm treu geblieben sind. Deswegen sind sie den Ungläubigen bis zum Tag der Auferstehung überlegen (3, 55), und sie werden von Gott gegen sie unterstützt (61, 14). Diejenigen, die sich in der Nachfolge Christi besonders ausgezeichnet haben, werden mit einem großartigen Lohn bedacht: „Und Wir setzten in die Herzen derer, die ihm folgten, Mitleid und Barmherzigkeit, und auch Mönchtum ... Und so ließen Wir denjenigen von ihnen, die glaubten, ihren Lohn zukommen ..." (57, 27). Vor allem das Leben der christlichen Mönche findet im Koran große Anerkennung und begründet seine Parteinahme für die Christen gegen die Juden, die an Jesus nicht geglaubt haben. An einer Stelle lobt der Koran die Mönche für ihre Rechtgläubigkeit, Frömmigkeit, Beharrlichkeit in der Ausübung guter Werke, Mahnung zur Tugend und Heiligkeit (24, 36–38).

Nach der Einschätzung des Korans stehen die guten Christen der islamischen Botschaft aufgeschlossen gegenüber. Sie erkennen in ihr eine göttliche Offenbarung und sind bereit, sie anzunehmen und an den Koran zu glauben: „Und wenn er ihnen verlesen wird, sagen sie: ‚Wir glauben an ihn. Es ist die Wahrheit von unserem Herrn. Wir waren schon vor ihm gottergeben'" (28, 53). Diese positive Einstellung, die der Koran manchen Christen zuschreibt, führt Muḥammad dazu, ihnen offen vorzuschlagen, sich mit ihm zu verbinden und sich ganz einfach zum Islam zu bekennen und so seinem Aufruf an die Menschen zu folgen: „So glaubt an Gott und seinen Gesandten, den ungelehrten Propheten, der an Gott und seine Worte glaubt, und folgt ihm, auf daß ihr die Rechtleitung findet" (7, 158). Muḥammad sei ja, so die Begründung des Korans, in der Tora und im Evangelium verzeichnet (7, 157) und sogar von Jesus Christus bei seinem Namen erwähnt und vorausverkündigt worden (61, 6). Im übrigen hätten schon einige Christen in der Botschaft Muḥammads die Erfüllung der Verheißung Gottes erkannt; sie würden bezeugen: „Preis sei unserem Herrn! Das Versprechen unseres Herrn ist ausgeführt" (17,108).

Aufgrund dieser offenen Haltung, die der Koran bei manchen Christen feststellt, hat er für die Christen bis zuletzt freundliche Worte gefunden. Sehr bekannt in diesem Zusammenhang ist folgende Stelle: „Und du wirst sicher finden, daß ... diejenigen, die den Gläubigen in Liebe am nächsten stehen, die sind, welche sagen: ‚Wir sind Christen.' Dies deshalb, weil es unter ihnen Priester und Mönche gibt und weil sie nicht hochmütig sind" (5,82).

Aber, so die Vorhaltungen des Korans, neben den guten gibt es auch die schlechten Christen. Das sind diejenigen, die den Koran nicht als im wesentlichen dieselbe göttliche Botschaft annehmen, die von den früheren Propheten, vor allem von Mose und von Jesus, verkündet wurde. So stellt der Koran fest: „Weder die Juden noch die Christen werden mit dir zufrieden sein, bis du ihrer Glaubensrichtung folgst. Sprich: Nur die Rechtleitung Gottes ist die (wahre) Rechtleitung" (2,120). Gleich den Juden bestehen diese Christen darauf, daß für sie nur das Christentum der einzig wahre Heilsweg ist: „Sie sagen: ‚Es werden das Paradies nur die betreten, die Juden oder Christen sind'" (2,111). – „Und sie sagen: ‚Werdet Juden oder Christen, so folgt ihr der Rechtleitung'" (2,135). Der Koran weist diese Aussage als Anmaßung zurück, die durch keine Beweise unterstützt werde (vgl. 2,111). In Wahrheit sei der Islam die einzig wahre, von Gott gewollte Religion (vgl. 2,138; 3,18–19.83.85; 4,125; 98,5; 5,3). So mahnt der Koran die Muslime, sich an folgendem Grundsatz zu orientieren: „Wenn sie an das gleiche glauben, woran ihr glaubt, so folgen sie der Rechtleitung. Wenn sie sich abkehren, so befinden sie sich in Widerstreit. Gott wird dich vor ihnen schützen ..." (2,137).

Der Widerstand gegen die koranische Offenbarung drückt sich in den übertriebenen, ja manchmal dem Unglauben nahekommenden Lehren und Kultformen der Christen aus. Die schlechten Christen halten Jesus, so der Vorwurf des Korans, für den Sohn Gottes und für Gott selbst, und sie glauben an drei Götter. Wenn die Christen recht haben, die Partei Jesu Christi gegen die Juden zu ergreifen (vgl. 3,

55–56; 61, 14), so sind sie im Unrecht, wenn sie die Grenzen der Mäßigung überschreiten und ungehörige Aussagen machen: „O ihr Leute des Buches, übertreibt nicht in eurer Religion und sagt über Gott nur die Wahrheit. Christus Jesus, der Sohn Marias, ist doch nur der Gesandte Gottes und sein Wort, das Er zu Maria hinüberbrachte, und ein Geist von Ihm. So glaubt an Gott und seine Gesandten. Und sagt nicht: Drei. Hört auf, das ist besser für euch. Gott ist doch ein einziger Gott. Gepriesen sei Er und erhaben darüber, daß Er ein Kind habe. Er hat, was in den Himmeln und was auf der Erde ist. Und Gott genügt als Sachwalter" (4, 171).

Später, als Muḥammad dabei war, die Vorherrschaft des Islams in ganz Arabien zu sichern, wurden seine Vorwürfe heftiger, denn er fürchtete, die Christen würden seinen politischen Plänen in irgendeiner Weise hinderlich sein. So mischt sich der religiöse Streit mit der Warnung gegen jeden Versuch, die Gläubigen irrezuführen: „Sprich: O ihr Leute des Buches, übertreibt nicht in eurer Religion über die Wahrheit hinaus und folgt nicht den Neigungen von Leuten, die früher irregegangen sind und viele irregeführt haben und vom rechten Weg abgeirrt sind" (5, 77). Das Beharren der schlechten Christen auf ihren irrigen Ansichten macht sie also den Ungläubigen gleich oder auch den Juden, die versucht haben, die Muslime irrezuführen, und deswegen bekämpft, vernichtet oder von ihren Häusern vertrieben wurden. „Ungläubig sind gewiß diejenigen, die sagen: ‚Gott ist Christus, der Sohn Marias.' Sprich: Wer vermag denn gegen Gott überhaupt etwas auszurichten, wenn Er Christus, den Sohn Marias, und seine Mutter und diejenigen, die auf der Erde sind, allesamt verderben lassen will?" (5, 17).

Die Sure 5 enthält eine Reihe von Versen, die von den Christen wie von Ungläubigen spricht, die man mit den Polytheisten vergleichen kann, denen der Eingang des Paradieses verwehrt wird (5, 72). Wenn sie nicht aufhören, solche unerhörten Lehren zu vertreten, wird sie eine schmerzhafte Pein treffen (5, 73). Denn sie sind der Lehre Jesu untreu geworden (vgl. 5, 116–117). Der Koran entrüstet sich: „Siehe, wie Wir ihnen die Zeichen deutlich machen, und dann siehe, wie sie sich abwenden" (5,75). Schlimmer noch: Die Christen nehmen gegenüber dem Islam eine aggressive Haltung ein, die den Muslimen gefährlich werden könnte: „Sie wollen das

Licht Gottes mit ihrem Mund auslöschen ..." (9,32; vgl. 61,8); sie weisen die Menschen vom Weg Gottes ab (9,34). Daher sollen sich die gläubigen Muslime vor ihnen in acht nehmen. Sie sollen die Juden und die Christen nicht als Freunde betrachten und behandeln. „Sie sind untereinander Freunde. Wer von euch sie zu Freunden nimmt, gehört zu ihnen, Gott leitet ungerechte Leute gewiß nicht recht" (5,51). Weil diese schlechten Christen sich leicht abwenden, möge Gott sie bekämpfen! (9,30); auch die Muslime sollen sie bekämpfen, solange sie sich nicht zum Islam bekennen: „Kämpft gegen sie, bis sie von dem, was ihre Hand besitzt, Tribut entrichten als Erniedrigte" (9,29). Durch diese Bestimmung versetzt der Koran die Christen in den Status von Schutzbefohlenen des Islams, die von der islamischen Gemeinschaft toleriert, aber nicht voll integriert werden, die aber auch gelegentlich ihre Unterordnung durch Demütigungen spüren sollen. Denn alle Welt muß wissen: Gott „ist es, der seinen Gesandten mit der Rechtleitung und der Religion der Wahrheit (= *dem Islam*) gesandt hat, um ihr die Oberhand zu verleihen über alle Religion, auch wenn es den Polytheisten zuwider ist" (9,33; vgl. 61,9; 48,28).

Haltung der Muslime zu den Christen heute

Je nachdem, ob sie sich auf die Koranstellen, die die guten Christen ansprechen, oder auf die, die gegen die schlechten Christen Stellung nehmen, beziehen, befürworten die Muslime heute eine strenge oder im Gegenteil eine aufgeschlossene Haltung gegenüber den Christen.

Es gibt eine extreme Position, die das Gespräch und die freundlichen Beziehungen zu den Christen als unzulässig ablehnt. Diese Haltung herrscht bei den breiten Massen der islamischen Länder, denn sie betrachten die Christen durchweg als Ungläubige (kuffār). Man meidet den Kontakt mit ihnen und ist nicht bereit, mit ihnen auf partnerschaftlicher Ebene zu verhandeln und zu leben. Es gilt in diesen Kreisen weiterhin der alte Grundsatz, die Christen nicht mit positiver Offenheit zu behandeln, sondern nach Möglichkeit niederzuhalten und eventuell für den Islam zu gewinnen. Man unterstreicht in diesem Zusammenhang die Aussagen des

Korans über die Opposition der Christen gegen den Islam, ihre Gefährlichkeit für den islamischen Glauben, vor allem aber die Bestimmung des Korans, sie zu bekämpfen, bis sie sich dem Islam unterwerfen. Alle milderen Koranstellen und alle anderen Aussagen, die die Christen loben und ihnen eine Heilsmöglichkeit zugestehen, seien durch folgende Feststellung des Korans endgültig aufgehoben und außer Kraft gesetzt:

„Wer eine andere Religion als den Islam sucht, von dem wird es nicht angenommen werden. Und im Jenseits gehört er zu den Verlierern" (3,85).

Es gibt aber Muslime, die den Dialog mit den Christen als zulässig ansehen. Sie berufen sich dabei auf die Aussagen des Korans (16,125), der selbst den Dialog mit den Christen führte (3,64) und sogar eine legitime Pluralität der Religionen biblischer Tradition feststellt (2,148; 5,48). Außerdem verheißt der Koran das Heil allen, die an Gott und an den Jüngsten Tag glauben und das Gute tun (vgl. u.a. 2,25; 20,75–76; 29,58; 31,8–9 ...). Aber die Christen sowie die Juden, die Ṣābier und die Magier werden als Gläubige im Gegensatz zu den Polytheisten bezeichnet (22,17). Sie werden mit den gläubigen Muslimen in die Gruppe derer eingestuft, die durch ihren Glauben und ihr sittliches Handeln gerettet werden.

2,62

Diejenigen, die glauben, und diejenigen, die Juden sind, und die Christen und die Ṣābier, all die, die an Gott und den Jüngsten Tag glauben und Gutes tun, erhalten ihren Lohn bei ihrem Herrn, sie haben nichts zu befürchten, und sie werden nicht traurig sein (vgl. 5,69).

Dieser Grundsatz erklärt, daß der Koran die weitere Gültigkeit der Tora als Gesetz für die Juden und des Evangeliums als Gesetz für die Christen sowie die Gültigkeit des Korans als Gesetz für die Muslime bestätigt (5,43–48).

Die Muslime, die den Dialog mit den Christen als zulässig betrachten, bemerken mit Recht, daß die strengen Vorschriften und die politischen Maßnahmen des Korans gegen die Juden und die Christen den Zwängen der damaligen Situation entspringen. So sind sie nur durch ähnliche Situationen zu rechtfertigen, und zwar wenn Christen gegen die Interessen der islamischen Gemeinschaft aktiv auftreten, wenn sie durch die Verderbtheit ihres sittlichen Wandels, durch ihren positiven Widerstand gegen den Glauben, endlich durch ihre Versuche, die Gläubigen vom Glauben abzubringen, eine Bedrohung für den Islam darstellen: für den Glauben der Muslime, für die Einheit der Glaubensgemeinschaft und für die Existenz der islamischen Länder.

Auch wenn die guten Beziehungen zu den Christen zulässig sind, so ist der positive Dialog mit ihnen nach der Meinung zahlreicher Muslime doch überflüssig. Der Islam sei die endgültige und vollkommene Form der Religion. Er biete dem Menschen alles, was er nötig habe, um seinen Weg vor Gott zu finden. Alles andere sei überflüssig, es könne sogar gefährlich werden.

Es gibt jedoch im Islam eine Minderheit, die sich für den Dialog und die Zusammenarbeit mit den Christen ohne grundsätzliche Vorbehalte ausspricht. Denn ohne Aufgeschlossenheit gegenüber anderen und ohne Kontakte mit ihnen sei in einer zusammenrückenden Welt ein halbwegs krisenfreies Überleben des Islams nicht zu sichern. Die Stärkung des Islams durch die heutige Erweckungsbewegung befreie ihn von Minderwertigkeitsgefühlen und mache ihn fähig, sich die wissenschaftlichen Methoden der religiösen Forschung anzueignen und damit ins Gespräch mit den Christen einzutreten. Darüber hinaus, und das ist der wesentliche und vordringliche Wunsch offizieller Stellen in der islamischen Welt, solle man vor allem eine enge Zusammenarbeit zwischen den islamischen Organisationen und den christlichen Kirchen und Institutionen anstreben, um Zeugnis für den Glauben an Gott zu geben und einen Beitrag zur Lösung der Probleme unserer Zeit zu leisten.

Die Christen und der Islam

Als die Christen mit dem Islam konfrontiert wurden, herrschte bei ihnen eine Theologie, die scharfe Kriterien zur Feststellung der Echtheit einer prophetischen Sendung ausgearbeitet hatte. Außerdem gilt im Christentum die Lehre, daß die göttliche Offenbarung in ihrer offiziellen und verbindlichen Form mit Christus ihre Krönung und endgültige Erfüllung gefunden hat und aufgrund des Zeugnisses der

Apostel im Neuen Testament schriftlich fixiert wurde. So haben die Christen immer wieder die Echtheit der Sendung Muḥammads geleugnet. Er habe keines der beweiskräftigen Kriterien erfüllt: Kein Zeuge könne den Empfang der Offenbarung von Gott bestätigen, kein Prophet habe sein Auftreten im voraus verkündet, er selbst habe keine Beglaubigungswunder gewirkt und habe keine Weissagung ausgesprochen. Zudem seien seine persönlichen Eigenschaften eher Gegenbeweise, denn er habe eine ungezügelte Sinnlichkeit an den Tag gelegt, er habe immer wieder Gewalt gegen seine Widersacher angewandt. Schließlich zeuge seine Lehre von ziemlicher Unwissenheit in religiösen Fragen.

Auch der Koran, der sich als Bestätigung der Tora und des Evangeliums versteht, stehe in Widerspruch zur Bibel in den Angaben über die biblischen Gestalten und über Jesus und in seinen gesetzlichen Bestimmungen. Der Koran sei nicht Gottes Wort, sondern Menschenwerk.

Was der Islam zum Heil der Menschen anbiete, sei unwirksam. Das allein heilswirkende Opfer Christi werde vom Koran verleugnet. Auch kenne der Islam die Sakramente der Kirche nicht. Moral und Lehre des Islams seien ein Gemisch von guten und bösen Bestimmungen bzw. von richtigen und falschen Aussagen. So sei der Islam eine falsche Religion.

Es gab in der Vergangenheit immer wieder christliche Theologen, die versucht haben, dieses harte Urteil über den Islam zu nuancieren und im Islam die guten Seiten hervorzuheben.

Das II. Vatikanische Konzil hat die positiven Ergebnisse dieser theologischen Überlegungen aufgenommen und sie teilweise zur offiziellen Lehre der Kirche gemacht: „Mit Hochachtung betrachtet die Kirche auch die Muslime, die den alleinigen Gott anbeten, den Lebendigen und in sich Seienden, den Barmherzigen und Allmächtigen, Schöpfer Himmels und der Erde, der zu den Menschen gesprochen hat. Sie bemühen sich, sich selbst seinen Ratschlüssen mit ganzer Seele zu unterwerfen, so wie Abraham, auf den der islamische Glaube sich so gern beruft, sich Gott unterworfen hat. Jesus, den sie allerdings nicht als Gott anerkennen, verehren sie doch als Propheten, und sie ehren seine jungfräuliche Mutter Maria, die sie bisweilen auch in Frömmigkeit anrufen. Überdies erwarten sie den Tag des Gerichtes, an dem Gott alle Menschen auferweckt und ihr Vergelter ist. Daher haben sie eine hohe Achtung vor dem sittlichen Leben und verehren Gott insbesondere durch Gebet, Almosen und Fasten ..." (Nostra aetate, 3).

Die Bejahung solcher doktrinaler und sittlicher Werte des Islams durch das Konzil läßt aber deutlich erkennen, daß der Islam, der dem Christentum so nahe steht, sich doch der christlichen Lehre in zentralen Punkten entgegenstellt. Der Islam glaubt zwar an den einen, einzigen Gott, er leugnet jedoch, daß dieser Gott in seiner Einheit eine Dreifaltigkeit ist, Vater, Sohn und Heiliger Geist. Der Islam glaubt an Jesus Christus, weist aber den christlichen Glauben an seine Gottheit zurück und sträubt sich entschieden gegen die Bezeichnung Jesu Christi als Sohn Gottes: Damit ist das Geheimnis der Inkarnation des ewigen Wortes Gottes geleugnet. Der Islam behauptet, daß Jesus nicht am Kreuz gestorben ist und auch, daß die Menschen keinen Mittler zwischen sich und Gott brauchen, denn jeder trägt seine eigene Last, und keiner trägt die Last anderer (39,7; 6,164). Damit wird das Erlösungswerk Christi in wesentlichen Teilen geleugnet.

Der Islam hält das Evangelium für Gottes Offenbarung, aber das Neue Testament, das die Christen heute lesen, gilt für die meisten Muslime als verfälscht, manipuliert oder wenigstens als durch falsche Interpretation entstellt. Die islamische Gemeinschaft kennt keine Hierarchie und keine Sakramente. Die islamische Moral ist vor allem ein Teil des Gesetzes, und sie bestimmt die Haltung des Menschen vor allem als die Haltung des Knechtes, der sich im tiefen Glauben dem unbedingten Willen Gottes bedingungslos hingibt, nicht als die Haltung des Kindes, das Gott innig lieben darf (eine Ausnahme bilden hier die Mystiker).

Angesichts dieser Unterschiede in der Gemeinsamkeit und aufgrund der Konfrontation in der Vergangenheit haben sich bei den Christen unterschiedliche Positionen in bezug auf die Haltung zu den Muslimen gebildet.

Bei vielen, vielleicht den meisten Christen, herrscht noch das Mißtrauen vor. In Europa begegnet man den Muslimen vor allem als Ausländern und Fremden, was zunächst einmal eine distanzierte Haltung bei den Menschen hervorruft. In anderen Ländern ist die Erinnerung an die unseligen Zeiten der Unterdrückung und des Fanatismus noch lebendig. So fragen sich solche Christen, ob ein Dialog mit den Muslimen sinnvoll ist, manche fragen sich sogar, ob die Muslime heute überhaupt schon dialogbereit und dialogfähig sind.

Für manche Christen sind Kontakte mit Muslimen, zumal in Europa und Amerika, hauptsächlich eine Gelegenheit, Mission unter ihnen zu betreiben und sie zum Christentum zu bekehren.

Andere, deren Zahl zunimmt, sprechen sich für einen ehrlichen Dialog und eine dezidierte Zusammenarbeit mit den Muslimen aus. Sie berufen sich auf die vorhin zitierte Erklärung des II. Vatikanischen Konzils, das alle Beteiligten ermahnte, „das Vergangene beiseite zu lassen, sich aufrichtig um gegenseitiges Verstehen zu bemühen und gemeinsam die soziale Gerechtigkeit, die sittlichen Güter sowie Frieden und Freiheit für alle Menschen zu schützen und zu fördern" (Nostra aetate, 3). Auch Papst Paul VI. richtete an die Weltmuslimgemeinschaft zum Ramaḍānfest 1972 folgendes Grußwort: „... Da wir nun den Glauben an den gleichen Gott teilen, sollten wir ihn anrufen, daß er uns einander jeden Tag näherbringen möge, damit wir fähig werden, jeder auf seine Art für eine höhere Wahrheit, für Gerechtigkeit und für den Frieden in der Welt zusammenzuarbeiten." Dazu kommt, daß die theologische Reflexion nicht mehr undifferenziert den Islam in die Reihe der falschen Religionen verweist, sondern der ehrlichen Suche der Muslime nach Gott einen gewissen heilswirkenden Wert zuerkennt.

Für den Dialog zwischen Christen und Muslimen

Der Dialog zwischen Christen und Muslimen und das Zusammenleben der beiden Gemeinschaften werfen eine Menge theoretischer und praktischer Probleme auf. Diese schwierige Aufgabe fordert eine entschiedene Offenheit des Geistes und eine große Opferbereitschaft des Herzens. Wer den Dialog sucht, muß bereit sein, aus sich selbst herauszugehen, aus dem geschützten Bereich des eigenen Lebens, aus der gewohnten Sicherheit der eigenen Tradition auszuziehen und auf den anderen zuzugehen. Die spontan aufbrechenden Gefühle des Mißtrauens gegenüber dem Fremden, das das Gewohnte stört und die orientierenden Normen des praktischen

Lebens in Frage zu stellen droht, müssen gezähmt und überwunden werden, auch wenn man allen Grund hat zu meinen, daß die Erfahrungen der Vergangenheit zur Vorsicht mahnen. In dieser Welt, die von Haß und Entfremdung erfüllt ist, lohnt es sich, in der Nachfolge Christi, der sich für alle hingegeben hat, wenigstens Offenheit zu zeigen, Mißtrauen und Mißverständnis zu überwinden, eine ehrliche Sympathie zu entfalten, die das gegenseitige Verstehen-Wollen und Verstehen-Können ermöglicht und fördert.

Dem gegenseitigen Verständnis dient eine möglichst objektive Information, die von der Mitte des eigenen Selbstverständnisses der jeweiligen Religion ausgeht und versucht, wieder zu dieser lebendigen Mitte vorzudringen, um damit dem Partner in seiner Identität zu begegnen. Es wird hier kein blindes Entgegenkommen empfohlen. Die kritische Suche nach der Wahrheit verliert auch hier nicht ihre Berechtigung und ihren Platz. Kritische Offenheit, kritische Sympathie wird geradezu gefordert, und dies aus Liebe zur Wahrheit, aus Respekt für den Gesprächspartner, den man in seiner Person und in seiner Religion wirklich ernst nimmt. Diese kritische Haltung schützt die Gesprächspartner vor einem rein höflichen Gedankenaustausch, vor einem allzu leichtfertigen Entdeckungseifer und vor einem nivellierenden Synkretismus. Wenn der Dialog mit diesem Ernst geführt wird, kann die Bereitschaft wachsen, religiöse und menschliche Werte, wo immer sie auch festgestellt werden, anzuerkennen und aufzunehmen, und dies zur Bereicherung und Vertiefung des eigenen Lebens und zur Festigung und genaueren Orientierung des eigenen bzw. des gemeinsamen praktischen Einsatzes.

Aber der Dialog lebt nicht nur von der Aufgeschlossenheit und der Aufnahmebereitschaft der Gesprächspartner. Er lebt gleichermaßen von der Dynamik der ernsten Treue zur eigenen Überzeugung und zur eigenen Religion. Diese Treue ist kein blindes Festhalten an allem, was in irgendeiner Form zu einer Tradition gehört. Sie läßt aber auch nicht zu, daß man leichtfertig das aufgibt, was zur Substanz einer Tradition gehört und die Identität einer Religion ausmacht bzw. darstellt. Diese dezidierte und offene Treue zur eigenen Identität ist ein Grundpfeiler des echten, fruchtbaren Dialogs. Denn je tiefer die Überzeugung von der Wahrheit der eigenen Religion ist, desto offener kann man für die Werte sein, die in der religiösen Erfahrung der Andersgläubigen und in den anderen Religionen zum Ausdruck kommen, desto eifriger kann man das Gespräch und den Austausch mit den anderen suchen, ohne sich dadurch selbst aufzugeben oder den Eindruck zu haben, man begebe sich auf total ungeschützte Positionen.

1. Christliche Beurteilung des Islams

Die theologische Beurteilung des Islams in bezug auf seine Heilswerte und seine religiöse Bedeutung kann aufgrund folgender Überlegungen erfolgen.

Der universale Heilswille Gottes wird im Neuen Testament deutlich herausgestellt. Das Evangelium ist „eine Kraft Gottes, die jeden rettet, der glaubt" (Röm 1,16). Gott „will, daß alle Menschen gerettet werden und zur Erkenntnis der Wahrheit gelangen" (1 Tim 2,4). Dieser universale Heilswille Gottes verwirklicht sich in Jesus Christus und durch Jesus Christus für alle Menschen, denn alle werden zum Heil geführt im Hinblick auf ihn (vgl. 1 Tim 2,5; Apg 4,12). Der normale Weg des Heiles geht also direkt über Jesus zum Vater. Dieser Weg verwirklicht sich in der irdischen Gestalt der Kirche, die selbst zu ihrer vollkommenen Läuterung und Erfüllung im Reiche Gottes am Ende der Zeit unterwegs ist.

Doch ist Gott in seiner unverfügbaren Freiheit und in seiner unfaßbaren Transzendenz nicht in jedem Fall an die irdische Gestalt der Kirche gebunden. Er schenkt seine Gnade allen Menschen guten Willens, auch wenn sie sich außerhalb der sichtbaren Kirche befinden. Er erlöst sie durch die Gnade Christi, wenn sie sich bemühen, ihn zu suchen und sich an ihn zu wenden. Die Voraussetzungen dieser Suche und dieser Hinwendung zu Gott sind nach den Hinweisen des Neuen Testamentes folgende:

Der Glaube an Gott kann eine Grundgestalt annehmen, die schon Heilsbedeutung und Heilswirksamkeit besitzt: „Ohne Glauben ist es aber unmöglich, (Gott) zu gefallen; denn wer zu Gott kommen will, muß glauben, daß er ist und daß er denen, die ihn suchen, ihren Lohn geben wird" (Hebr 11,6).

Der zweite Hinweis berücksichtigt den praktischen Aspekt des Lebens aus dem Glauben. Wie der heilswirkende Glaube in guten Werken seinen Ausdruck findet, so darf man aus der Tatsache, daß einer das Gute tut, schließen, daß in ihm die Gnade wirkt und der Glaube, wenn auch keimhaft oder unbewußt, gegenwärtig ist. „Herrlichkeit, Ehre und Friede werden jedem zuteil, der das Gute tut, zuerst dem Juden, aber ebenso dem Griechen" (Röm 2,10). „Wenn ihr wißt, daß er gerecht ist, erkennt auch, daß jeder, der die Gerechtigkeit tut, von Gott stammt" (1 Joh 2,29). „Ihm ist in jedem Volk willkommen, wer ihn fürchtet und tut, was recht ist" (Apg 10,35).

Das II. Vatikanum sagt dazu: „Der Heilswille umfaßt auch die, welche den Schöpfer anerkennen, unter ihnen besonders die Muslime, die sich zum Glauben Abrahams bekennen und mit uns den einen Gott anbeten, den barmherzigen, der die Menschen am Jüngsten Tag richten wird. Aber auch die anderen, die in Schatten und Bildern den unbekannten Gott suchen, auch solchen ist Gott nicht fern, da er allen Leben und Atem gibt (vgl. Apg 17,25–28) und als Erlöser will, daß alle Menschen gerettet werden (vgl. 1 Tim 2,4). Wer nämlich das Evangelium Christi und seine Kirche ohne Schuld nicht kennt, Gott aber aus ehrlichem Herzen sucht, seinen im Anruf des Gewissens erkannten Willen unter dem Einfluß der Gnade in der Tat zu erfüllen trachtet, kann das ewige Heil erlangen. Die göttliche Vorsehung verweigert auch denen das zum Heil Notwendige nicht, die ohne Schuld noch nicht zur ausdrücklichen Anerkennung Gottes gekommen sind, jedoch, nicht ohne die göttliche Gnade, ein rechtes Leben zu führen sich bemühen" (Konstitution über die Kirche, Lumen Gentium, Nr. 16).

Es stellt sich nun die Frage, auf welchem Weg die Menschen zum Bekenntnis wenigstens des Grundglaubens oder zum sittlichen Gehorsam gegenüber dem imperativen Gewissen kommen. Praktisch und in den meisten Fällen sind die verschiedenen Lehren und Normen ihrer jeweiligen Religion dieser Weg. So sind die nichtchristlichen Religionen für ihre Anhänger die konkreten Bedingungen der Möglichkeit des Heiles. Sie vermitteln die religiösen Elemente, durch die der Mensch die Existenz Gottes erkennt, unter dessen Gericht er steht und dessen Willen er als sittliche Norm annimmt.

Diese Ausführungen besagen keineswegs, daß man alle Elemente und Institutionen der verschiedenen Religionen ohne weiteres bejahen und kritiklos unterstützen muß. Denn diese Religionen sind als gesellschaftliche Gebilde in vieler Hinsicht Werk der Menschen und daher, wie der sündige Mensch selbst, mit Sünde behaftet und weisen entstellende Züge auf. Dennoch bleiben sie Wege zu Gott, denn sie vermitteln den Menschen den Glauben und die Norm des sittlichen Handelns. Ihre Anhänger können das Heil erlangen trotz ihrer Religion und deren Irrtümer, aber auch vermittels ihrer Religion und deren heilsbedeutender Grundelemente.

Der Muslim findet in seiner Religion die Elemente, die ihn zum Heil führen können. Er glaubt an den einen Gott, den Schöpfer der Welt und des Menschen, den Richter am Tage des Gerichtes. Außerdem gebietet der Islam das Gute und fördert die Tugenden der Gerechtigkeit, Lauterkeit, Weitherzigkeit, Nachsicht, Bruderliebe, Solidarität. Er ruft den Menschen zu Gott zurück durch Reue und Buße und durch den Vollzug von Kulthandlungen, die ihn auf Gott ausrichten. So kann der Islam trotz aller Schwächen und Mängel, die nicht zu verschleiern sind und von denen im Dialog gesprochen werden soll, seinen Anhängern als Weg zum Heil dienen.

Man könnte einwenden, daß der Islam die Gottheit Christi ausdrücklich leugnet, die Dreifaltigkeit Gottes ablehnt und das Erlösungswerk Christi am Kreuz zurückweist. Kann man auch solchen Religionen, die den zentralen Heilswahrheiten des Christentums so deutlich entgegenstehen, eine Heilswirksamkeit zuerkennen? Man muß in diesem Fall bedenken, daß der Islam auf der anderen Seite schon eine Teilkenntnis von Christus besitzt und unterwegs ist zur vollen Erkenntnis Christi. Seine Heilswirksamkeit verdankt er jedoch nicht den dem Christentum entgegengesetzten Lehren, sondern den anderen Wahrheiten und Verhaltensregeln, die nicht unbedingt durch die falschen Aussagen völlig neutralisiert und wertlos gemacht werden.

Zudem wird das Heil subjektiv nur dann verlorengehen, wenn die religiöse Überzeugung als eine direkte und reflektierte Entscheidung gegen Christus gelten kann. Solange also der betreffende Gläubige sich von Christus und seinem Heil nicht so tief existentiell angesprochen fühlt, daß er meint, er müsse sich nun für oder gegen Christus entscheiden, bleibt er im Heilswillen Gottes und in der Liebe Christi umschlossen und kann das Heil erlangen.

Zusammenfassend kann man folgendes festhalten:

Der Muslim als einzelner kann, wenn er ehrlich ist und nach seinem Gewissen handelt, aus christlicher Sicht auf jeden Fall damit rechnen, daß Gott ihm die heilbringende Gnade schenken wird.

Für die Muslime guten Willens ist der Islam der Ort, an dem sie die religiösen Werte vorfinden und erleben, die sie zum Heil führen können.

Die Beziehung der Christen zu den Muslimen sollte eine zweifache sein. Zunächst einmal sollen sie die Muslime in ihren Bemühungen unterstützen, die religiösen Werte des Islams aufzunehmen und zur Entfaltung zu bringen; zum zweiten müßten sie ihnen in der Liebe Christi so begegnen, daß sie durch die Vertiefung ihrer eigenen religiösen Werte und durch Aufnahme der christlichen Anregungen vielleicht den Weg zu einer offenen Annäherung an Christus finden.

Die Muslime sind ihrerseits aufgefordert, parallele Überlegungen anzustellen, um zu einer ausgewogeneren und gerechteren Beurteilung des Christentums und der Christen zu kommen. Es ließe sich einiges in der Tradition und auch in der modernen theologischen Literatur finden.

2. Praktische Formen des Dialogs

Der religiöse Dialog ist ein schwieriges Unternehmen, zumal zwischen Christen und Muslimen, deren traditionelle Beziehungen bis in die jüngste Zeit hinein immer wieder von Mißtrauen, Feindschaft, ja Haß gekennzeichnet sind. Dazu kommen die Pauschalurteile über die jeweils andere Religion, wobei diese Urteile auf weiten Strecken immer noch voller Vorurteile, Mißverständnisse und Einseitigkeiten sind. Sie sind auch oft ein Vorwand, um noch nicht überwundene Befürchtungen vor unübersehbaren Folgen sozialer oder politischer Natur zu überdecken.

Dazu kommt, daß die geschichtlichen Entwicklungen eine immer größere Entfernung des christlichen Denkens von der islamischen Vorstellungswelt mit sich brachten. Die soziokulturellen Bedingungen sind anders gewesen, die theologischen Methoden und die Denkkategorien des Christentums unterscheiden sich heute stark von denen des Islams. Dieser

Umstand wird noch dadurch verstärkt, daß der Islam ziemlich eng an sein klassisches Mittelalter gebunden bleibt und den Anschluß an die moderne Denkweise noch nicht gefunden hat.

Vielleicht ist der direkte Vergleich der theologischen Aussagen und der religiösen Systeme in einer ersten Phase des Dialogs auch nicht erstrebenswert ...

Trotz der aufgezeigten Schwierigkeiten soll das Gespräch gesucht und geführt werden, denn das Bessere ist oft der Feind des Guten. Was heute möglich ist, ist nicht die Suche nach direkter dogmatischer Einigung. Es gilt Geduld zu haben und nicht sofort die Endphase des Dialogs vorwegnehmen zu wollen.

Man könnte sich auf einen Maßstab zur Belebung der Religion einigen: „An ihren Früchten werdet ihr sie erkennen" (Mt 7,20). Es gilt das Zeugnis des Lebens und das Zeugnis der Geschichte aufzuwerten und dabei folgende Aspekte zu berücksichtigen:

- das religiöse Leben und die Gestaltung der Frömmigkeit;
- die Wirkkraft der Religion im Leben der einzelnen, der Gemeinschaft, der Gesellschaft und der Weltgemeinschaft;
- die Anpassungsfähigkeit der Religion und ihre Lebensfähigkeit in der modernen Welt.

Der Dialog wird dazu dienen, diese Früchte der Religionen kennen, kritisch sichten und auch schätzen zu lernen. So wird der Dialog nicht mehr eine Polemik zur Zerstörung der Widersacher oder in erster Linie eine Apologetik zur Widerlegung verschiedener Einwände sein, sondern das Gespräch der Zuhörenden und Mitteilenden, die sich der Pflege der positiven Kommunikation und des lebendigen Zeugnisses widmen.

Damit wird die Grundlage für die Anerkennung der positiven Werte der jeweils anderen Religion und für die Übernahme solcher Werte zur Bereicherung des eigenen Lebens geschaffen. Denn all diese echten Werte sind ja die Spuren Gottes und die Wirkung seines Geistes im Leben der Menschen. So gehen die Partner gemeinsam auf die Suche nach Gott und nach der integralen und lebendigen Wahrheit. Und so kann die Gastfreundschaft, die eine wesentliche Tugend der islamischen Gemeinschaft ist und im Christentum wiederholt empfohlen wird, geübt werden, und zwar nicht nur für die menschlichen Personen, sondern auch für die Werte, von denen sie leben. Dies alles führt zur Bejahung der Komplementarität aller Wirkungserscheinungen des Geistes Gottes in den Menschen und in der Geschichte. So kann die Gemeinschaft der Gläubigen ihre vollkommene Gestalt immer tiefer und deutlicher auch in den Gesichtszügen der „Fremden" erkennen; so lernt sie das Wirken Gottes in der Geschichte besser und genauer erkennen und annehmen und, damit verbunden, die wahren Dimensionen ihrer eigenen Universalität erkennen und verwirklichen.

Gleichbedeutend, vielleicht noch dringender ist das Zustandekommen einer praktischen Zusammenarbeit zwischen Christen und Muslimen in der Bemühung um Lösungen für die gemeinsamen Probleme, die heute alle Menschen betreffen und bewegen, oder die besonders in einem bestimmten Land auftreten.

Aus der Vielzahl solcher Probleme seien hier nur folgende erwähnt: Wahrung der eigenen Identität: religiös, gesellschaftlich, politisch; – Möglichkeit des Zusammenlebens in einer pluralen Gesellschaft, in einer multikulturellen, weltanschaulich differenzierten Gesellschaft; – Stellung der Frau in der Gesellschaft; – Erziehung der Kinder und Förderung der Jugendlichen; – Integrierung der Kranken und Alten in das allgemeine Leben der Gemeinschaft; – Schutz des geborenen und ungeborenen Lebens und Erhöhung der Lebensqualität; – Frieden und Friedenssicherung; – Wahrung der Schöpfung und Harmonie zwischen Mensch und Natur; – Forderung nach Gerechtigkeit für alle Menschen; – Entwicklung und Solidarität, universale Brüderlichkeit; – Umgang mit den neuen, den Menschen bedrohenden und manipulierenden Technologien ...

Dialog und Zusammenarbeit sollen Christen und Muslime füreinander öffnen und sie einander näherbringen, sie sollen ihnen ermöglichen, in unserer einen Welt die Solidarität aller mit allen, die universale Brüderlichkeit zu erfahren und zu erleben. Wir können nicht mehr gegeneinander sein und Gegner bleiben. Wir dürfen nicht nur nebeneinander wie Fremde leben und uns gegenseitig als Konkurrenten betrachten. Wir müssen miteinander wirken und Partner sein. Und wir sollten es schaffen, füreinander dazusein und Freunde zu werden.

LITERATURHINWEISE

A. Th. Khoury, Der Koran. Arabisch-Deutsch. Übersetzung und wissenschaftlicher Kommentar, Bd. I, Gütersloh 1990; Bd. II, Gütersloh 1991; Bd. III, Gütersloh 1992; Bd. IV, Gütersloh 1993; Bd. V, Gütersloh 1994; Bd. VI, Gütersloh 1995; Bd. VII, Gütersloh 1996.

Der Koran. Übersetzung von *Adel Theodor Khoury.* Unter Mitwirkung von Muhammad Salim Abdullah (GTB 783), Gütersloh 1987, ²1992.

A. Th. Khoury, So sprach der Prophet. Worte aus der islamischen Überlieferung (GTB 785), Gütersloh 1988.

Handwörterbuch des Islam, Leiden 1942, Neudruck 1979.

M. S. Abdullah, Geschichte des Islams in Deutschland (Islam und westliche Welt 5), Graz/Wien/Köln 1981.

Tor Andrae, Islamische Mystik (Urban-Bücher 46), Stuttgart ²1980.

P. Antes, Ethik und Politik im Islam, Stuttgart 1982.

J. Bouman, Das Wort vom Kreuz und das Bekenntnis zu Allah, Frankfurt/M. 1980.

A. Bsteh (Hrsg.), Der Gott des Christentums und des Islams, Mödling 1978.

F. Buhl, Das Leben Muhammeds, Heidelberg ³1961.

W. Ende / U. Steinbach (Hrsg.), Der Islam in der Gegenwart, München 1984.

G. Endress, Einführung in die islamische Geschichte, München 1981.

M. Fitzgerald / A. Th. Khoury / W. Wanzura (Hrsg.), Mensch, Welt, Staat im Islam (Islam und westliche Welt 2), Graz/Wien/Köln 1977.

–, Renaissance des Islams. Weg zur Begegnung oder zur Konfrontation? (Islam und westliche Welt 4), Graz/Wien/Köln 1980.

L. Gardet, Islam, Köln 1968.

L. Hagemann, Der Ḳur'ān in Verständnis und Kritik bei Nikolaus von Kues. Ein Beitrag zur Erhellung christlich-islamischer Geschichte (Frankfurter Theologische Studien 21), Frankfurt/M. 1976.

–, Christentum. Für das Gespräch mit Muslimen, Altenberge ³1986.

–, Christentum und Islām zwischen Konfrontation und Begegnung, Altenberge ²1990.

–, Propheten – Zeugen des Glaubens. Koranische und biblische Deutungen (Islam und westliche Welt 7), Graz/Wien/Köln 1985.

A. Th. Khoury, Einführung in die Grundlagen des Islams (Religionswissenschaftliche Studien 27), Würzburg/Altenberge ⁴1995.

–, Toleranz im Islam, München/Mainz 1980; Altenberge ²1986.

–, Gebete des Islams (Topos-Taschenbücher 111), Mainz 1981.

–, Gottes ist der Orient – Gottes ist der Okzident, Freiburg/Br. und Altenberge 1983.

–, Islamische Minderheiten in der Diaspora, München / Mainz 1985.

–, Wer war Muḥammad? Lebensgeschichte und prophetischer Anspruch (Herderbücherei 1719), Freiburg 1990.

A. Th. Khoury / L. Hagemann, Christentum und Christen im Denken zeitgenössischer Muslime (Studien 7), Altenberge 1986.

A. Th. Khoury (Hrsg.), Lexikon religiöser Grundbegriffe. Judentum, Christentum, Islam, Graz/Wien/Köln 1987.

A. Th. Khoury / L. Hagemann / P. Heine, Islamlexikon – Geschichte, Ideen, Gestalten. 3 Bde. Herder Spektrum 4036, Freiburg i. Br. 1991.

A. Th. Khoury, Was ist los in der islamischen Welt? Die Konflikte verstehen, Freibug ³1991.

J. Lähnemann, Nichtchristliche Religionen im Unterricht – Beiträge zu einer theologischen Didaktik der Weltreligionen, Schwerpunkt: Islam, Gütersloh 1977.

H. J. Loth / M. Mildenberger / U. Tworuschka, Christentum im Spiegel der Weltreligionen, Stuttgart ²1979.

T. Nagel, Der Koran. Einführung – Texte – Erläuterungen, München 1983.

V. Nienhaus, Islam und moderne Wirtschaft. Positionen und Perspektiven (Islam und westliche Welt 6), Graz/Wien/Köln 1982.

R. Paret, Mohammed und der Koran (Urban-Bücher 32), Stuttgart ⁶1985.

–, Der Koran. Übersetzung (Taschenbuchausgabe), Stuttgart ⁴1985.

–, Der Koran: Kommentar und Konkordanz (Taschenbuchausgabe), Stuttgart ³1986.

A. Schimmel, Mystische Dimensionen des Islam, Köln 1985.

A. Schimmel u. a., Der Islam III (Die Religionen der Menschheit 25, 3), Stuttgart 1990.

H. Stieglecker, Glaubenslehren des Islam, Paderborn ²1983.

B. Tibi, Die Krise des modernen Islams, Frankfurt, ²1990.

U. Tworuschka, Religionen heute. Themen und Texte für Unterricht und Studium, Frankfurt/M. 1977.

W. M. Watt / A. T. Welch, Der Islam I (Die Religionen der Menschheit 25, 1), Stuttgart 1980.

W. M. Watt / M. Marmura, Der Islam II (Die Religionen der Menschheit 25, 2), Stuttgart 1985.

Die faszinierende Welt der Religionen

Dalai Lama
Der Friede beginnt in dir
Wie innere Haltung nach außen wirkt
Band 4451

Matthew Fox
Der Weg der Verwandlung – Geist und Kosmos
Vorwort von Rupert Sheldrake. Nachwort von Bede Griffiths
Band 4361

Friedrich-Wilhelm Haack
Europas neue Religion
Sekten – Gurus – Satanskult
Band 4221

E. Drewermann/E. Biser
Welches Credo?
Ein Disput
Herausgegeben von Michael Albus
Band 4202

Daisetz Teitaro Suzuki
Wesen und Sinn des Buddhismus
Ur-Erfahrung und Ur-Wissen
Band 4197

Karlfried Graf Dürckheim
Von der Erfahrung der Transzendenz
Band 4196

Katsuki Sekida
Zen-Training
Das große Buch über Praxis, Methoden, Hintergründe
Band 4184

Dalai Lama
Einführung in den Buddhismus
Die Harvard-Vorlesungen
Band 4148

Hartmut Stegemann
Die Essener, Qumran, Johannes der Täufer und Jesus
Ein Sachbuch
Band 4128

Die Bhagavadgita
In der Übertragung von Sri Aurobindo
Band 4106

Lexikon der Religionen
Phänomene – Geschichte – Ideen
Band 4090